Sprich mit mir

# Sprich mit mir

## Eine ganzheitliche Lautsprachmethode für Kleinkinder von 0–7 Jahren für Eltern und Erzieher hörgeschädigter Kleinkinder

Von Susanna Schmid-Giovannini

Mit vielen Abbildungen

3., unveränderte Auflage

1984
Carl Marhold Verlagsbuchhandlung
Berlin

**Schriften zur Hörgeschädigtenpädagogik**

Heft 15

Herausgegeben von
Professor Dr. Heribert Jussen

unter Mitarbeit von

Professor Dr. Gerhard Heese, Professor H. Kindermann
und Professor Dr. O. Kröhnert

ISBN 3-7864-4205-3
Bestell-Nr. 10208

Printed in Germany

# Vorwort des Herausgebers

Die Erziehung gehörloser Kinder und Jugendlicher hat zum Ziel, eine sich möglicherweise aus der Hör-Sprachbehinderung im späteren Leben ergebende psycho-soziale Lebensbeeinträchtigung zu verhüten oder doch in Grenzen zu halten. Im Rahmen der geforderten umfassenden Erziehungsplanung wird heute der Frühförderung gehörloser Kleinkinder besondere Bedeutung beigemessen. Sie begegnet einer drohenden Behinderung mit einer Vielfalt von Erziehungsmaßnahmen, in deren Mittelpunkt aus naheliegenden Gründen die Aufgabe der Vermittlung von Sprache steht.

Gehörlose Kleinkinder im Alter bis zu fünf Jahren unterscheiden sich von den älteren Schülern grundlegend in ihrem wahrnehmungsmäßigen, erlebnisbestimmten, kognitiven, sprachlichen und sozialen Verhalten. Eine alters- und behinderungsorientierte Sprachvermittlung erfordert eine Berücksichtigung ihrer elementaren Bedürfnisse und der besonderen emotionalen, erlebnismäßigen und motivationalen Weise ihrer Wirklichkeitsverarbeitung.

In dem vorliegenden Buch entwickelt Frau S. SCHMID-GIOVANNINI ein Konzept für den Spracheinstieg bei Gehörlosen, das diesen Lernvoraussetzungen zu entsprechen sucht. Das von ihr dargelegte Lehrverfahren ist aus einer langjährigen Arbeit an gehörlosen Kleinkindern erwachsen. Der beschriebene Weg stützt sich auf eine Vielzahl von Beispielen, die auf Grund eigener Erfahrung von der engagierten Verfasserin gewonnen wurden. Sie bieten Eltern und Erziehern eine Fülle von bedenkenswerten Hinweisen und praktischen Anregungen. Insofern ist das Buch nicht nur ein lesenswerter Bericht, sondern ein Programm.

Der Modellcharakter dieses Konzepts sollte nicht verschwiegen werden: Nicht überall werden gleich positive Voraussetzungen für die Erziehung gehörloser Kleinkinder bestehen. Dies gilt besonders dort, wo eine vergleichbar enge Zusammenarbeit zwischen Elternhaus und Sonderpädagoge in den verschiedenen Institutionen der Frühförderung Hör-Sprachbehinderter nicht möglich ist, oder wo besondere familiäre Belastungen gegeben sind.

Manche Erzieher werden auf Grund abweichender eigener Lehrerfahrungen den nachfolgend beschriebenen Weg in dieser Form nicht für gangbar halten oder ihn modifizieren wollen. Alle aber, die in der Erziehungsarbeit an gehörlosen Kindern stehen, werden sich durch die aus der persönlichen Erfahrung der Verfasserin gewonnenen Darlegungen zu einer Überprüfung eigener Standpunkte und Lehrmethoden aufgerufen fühlen und Frau S. SCHMID-GIOVANNINI für die Vielzahl an praktischen Beispielen und Anregungen dankbar sein.

Köln, im August 1975 Heribert Jussen

# Inhaltsverzeichnis

# Einleitung

Während meiner Tätigkeit mit hörgeschädigten Kindern wurden mir von deren Eltern immer wieder die gleichen Fragen gestellt. Ich habe lange gezögert, diese Fragen einmal generell zu beantworten.

Der Grund ist sehr einfach: Ich bin nie stehen geblieben. Immer war ich bemüht, meine "Methode" zu verbessern, sie den neuesten Erkenntnissen der verschiedenen Wissenschaften anzupassen. Dies werde ich auch weiterhin tun.

Doch eine Grundlinie wird beibehalten und sich hoffentlich immer mehr zum Vorteil der Kinder verbreiten: <u>der frühe Beginn des Sprachtrainings durch die Eltern und ein natürlicher Sprachaufbau</u>.

Wenn ich vom natürlichen Sprachaufbau spreche, wird mir entgegengehalten, ohne Gehör gäbe es keinen natürlichen Spracheinstieg und -aufbau. Ich bin mir auch bewusst, dass unsere Kinder nicht in gleicher Weise die Sprache erlernen können wie normalhörende. Trotzdem ist die Bezeichnung <u>"natürlicher Spracheinstieg und Sprachaufbau"</u> berechtigt.

Als unnatürlichen Sprachaufbau bezeichne ich eine Methode, die sich starr an eine Reihenfolge leichter und schwerer erlernbarer Wörter hält, die schulmässig praktiziert wird und sich nicht nach den Bedürfnissen des Kleinkindes richtet.

Als nicht natürlich bezeichne ich einen Sprachaufbau, der mit "Bub da" - "Bub um" und dergleichen Satz- und Wortkrüppeln beginnt.

Unnatürlich ist der Spracheinstieg beim Kleinkind auch dann, wenn er über das Schriftbild erfolgt.

Als natürlich kann der Sprachaufbau dann bezeichnet werden, wenn er ähnlich wie beim hörenden Kind durch die Mutter erfolgt, die in der richtigen Situation das richtige Wort mit dem Kind spricht und ihm so sehr bald die Möglichkeit gibt, sich selbst lautsprachlich seinen Bedürfnissen entsprechend auszudrücken.

Ein natürlicher Sprachaufbau ist dann möglich, wenn schon mit dem Baby in normalen Sätzen gesprochen wird.

Unnatürlich ist der Sprachaufbau dann, wenn diese Zeit versäumt wird und das Kind bis zum 4. oder 5. Lebensjahr Bilder anordnet.

Dass ein natürlicher Sprachaufbau möglich ist und von allen einsatzbereiten Eltern durchgeführt werden kann, habe ich oft erlebt. Meine ehemaligen Schüler sind der "sprechendste" Beweis dafür, dass auch für Gehörlose die Lautsprache zur "Muttersprache" werden kann und es durchaus keiner Gebärden- oder Zeichensprache bedarf, damit sie sich verständlich machen können.

Mit diesem Buch möchte ich allen Eltern und Erziehern hörgeschädigter Kinder Mut machen, mit ihren Kindern zu arbeiten und sie zu vollintegrierten Mitgliedern der menschlichen Gemeinschaft zu erziehen.

Es gibt viele "Methoden", die zu diesem Ziel führen. Ich kann hier nur einen Weg beschreiben. Diesen erprobe ich seit mehr als zwanzig Jahren.

Für meine berufliche Entwicklung war es ein grosses Glück, dass ich mehrere Jahre neben Professor Freunthaller arbeiten konnte. Er galt als einer der besten Lehrer auf dem Gebiete der Gehörlosenpädagogik. Seiner Initiative war der erste Kindergarten für Hörgeschädigte in Wien zu verdanken.

Ausserdem ermöglichte mir die Gemeinde Wien ausgedehnte Studienreisen, die mir beim Ausbau meiner Methode sehr halfen.

Besonders viel lernte ich durch die Kritik der vielen Besucher. Nur wenn man viel kritisiert wird, wenn man, bildlich gesprochen, immer vor einem Spiegel arbeitet, denkt man über seine Arbeit auch oft genug nach und bemüht sich, die Fehler, die sich immer wieder einschleichen, auszumerzen.

Dieses Buch will nur sagen: So kann man arbeiten. Weil ich mit meiner "Methode" in all den Jahren noch keinen Misserfolg hatte, darf ich auch sagen: Man kann mit dieser Methode auch erfolgreich arbeiten.

# 1. Die notwendige Mitarbeit der Eltern

Wenn Eltern mit einem hörgeschädigten Kleinkind zu mir kommen, haben sie meistens einen längeren Leidensweg hinter sich. Sie sind von Arzt zu Arzt gelaufen und immer wieder mussten sie hören: "Ihr Kind ist leider taub" oder "Es gibt keine Möglichkeit, Ihrem Kinde mit medizinischen Mitteln zu helfen". Zuletzt wurde den Eltern erklärt, dass ihr Kind trotzdem die Lautsprache erlernen könne. Es bedürfe dazu allerdings eines besonderen Unterrichtes, den zunächst ein Audiopädagoge erteile; für die Schulzeit sei eine Sonderschule zuständig. Trotzdem fragen mich die Eltern hörgeschädigter Kinder meist zuerst: "Kennen Sie nicht noch einen anderen Arzt, wissen Sie nicht irgendeine Möglichkeit zur Heilung?"

Ich weise die Eltern darauf hin, dass sie nirgends mehr Hilfe erwarten können. Dies ist eine schwere Aufgabe, und die Eltern sind auch zunächst nicht bereit, meine Aussagen zu akzeptieren. Aber ich musste die Illusionen zerstören. Wie alle andern Eltern wollten sie für ihr Kind eine rosige Zukunft und sie haben sich diese Zukunft bereits ausgemalt. Sie haben Pläne gemacht, und nun sollen diese Pläne auf einmal alle aufgegeben werden. Die Eltern können nicht glauben, dass ihr Kind nun nicht so aufwachsen sollte, wie sie es sich vorgestellt haben; dass es nicht spielen und nicht sprechen sollte wie alle andern. Ich habe die schwere und gleichzeitig sehr schöne Aufgabe, die Eltern auf das vorzubereiten, was sie mit ihrem Kind machen müssen, was sie mit ihrem Kind erleben und was sie für ihr Kind machen dürfen.

Liebe Eltern, Ihr Kind kann zwar schlecht oder gar nicht hören, aber es kann denken. Seine Ohren können wenig oder nichts aufnehmen, aber seine Augen beobachten dafür um so besser, seine Hände sind ebenso geschickt wie die seiner hörenden Geschwister oder seiner hörenden Freunde. Sie dürfen Ihrem Kinde helfen, ein vollwertiges Mitglied der menschlichen Gemeinschaft zu werden. Glauben Sie nicht, dass Sie damit eine schwere, aber auch eine dankbare Aufgabe übernehmen?

Ich weiss, liebe Eltern, jetzt können Sie das noch nicht begreifen. Jetzt werden Sie noch sagen: Die kann leicht reden. Sie hat ja kein taubes Kind. Sie muss nur sagen, was wir machen sollen. Sie braucht nicht unser Schicksal tragen. Glauben Sie mir, ich trage bei jedem Kind ein bisschen mit. Aber ich habe auch seit vielen Jahren die an's Wunder grenzende Entwicklung meiner kleinen Schüler erlebt. Deshalb kann ich viel zuversichtlicher als Sie in die Zukunft schauen. Ich kann Ihnen deswegen lachend sagen: "Es ist nicht so schlimm, dass Ihr Kind nicht hört. Sie müssen jetzt erst recht an seine Zukunft glauben". Ich kann das deswegen sagen, weil ich weiss, wie man Ihrem Kind helfen kann.

## 1.1. Vermeidung des Dialekts

Das ist zunächst das grosse Problem unserer Umgangssprache. Ueberall in deutschsprachigen Ländern wird Dialekt gesprochen. Dieser Dialekt ist etwas sehr Schönes und Heimatverbundenes. Ich verstehe nur zu gut, dass man ihn nicht aufgeben will. Trotzdem müssen wir Erzieher verlangen, dass es in allen Familien, in denen ein hörgeschädigtes Kind lebt, einen "Tag X" gibt. Das heisst, dass in dem Moment, in dem die Eltern erfahren, dass ihr Kind schwer hörgeschädigt ist, sich die ganze Familie auf die dialektfreie Umgangssprache umstellt. Dieses "Schriftdeutsch" ist die Voraussetzung für das spätere Verstehen; nicht nur für das Verstehen Ihrer Sprache, sondern auch für das Verstehen der Sprache von Menschen, die nicht gerade aus Ihrer Gegend stammen. Die dialektfreie Umgangssprache ist notwendig, damit Ihr Kind jemals Geschriebenes lesen und verstehen kann. Ausser in vereinzelten Mundartwerken findet man nirgends geschriebenen Dialekt. Also müssen Sie Ihr Kind in die Hochsprache einführen, und das heisst praktisch, dass sich die ganze Familie darauf einstellen muss. Diese Forderung ist unumgänglich. Dies ist ein kleines Opfer im Vergleich zu den sich dem Kinde dadurch bietenden Möglichkeiten.

## 1.2. Die Möglichkeit der Erlernung der Lautsprache

Ich weiss, dass die Bezeichnung "taubstumm" sehr erschreckt und leider ist dieses Wort aus unserem Sprachgebrauch noch immer nicht verschwunden. Der grösste Teil unserer Schüler aber ist nicht stumm, sondern durchaus imstande, die Lautsprache zu erlernen und sich dieser zu bedienen. Für diese Kinder ist die Bezeichnung "taubstumm" nicht mehr angebracht. Sie stammt noch aus einer Zeit, in der man den Zusammenhang zwischen Taubheit und Stummheit nicht erkannte. Die alten Griechen glaubten, man müsse nur das Zungenbändchen lösen, dann könne der Taubstumme sprechen. Diese Meinung ist übrigens noch immer nicht ganz überwunden. Noch heute fragen mich manchmal Eltern, ob man nicht das Zungenbändchen lösen müsste. Die Griechen versuchten auch, mit allen möglichen Mixturen die Stummheit zu überwinden. Erst viel später erkannte man, dass die Stummheit nur die Folge der Taubheit ist.

Wenn Sie zum Beispiel eine fremde Sprache hören, die Sie noch nie vernommen haben, dann ist es auch Ihnen nicht möglich, diese Sprache sofort zu sprechen. Unsere Kinder können die Umgangssprache nicht hören, also können sie diese auch nicht sprechen. Aber ihre Sprechwerkzeuge sind in Ordnung und das Zentrum im Gehirn, das für das Sprechen zuständig ist, ist auch funktionsfähig. Wir müssen also nicht die ausführenden Organe aktivieren, sondern die für die Aufnahme der Sprache zuständigen. Da dies in unserem Falle - das Ohr fällt aus - nicht möglich ist, müssen wir einen Ersatz suchen. Wir finden diesen bei einem andern Sinnesorgan, nämlich den Augen. Die Augen tragen wesentlich dazu bei, Kinder ohne Gehör zum richtigen Sprechen zu bringen.

Das weiss man schon lange. Aus dem 13. Jahrhundert haben wir Nachricht von gut sprechenden tauben Schülern. Sie werden vielleicht sagen: "Aber jetzt hat sie soeben gesagt, wenn man eine Sprache nicht hören kann, kann man sie auch nicht sprechen". Sie werden daraus schliessen: Unser Kind kann die Sprache nicht hören, also wird es diese auch nicht sprechen. Meine Antwort lautet: Man kann das Sprechen nämlich nicht nur hören, man kann es auch sehen und man kann fühlen, wenn Stimme gegeben wird. Es ist durchaus möglich, auf dem Weg des Abtastens der Schwingungen am Körper und des Absehens der Mundbewegungsbilder die Lautsprache zu erlernen. Natürlich ist es weit mühevoller als auf dem normalen Weg über das Ohr.

Mühevoll, das muss ich dazu sagen, ist es besonders für Sie, liebe Eltern. Für Sie bedeutet es mehr Mühe als für Ihr taubes Kleinkind. Das müssen Sie immer wieder bedenken. Weil es aber so mühevoll ist, die Lautsprache zu erlernen, muss die Hochsprache angewandt werden, damit Ihr Kind den grössten Nutzen aus dieser Arbeit ziehen kann. Der Dialekt ist zur Ausbildung der Lautsprache ungeeignet.

Nehmen Sie zum Beispiel die Schweizer Mundart: Man sagt: "spring ä mol". Was meint man eigentlich mit diesem "spring ä mol!" "Spring ä mol in d'Stube". Meint man damit wirklich springen? Nein, man meint "gehe". Man verwendet den Ausdruck springen für laufen, gehen, hüpfen und für springen. Welche

Unklarheiten würden dabei bei einem tauben Kinde, das ja den Tonfall nicht wahrnehmen kann, entstehen! Ueberlegen Sie einmal, wie es ist, wenn Sie mit jemandem telefonieren und die Verbindung ist sehr unklar. Man wird oft zur dialektfreien Umgangssprache greifen, um irgend einen Satz zu erklären, der nicht verstanden wurde. Aehnlich ist es bei unseren Kindern. Ihre "Verbindung" - um beim Telefon zu bleiben - ist immer schlecht.

Je jünger ein Kind ist, desto leichter kann es auf den Weg des Absehens vom Munde geführt werden und desto schneller wird es die Lautsprache erlernen. Was hilft ihm dabei? Man sollte doch meinen, dass ein älteres Kind leichter dieses Lernen bewältigen könnte. Das Gegenteil aber ist der Fall. Das hat sehr einfache Gründe. Unsere tauben Kleinkinder entwickeln sich genauso wie hörende. Ihr Gehirn entwickelt sich nach dem gleichen Gesetz. Ein taubes Kleinkind wird sich ebenso wie das hörende Kind zu einer bestimmten Zeit aufrichten, zu krabbeln beginnen, seine ersten Gehversuche unternehmen. Unsere hörgeschädigten Kleinkinder beginnen auch zur gleichen Zeit wie die normal hörenden Kinder zu lallen. Das ist für uns ein ganz wichtiger Faktor. Bereits wenn das Kind mit dem mechanischen Lallen beginnt, das nur ein Einüben der Sprechwerkzeuge ist, müssen wir mit unserer Arbeit einsetzen. Jetzt beginnt bereits die Sprachanbahnung.

Intensives Ueben, ein unermüdlicher Einsatz von Ihnen muss nun beginnen. Dann werden Sie sehen, wie Ihr Kind aufblüht. Sie werden beobachten, wie sein Geist wach wird. Sie werden erleben, wie es die ersten Wörter spricht. Ich werde Sie eines Tages sagen hören: "Jetzt wird mir sein Sprechen fast zuviel, wenn das Kind doch einmal ein wenig still wäre". Lachen Sie nicht, es ist mir noch immer so ergangen!

Doch Sie, liebe Eltern, müssen die Hauptarbeit leisten. Ich kann Ihnen nur einen Weg der Sprachanbahnung bei Gehörlosen zeigen. Ihr Kind sitzt jetzt in einem schalldichten Glashaus gefangen. Es kann zwar sehen, was um es herum geschieht, aber die Zusammenhänge der verschiedenen Handlungen kann es meist nicht verstehen. Ich kann Ihnen zeigen, wie Sie mit ihm sprechen müssen und wie Sie seine seelisch-geistigen Anlagen entscheidend fördern können. Vieles müssen Sie selbst an Ihr Kind heranbringen. Sehen Sie, wir alle, Lehrer und Aerzte sind eine Art Institut, wir sind eine Einrichtung, der Sie sich bedienen können. Ihre Mitarbeit ist jedoch für den Lebensweg des gehörlosen Kindes entscheidend.

# 2. Der Beginn der Arbeit

Ich weiss, dass in dem Moment, in dem Ihnen der Arzt gesagt hat, Ihr Kind könne nicht hören, sich eine unsichtbare Mauer zwischen Sie und Ihr Kind gestellt hat. Ich höre immer wieder die Eltern sagen: "Es nützt ja doch alles nichts. Ich kann doch sagen, was ich will, mein Kind kann mich einfach nicht hören, also wird es mich auch nie verstehen." Doch, liebe Eltern, Ihr Kind wird Sie genauso verstehen wie jedes andere auch! Es liegt nur an Ihnen, es das Verstehen der Sprache zu lehren.

Sie müssen sich Ihrem Kinde zunächst einmal zuwenden. Ihr Kind muss bemerken, dass etwas mit Ihrem Gesicht, mit Ihrem Munde geschieht. Nun werden Sie sagen: "Aber verstehen kann es mich noch immer nicht." Nein, das kann es noch nicht, aber es wird dies lernen. Es wird Sie genauso gut verstehen, wie seine hörenden Geschwister es tun. Nur braucht es dazu viel mehr Geduld und viel mehr Liebe und Einfühlungsvermögen von Ihrer Seite als seine hörenden Geschwister.

## 2.1. Orientierung an der Sprachentwicklung des normalhörenden Kindes

Wie entwickelt sich beim hörenden Kind die Sprache? An der Sprachentwicklung des normalhörenden Kindes müssen auch wir uns orientieren. (Es ist völlig falsch, eine Reihenfolge aufzustellen, wie man sie früher in den Schulen gehabt hat und zu sagen, man beginnt mit dem und dem Wort, jenem oder jenem Laut mit der Sprachanbahnung. Das mag für das Schulkind zutreffen, welches schon stumm geworden ist. Trifft jedoch niemals für unser Kleinkind zu.) Das Kleinkind ist von der Entwicklung her bereit, die Lautsprache zu erlernen. Das Schulkind, das ja eigentlich diese Entwicklung bereits abgeschlossen hätte, ist dazu nicht mehr bereit. Das Gehirn ist eine praktische Einrichtung. Wenn eines seiner Zentren gar nicht benützt wird, schaltet das Gehirn dessen Tätigkeit weitgehend ab. Wenn also die Sprache bis zum 6. Lebensjahr nicht an das Kind herangebracht wird, bleibt es für das ganze Leben ein "Taubstummer". Die Lautsprache wird immer eine Fremdsprache sein, die nur mühevoll gelehrt werden kann. Sie wird vom Kind ungern und mangelhaft benutzt.

Wie geht die Sprachentwicklung also beim normal hörenden Kinde vor sich? Es lallt zuerst nur aus Freude an der Betätigung seiner Sprechwerkzeuge. Es tut dies, weil ihm, einfach ausgedrückt, sein Gehirn den Befehl dazu gibt. Nach und nach beginnt es, auf sein Lallen zu horchen und es versucht das, was es eben gehört hat, verbessert wiederzugeben.

Das Kind befindet sich nun im Stadium des Sprechlallens. Aus diesem Sprechlallen werden langsam einzelne Wörter und schliesslich die ersten bewussten Bezeichnungen.

Es dauert ein Jahr und noch länger, bis das normal hörende Kleinkind diese Stufe erreicht. Bitte vergessen Sie diesen Zeitabschnitt nicht. Ich werde später immer wieder darauf zurückkommen.

Wie verhalten sich die Eltern eines normal hörenden Kindes in diesem ersten Lebensjahr? Nun, sie sprechen immer wieder auf ihr Kind ein, auch wenn dieses noch weit weg von einem Verstehen der Sprache ist. Das Kleinkind reagiert nämlich nicht auf das Gesprochene, weil es dessen Sinn noch gar nicht erfassen kann, sondern viel mehr auf die damit verbundenen Bewegungen. Das Kopfschütteln der Mutter, wenn sie nein sagt, das Heben des Fingers, wenn sie heiss ruft, verbindet sich erst nach und nach mit dem Wort, das zu den immer wiederkehrenden Bewegungen gesprochen wird.

Wie verhält sich das hörgeschädigte Kleinkind in diesem Alter? Es beginnt genau wie das normal hörende Kleinkind mit dem Lallen und übt somit seine Sprechwerkzeuge. Doch im Augenblick, in dem beim hörenden Kinde der Kreislauf Sprechen, Hören und Wiedergeben einsetzt, verstummen unsere Kinder. Der Anreiz durch das Ohr fällt weg.

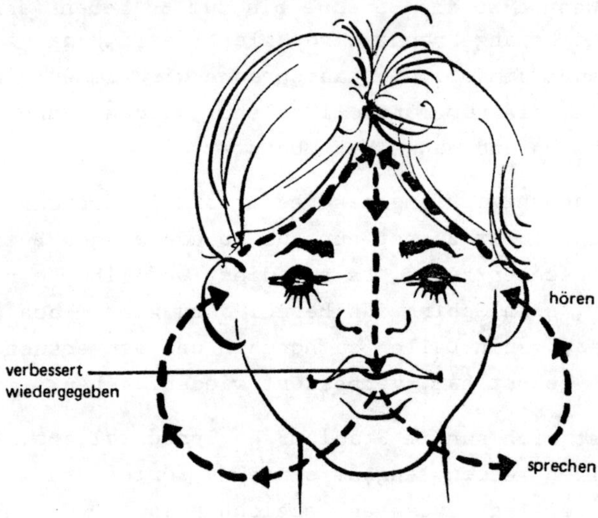


## 2.2. Erste Uebungen während der Lallphase

Darum sollte schon während der Phase des mechanischen Lallens mit der gezielten Therapie begonnen werden. Wie aber? Kleinkinder ahmen bekanntlich alles gerne nach. Sie tasten mit ihren Händen die Gesichter der Eltern ab, wenn diese sie im Arm haben. Sie greifen mit ihren Händen in deren Augen, Nase und Mund. Dieser Drang, alles zu begreifen und nachzuahmen, hilft uns sehr beim Einstieg in die Lautsprache. Nie wieder ist das Kind zu diesem Nachahmen so bereit wie in den ersten Lebensjahren. Nie wieder sind seine Sprechorgane so auf das Sprechen-wollen eingestellt, wie gerade in den ersten Lebensjahren. Wir müssen unseren Kindern nicht erklären, was wir wollen. Man erklärt schliesslich auch einem normal hörenden Kleinkind nicht: "Du musst jetzt sprechen lernen", sondern man spricht einfach auf das Kind ein.

Ebenso ist es bei unseren Kindern. Sie müssen auf Ihr Kind einsprechen. Sie müssen immer dann, wenn Sie es im Arm halten oder vor sich auf dem Wickeltisch, auf dem Schoss oder irgendwie in der Nähe haben, mit dem Kinde lallen. Uebernehmen Sie im Anfang die Lallbewegungen Ihres Kindes! Wenn Ihr Kind auf dem Wickeltisch liegt und mit seiner Zunge verschiedene Bewegungen macht, dann machen Sie diese bitte nach! Wiederholen Sie die gleichen Bewegungen mit der Zunge und dem Mund wie Ihr Kind sie gerade ausführt und machen Sie es auf Ihren Mund aufmerksam! Nehmen Sie seine Händchen und lassen Sie es mit diesen die Bewegungen Ihres Mundes abtasten. Das Kind kann seine Stimme fühlen, indem Sie seine Händchen auch an seinen Kehlkopf halten. Schon in diesem Alter kann man die Kinder abtasten lassen.

Sie werden erleben, wie Ihr Kind nach kürzester Zeit versucht, auch von Ihnen vorgemachte Bewegungen der Zunge und des Mundes nachzuahmen und wie es Spass daran hat, wie es dazu lacht und sich freut.

Ihr Gesicht übernimmt in diesem Augenblick die Rolle des Ohres Ihres Kindes. Beim hörenden Kinde wird das selbst hervorgebrachte Lallen gehört und die Freude daran ist gross. Wenn Sie die Sprechbewegungen für das Kind sichtbar machen, erfreut es sich ebenso an diesen.

Sprechen Sie dabei aber auch immer wieder die gleichen Wörter und Sätze. Einige Beispiele: "Schau das Wasser! Komm baden!" Zu jeder Bewegung und zu jeder Tätigkeit, die Sie mit dem Kinde ausführen, sprechen Sie täglich die gleichen Wörter. So wird Ihr Kind langsam lernen, dass die immer wiederkehrenden gleichen Bewegungen des Mundes mit einem bestimmten Gegenstand oder einer Handlung in Verbindung stehen. Ja, dass diese Bewegungen etwas aussagen. Ihr Kind wird also über das Nachahmen der richtigen Sprechbewegungen sprechen lernen. Es wird über den Weg des Abtastens und mit Hilfe eines Hörgerätes die Bedeutung der Stimme kennen lernen und seine eigene gebrauchen. So wird es Sie mit der Zeit nicht nur verstehen, sondern sich auch mit Ihnen unterhalten können und seine Wünsche und Bedürfnisse äussern. Es wird aber nicht nur mit der Mutter oder mit dem Vater sich verständigen können, sondern schliesslich auch mit seinen hörenden Geschwistern und in weiterer Folge mit jedem normal hörenden Menschen, der es in dialektfreier Umgangssprache anspricht und der das Deutsche versteht. Es wird in Sprache denken und seine Gedanken lautsprachlich ausdrücken können. Also glauben Sie niemals, dass Ihr Kind gerade von einer sprachlichen Entwicklung ausgeschlossen ist und Sie nie verstehen kann.

# 3. Grundregeln für die Eltern eines hörgeschädigten Kleinkindes

## 3.1. Die Geduld und das Ueberzeugtsein vom Erfolg

Die erste und wichtigste Regel: Haben Sie Geduld! Glauben Sie nicht, dass Ihr Kind sofort mitmachen muss, wenn Sie ihm etwas vormachen. Glauben Sie nicht, dass es genügt, ein Wort zwei- oder dreimal zu sprechen und schon müsse es das Kind nachsagen können. Denken Sie immer daran, was ich im vorangehenden Kapitel gesagt habe: Ein Jahr und noch länger braucht das normalhörende Kind, bis das erste verständliche Wort herauskommt, bis es dieses sinnvoll anwendet. Wie oft hat es dieses Wort während dieser Zeit gehört! Immer wieder sagt die Mutter die gleichen Wörter und Sätze zu ihrem Kinde, und sie wird nie daran zweifeln, dass diese richtig ankommen, dass sie verstanden werden.

Ganz anders verhält sich die Mutter beim hörgeschädigten Kind. Im Augenblick, wo sie vom Gebrechen ihres Kindes Kenntnis hat, glaubt sie, dass nun eine normale Verständigung überhaupt nicht mehr möglich ist, und sie stellt das Sprechen ein. Wenn die Eltern sich überwunden haben und mit dem Kinde sprechen, muss ich trotzdem oft hören: "Jetzt habe ich doch schon so oft dieses eine Wort vorgesprochen, aber es kann dieses immer noch nicht". Liebe Eltern, wie oft haben Sie das Wort wirklich vorgesprochen? So oft, wie es das normal hörende Kind in diesem Zeitabschnitt gehört hatte? Sicher nicht! Das ist unmöglich, denn das normal hörende Kind hört ja auch auf der Strasse, von Besuchern und von fremden Leuten immer wieder das gleiche Wort. Aber unsere Kinder können das Mundbild nur dann sehen, wenn wir es den Kindern darbieten. Also, nur wenn Sie sich Ihrem Kinde zuwenden und dabei das Wort "Ball" sprechen, kann das Wortbild 'Ball' vom Kind am Mund des Sprechers wahrgenommen werden. Wenn jemand hinter ihm dieses Wort spricht oder wenn Kinder auf der Strasse sich zurufen: "Ball" kann Ihr Kind das ja nicht hören, und es kann auch meistens nicht sehen, dass etwas mit dem Mund gemacht wird. Das Wort wurde also für Ihr Kind überhaupt nicht gesprochen.

Also, haben Sie Geduld, seien Sie überzeugt, dass Ihr Kind eines Tages sprechen wird. Lassen Sie sich durch nichts von dieser Ueberzeugung abbringen. Nur dann haben Sie die Kraft, um täglich wieder die gleichen Uebungen zu machen, ohne dass Sie einen Erfolg sehen. Denn der erste wirkliche Erfolg stellt sich erst nach Monaten ein. Auch dann wird es nur ein zaghafter Anfang sein.

Dabei müssen Sie noch bedenken, dass die Sprache unserer Kinder sich nicht harmonisch weiterentwickelt. Die Entwicklung verläuft stufenweise. Nach den ersten Erfolgen kann also eine scheinbar lange Pause eintreten, in der Sie wieder zweifeln werden, weil Sie glauben, nun ginge es nicht mehr weiter, alle Mühe sei umsonst. Nein, liebe Eltern, kein Laut, keine einzige Mundbewegung, die Sie jemals Ihrem Kind bewusst vorgemacht haben, ist umsonst. Eines Tages kommt all das, was Sie so lange auf das Kind eingesprochen haben, ohne eine Reaktion zu bemerken, wie eine Sturzflut aus diesem heraus, und Sie werden tausendfach für all Ihre Mühen belohnt. Oder kann es etwas Schöneres geben, als wenn dieses taube Kind, von dem Sie glaubten, es würde stumm bleiben, plötzlich sagt: "Mama, ich habe dich so lieb?"

Mit der Sprachanbahnung und mit allem Lernen ist es so: unser Gehirn ist wie ein Vorratsschrank - das ist jetzt sehr vereinfacht - aber ich glaube, so kann ich Ihnen verständlich machen, warum es so lange dauert, bis Ihr Kind allein spricht, warum so oft wiederholt werden muss, warum gewisse Uebungen immer und immer wieder gemacht werden müssen. Im Gehirn werden die Eindrücke gespeichert, sie werden geordnet und zugeordnet, und erst wenn eine recht grosse Anzahl von Eindrücken und Begriffen richtig geordnet vorhanden ist, kann auch davon Gebrauch gemacht werden.

Ueberlegen Sie sich einmal folgendes: Wenn Sie zum Beispiel ein für Sie völlig fremdes Geräusch hören, dann können Sie nicht gleich sagen, wodurch dieses Geräusch erzeugt wurde. Sie müssen die Geräuschquelle erst erkunden. Ebenso ergeht es Ihnen, wenn Sie einen ganz neuen Begriff hören, zum Beispiel ein Fremdwort. Sie hören das Wort, Sie hören das Geräusch, aber Ihr Gehirn kann damit nichts anfangen. Der Begriff ist noch nicht gespeichert - um modern zu sprechen - denn unser Gehirn gleicht ja in gewisser Weise einem Computer. Da das fremde Wort noch nicht gespeichert ist, wird es nicht erkannt. Wenn Sie dieses Wort noch einmal hören, wissen Sie, was es bedeutet.

Ebenso ergeht es Ihnen mit den Geräuschen. Hören Sie das Geräusch, welches vorher unbekannt war und bei dem Sie sich erkundigt haben, woher es kommt, ein zweites Mal, dann werden Sie es sofort erkennen, und denken: "Aha, das ist die alte rostige Gartentüre".

Genauso ist es bei unseren Kindern. Wenn das Wort, wenn der Begriff noch nicht gespeichert ist, wenn im Gehirn noch kein Vorrat angelegt ist, kann das Kind ein Wort, einen Begriff noch nicht erkennen.

Nun kommt bei Ihrem Kinde noch die Schwierigkeit hinzu, dass es die Sprache nicht über das Ohr aufnehmen kann. Sein Wahrnehmungsfeld ist dadurch viel kleiner. Es wird daher länger brauchen, bis es die sichtbaren Sprechbewegungen mit dem Begriff, mit dem Namen des Gegenstandes und mit der eigenen Sprechbewegung in Verbindung bringt.

Indem Sie täglich die gleichen Wörter in der gleichen Situation zu Ihrem Kinde sprechen, indem Sie die gleichen Lallbewegungen machen, wenn Sie Ihr Kind wickeln, Ihr Tun bezeichnen, wenn Sie das Kind anziehen, beginnt das Gehirn des Kindes allmählich zu speichern.

Ich habe in meiner Praxis oft erlebt, dass gerade diese beiden Grundregeln, Geduld und Ueberzeugtsein vom Erfolg, den Eltern besonders schwerfallen. Es ist verständlich, Sie lieben Ihr Kind, und Sie wollen diesem mit allen Mitteln helfen. Doch der Anfang ist schwer.

Folgendes hat mir erst vor kurzem eine Mutter erzählt: "Wissen Sie, als Sie mir sagten, mein Kind würde später so und so sprechen, da hörte ich mir das wohl still an, aber zuhause, als ich es meinem Mann erzählte, sagte ich zu ihm: "Glaubst du das? Gelt, du glaubst es auch nicht, dass unser Kind einmal so sprechen wird. Aber wir wollen es halt versuchen". Dieser Versuch hat sich inzwischen in einen grossen Erfolg verwandelt. Das nun 6-jährige Mädchen kann sich lautsprachlich vollkommen ausdrücken. Dies nicht etwa in einzelnen Wörtern, sondern in ziemlich langen und grammatikalisch richtigen Sätzen.

## 3.2. Einüben der Antlitzgerichtetheit

Aber auch die grösste Geduld und die festeste Ueberzeugung allein genügen leider noch nicht. Wir können auf unsere Kinder nicht nur einfach einsprechen. Wenn wir hinter ihnen stehen und sie unseren Mund nicht mehr sehen können, hat das Sprechen überhaupt keinen Sinn. Immer wieder erlebe ich, dass Mütter ihr Kind vor sich auf dem Schoss haben und dann auf dieses einsprechen. Das Kind kann dabei überhaupt nicht auf ihren Mund schauen. Manchmal stehen Mütter hinter dem Kind, ziehen ihm den Mantel an und sagen: "Komm, zieh den Mantel an". Wenn ich eine Mutter darauf aufmerksam mache, dass sie diesen Satz jetzt nicht zu ihrem Kinde gesprochen hat, meint sie ganz erstaunt: "Aber ich habe doch gesagt, zieh den Mantel an". Gesprochen hat sie schon, und der Satz war auch richtig. Nur das Kind hat nichts davon bemerkt.

Es gilt also die Regel: Alles was wir zu unseren Kindern sprechen wollen, müssen wir so sprechen, dass die Kinder auf unseren Mund schauen können. Sie sollen die Sprechbewegungen gut sehen und diese mitmachen. Wir müssen auch soweit als möglich das Kind abtasten lassen. Gewöhnen Sie das Kind daran, dass es in den ersten drei Jahren immer seine Hand an Ihren Kehlkopf legt und somit auch die Stimme abtastet. Sprechen Sie dem Kinde auch so oft als möglich in sein Händchen. So kann es die Zischlaute recht gut fühlen.

Die Mutter spricht für das Kind unsichtbar, also falsch.

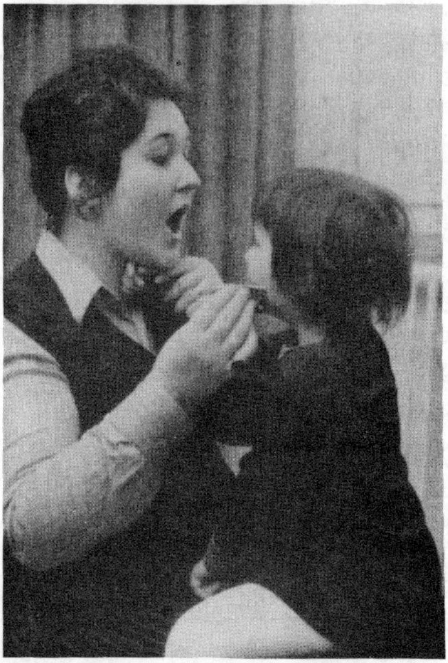

So ist die
"Sprechstellung"
richtig.

Jede Tätigkeit
benennen.

3.3. Die Ausnutzung des Tastsinnes

Das Abtasten ist beim Absehen eine grosse Hilfe. Viele Laute haben nämlich ein gleiches Absehbild. So sehen zum Beispiel ein I und ein S ganz gleich aus. Nur beim Abtasten kann das Kind den Unterschied erkennen. Ebenso ist es mit T, D, S, K, G. Daher werden später ganze Sätze leichter abgelesen als einzelne Wörter.

In vielen Fällen wird der Hörapparat später das Abtasten ersetzen. Doch auch das Hören müssen die Kinder zuerst lernen. Ehe das Kind mit dem Apparat wirklich etwas anfangen kann, muss es lernen, seine Stimme richtig und bewusst einzusetzen. Trotz des Hörgerätes wird es auch später noch oft nötig sein, dass ein Kind einmal abtastet. Zum Beispiel bei den Zischlauten S und Sch ist das der Fall. Doch darüber möchte ich später sprechen, wenn ich Ihnen von der Artikulation erzähle.

Ich möchte einmal einige wichtige Punkte zusammenfassen:

1. Unsere Kinder müssen immer so stehen oder sitzen, dass ihr Gesicht dem unseren zugewendet ist, wenn wir mit ihnen sprechen.

2. Achten Sie darauf, dass das Licht auf Ihren Mund fällt, wenn Sie mit Ihrem Kind sprechen. Stehen Sie nie mit dem Rücken zum Fenster oder zur Lampe, sondern immer mit dem Gesicht zur Lichtquelle, so kann das Kind besser absehen.

3. Die Kinder sollen nach Möglichkeit auch abtasten, beziehungsweise die Sprache fühlen, indem Sie das Händchen Ihres Kindes an den Kehlkopf legen oder in das Händchen hineinsprechen.

4. Sprechen Sie deutlich und im Anfang auch langsam, doch trennen Sie nicht die Silben. Nicht: "Die Ma-ma - kom-mt", sondern schön zusammenhängend: "Die Mama kommt". Singen Sie ein bisschen beim Sprechen, denn so werden die Vokale länger. So kann das Kind Laut für Laut mitsprechen.

5. Beim langsamen und deutlichen Sprechen soll nicht unna-

türlich übertrieben werden. Grimassen dürfen nicht geschnitten werden. Darum ist es notwendig, dass Sie sich selbst vor dem Spiegel kontrollieren.

### 3.4. Häufige Zusprache und Mitsprechen des Kindes

Die nächste ganz wichtige Regel ist diese: Wenn Ihr Kind in Ihrer Nähe ist, führen Sie bitte keine Tätigkeit aus, ohne diese dem Kinde zu benennen. Ein Beispiel: Sie richten das Fläschchen und Ihr Kind schaut auf dieses. Sprechen Sie dazu: "Die Mama gibt Milch in die Flasche. Schau,das ist die Flasche. Da ist die Flasche". Sprechen Sie immer wieder das Gleiche. Auch wenn Ihr Kind natürlich noch nichts versteht. Jetzt ist aber auch die Zeit, in der Sie lernen müssen. Sie selbst müssen vollkommen daran gewöhnt sein, alle Tätigkeiten in Sprache umzusetzen, bis Ihr Kind soweit ist, die Sprache wirklich zu verstehen. Ihr Kind wird also vorläufig nur merken, dass Sie jede Tätigkeit mit bestimmten Sprechbewegungen verbinden. Sie lernen in dieser Zeit alles was Sie tun, automatisch richtig zu benennen.

Ist Ihr Kind schon im zweiten Lebensjahr, und es steht zum Beispiel neben Ihnen, wenn Sie aufräumen, dann sprechen Sie ebenfalls dazu. Man kann einen Tisch wischen und trotzdem das Kind anschauen. Ich spreche aus Erfahrung. Ich hatte immer taube Pflegekinder bei mir und weiss, dass man sehr gut neben der hausfraulichen Tätigkeit auch noch mit dem Kinde sprechen kann. Es ist dabei nicht so wichtig, dass der Tisch ganz blank ist, viel wichtiger ist folgendes, nämlich dass Sie sagen: "Schau, ich nehme das Tuch. Ich muss den Tisch abwischen. Der Tisch ist schmutzig".

Bitte, empören Sie sich jetzt nicht zu sehr über meine Zumutung, den Haushalt etwas in den Hintergrund zu stellen um dafür mehr Sprache an Ihr Kind heranzubringen. Glauben Sie mir, letztlich zählt die Arbeit mit Ihrem Kinde viel mehr als die sauberste Wohnung. Ein gut sprechendes Kind wird Ihr Glück viel mehr vergrössern, als der bestgeputzte Tisch.

Vergessen Sie nicht, dass Ihr Kind mitsprechen muss. Ueberlegen Sie einmal, wie oft Sie eine solche Tätigkeit ausführen. Wenn Sie jedesmal die gleichen Sätze dazu sprechen, dann kann Ihr Kind nach einigen Monaten diese Sätze nicht nur verstehen, sondern es wird auch versuchen, selbst diese Sätze zu sprechen.

Ein Beispiel aus meiner Kindergartenarbeit: Ich verlangte von den Kindern vom ersten Tag an, dass sie mit mir sprachen, wenn sie irgend etwas bekamen oder wenn ich irgend etwas von ihnen wollte. Es war ein Internats-Kindergarten. Die Kinder waren eigentlich für den Beginn der Lautsprachenerlernung schon reichlich alt. Sie waren zwischen 4 und 6 Jahren. Vom ersten Tag an, als ich diesen Kindergarten betrat, verlangte ich, dass die Kinder mitsprachen. In diesem Fall war dies viel schwieriger, als wenn man bereits mit ein- oder zweijährigen Kindern beginnt.

Trotzdem gelang die Schulung. Ich frühstückte täglich mit den Kindern und verlangte dabei, dass sie folgende Sätze mit mir sprachen: "Bitte um Kaffee. Bitte um ein Butterbrot". Schon nach 4 Wochen waren die ersten Kinder imstande, wenigstens teilweise diese Sätze zu sprechen. Nach 3 Monaten hatte ich kein Kind mehr in der Gruppe, das nicht allein sagte: "Bitte um Kaffee. Bitte um ein Butterbrot". Aber nicht nur diese Sätze, sondern ebenso: "Bitte um einen Apfel. Bitte um ein Taschentuch" wurden gesprochen. Die Kinder konnten ihnen bekannte Dinge jetzt selbst erbitten.

Auch hier sagten die Kindergärtnerinnen zuerst: "Das ist unmöglich". Weil sie einen solchen Spracheinstieg noch nicht erlebt hatten, verlachten sie mich heimlich, als ich von ihnen verlangte, täglich diese Sätze zu sprechen. Nach einem Monat allerdings waren sie von der Sache hell begeistert und sprachen selbst während des ganzen Tages bei jeder nur sich bietenden Gelegenheit die richtigen Sätze.

Das müssen Sie auch tun, liebe Eltern! Bitte sagen Sie nicht, das brauche viel zu viel Zeit. Denken Sie daran, dass Ihr kleines taubes Kind ohne Ihre Hilfe aus der Gemeinschaft der Hörenden ausgeschlossen wäre. Nur die Sprache ermöglicht eine Verbindung zur hörenden Umwelt. Ueberlegen Sie bitte, wenn schon Sie nicht das bisschen Zeit und die Geduld aufbringen wollen, wer soll es dann tun, um Ihrem Kind zu helfen?

Alle Frauenzeitschriften bringen Artikel über die Wiedereingliederung der Hausfrau in das Berufsleben. Ueberall kann man lesen, dass eine Frau, auch wenn sie Kinder habe, nicht voll ausgefüllt sei, wenn sie nur Hausarbeiten verrichte. Man bietet diesen Frauen Teilzeitarbeit in verschiedenen Büros an. Doch wenn nun der Pädagoge von einer solchen Mutter verlangt, dass sie einige Stunden am Tage mit ihrem hörgeschädigten Kind arbeitet, was doch wirklich eine weitaus lohnendere Arbeit für die Mutter sein müsste, dann schreit man von Ueberforderung. Ich kann dem nicht zustimmen und finde, dass es für eine Mutter gar keine schönere und grössere Aufgabe geben kann, als selbst ihrem geschädigten Kind zu helfen.

Gewöhnen Sie sich daran, dass Sie bei der gleichen Tätigkeit immer die gleichen Satzformen verwenden. Sie dürfen nicht einmal sagen" Ich wische den Tisch ab", dann wieder: "Ich putze den Tisch", oder: "Ich mache den Tisch sauber". Ihr Kind soll ja diesen Satz verstehen lernen und ihn schliesslich selbst sprechen können. Daher müssen Sie auch immer den gleichen Satz gebrauchen. Jeden Tag, immer wenn Sie den Tisch abwischen, heisst es: "Ich wische den Tisch ab". Sie können natürlich auch einen anderen Satz wählen. Doch jener, den Sie gewählt haben, muss täglich gebraucht werden. Sie müssen diese Satzform gross aufschreiben, so dass auch die anderen Familienmitglieder sie lesen und gebrauchen können. Der Vater darf nicht sagen: "Ich putze den Tisch", die Mutter: "Ich wische den Tisch ab", und die Grossmutter, die vielleicht im gleichen Haushalt lebt,: "Ich mache den Tisch sauber". Alle müssen den gleichen Satz sprechen. Nur so kommt das Kind zur richtigen Bezeichnung, nur so kann es diesen Satz ohne besondere Uebung auch aus dem Tagesablauf heraus lernen.

## 3.5. Vermeidung von Gebärden

Nun komme ich zu einer anderen Grundregel, die mir immer sehr grosse Sorgen macht und die vielfach auf Unverständnis stösst. Sie dürfen nicht mit den Händen zeigen. Jedes Mal, wenn Sie mit der Hand eine Tätigkeit zeigen, anstatt sprachlich auszudrücken, was das Kind tun soll, werfen Sie das Kind in seiner Ausbildung wieder ein Stück zurück.

Die Gebärde ist der Tod der Lautsprache. Ein Kind, das einmal gebärdet, also mit den Händen zeigt, wird für die Lautsprache sehr viel weniger Interesse haben, als ein anderes, welches keine Gebärden kennt. Man kann nicht von einem kleinen Kind erwarten, dass es bereits den Wert der Lautsprache erkennt. Wie soll es wissen, dass die andern Leute ringsherum hören und sich nur lautsprachlich verständigen. Es weiss ja zu diesem Zeitpunkt noch nicht einmal, dass es taub ist. Also kann es auch nicht wissen, wie wertvoll die Lautsprache für sein späteres Leben sein wird. Die Eltern sollten wissen: Nur mit der Lautsprache kann das Kind ein vollwertiges Mitglied der menschlichen Gemeinschaft werden. Nur mit der Lautsprache kann man richtig denken, und nur mit Hilfe der Sprache ist Bildung möglich.

Lassen Sie sich von niemandem einreden, die Gebärde sei die Muttersprache der Gehörlosen! Das ist nicht wahr. Die Gebärde, das Zeigen mit den Händen, ist nur ein Notventil. Wenn ein Kind nicht rechtzeitig in die Lautsprache eingeführt wird, wie soll es sich dann verständlich machen können? Es muss irgendwie seine Wünsche und Bedürfnisse kundtun. Also wird es zur Gebärde greifen. Aber diese Gebärde ist immer nur ein Notventil,und sie behindert das Kind ein ganzes Leben lang.

Ich habe so oft von Gehörlosen folgendes gehört: "Wenn nur unsere Lehrer die Gebärde verboten hätten. Sie ist das Schlechteste, was man uns geben kann". Diese Aussprüche machten mir immer wieder Mut, meine Meinung zu diesem Thema zu äussern. Ich sprach auch mit vielen Gehörlosen, welche die Gebärde überhaupt nicht kannten. Sie waren glücklich, dass sie sich ohne Schwierigkeiten mit normal Hörenden unterhalten konnten. Also, liebe Eltern, Hände in die Taschen oder auf den Rücken, wenn es Sie juckt, diese anstelle der Sprache zu gebrauchen! Lieber hundert Mal ein Wort vorsprechen, als einmal zeigen!

Wenn Sie zum Beispiel Stuhl sagen und das Kind versteht Sie nicht, dann nehmen Sie es an der Hand, führen Sie es zu einem Stuhl und sprechen Sie immer wieder: "Stuhl, Stuhl, Stuhl, Stuhl ...."

Ein anderes Beispiel: Sie möchten, dass ihr Kind kommt. Ihr Kind kommt aber nicht, weil es dieses Wort "komm" noch nicht versteht. Zeigen Sie nicht mit dem Finger "komm". Das wäre zwar das Einfachste, aber auch das Schlechteste.

Was müssen Sie in diesem Falle machen? Sie gehen Ihrem Kind entgegen, nehmen es an der Hand, gehen, selbst rückwärts schreitend, wieder auf den vorher eingenommenen Platz zurück und sprechen dabei ununterbrochen "komm, komm, komm". Versuchen Sie das öfters, meistens genügt 3 bis 4 Mal. Sie werden sehen, wie Ihr Kind auf einmal richtig reagiert, wenn Sie das Wort "komm" sprechen.

### 3.6. Sammeln und Herstellen von Anschauungsmaterial

Gewöhnen Sie sich bitte schon jetzt daran, Anschauungsmaterial zu sammeln. Sie meinen vielleicht, das hat noch Zeit, bis Ihr Kind diese Begriffe wirklich lernen soll. Doch dann ist es zu spät. Dann muss schon alles bereit sein. Wenn Sie irgendwo in Illustrierten, Zeitschriften, Reklamen usw. schöne Bilder von Tieren, Lebensmitteln und Gebrauchsgegenständen sehen, dann schneiden Sie diese doch bitte schon jetzt aus und kleben Sie sie, dem Sachgebiet zugeordnet, in verschiedene Alben. Auf die gleiche Weise können Sie auch schon jetzt kleine Bilder anfertigen, die Sie auf Kartontäfelchen aufkleben und mit Klarsichtfolie überziehen. Ich komme später auf die Vorteile guten Anschauungsmaterials genauer zu sprechen.
Sagen Sie doch auch Ihren Verwandten, dass sie Ihrem Kinde in Zukunft keine Schokolade oder Süssigkeiten schenken sollen. Diese schaden nur seinen Zähnen. Sie mögen doch bitte anstelle eines süssen Geschenkes lieber etwas von dem Material bringen, das sie später brauchen werden. Ich werde im Anschluss an dieses Buch einen genauen Ueberblick über das Material geben, welches man für die Sprachanbahnung benötigt. Ich schlage Ihnen vor, schon jetzt Ihren Verwandten und Bekannten, die Ihrem Kinde etwas schenken wollen, eine solche Liste in die Hand zu geben. Sagen Sie ruhig: "Siehst du, damit kannst du meinem Kind wirklich einen Dienst erweisen". Sie werden später sehr froh sein, wenn das benötigte Material bereits vorhanden ist.

Eine weitere Grundregel: Unsere tauben Kinder dürfen nicht in Abgeschiedenheit aufwachsen. Sie müssen angeregt werden. Es sind zuwenig Eindrücke, die sie während des normalen Familienlebens aufnehmen. Erinnern Sie sich, was ich vorher vom Speichervermögen des Gehirns sagte. Viele Eindrücke nehmen die tauben Kinder nur bruchstückweise auf. Sie können den Zusammenhang zwischen den einzelnen Szenen, die sie sehen, nicht verstehen, weil das Bindeglied, die Sprache fehlt. Bitte schalten Sie einmal Ihr Fernsehgerät an, aber den Ton aus! Sie werden erstaunt sein, wieviel Mühe Sie haben, überhaupt etwas von der Handlung mitzubekommen. Sie können sich, da Sie die Lautsprache beherrschen, vorstellen, was die Leute vielleicht sprechen. Ihrem Kinde aber fehlt diese Vorstellung vollkommen.

### 3.7. Die Bedeutung des Erlebnisses für die Sprachanbahnung

Wenn das Kind auch noch ganz abseits von jedem Geschehen gehalten wird, wenn es wenig erlebt, nie aus dem elterlichen Haus, der Wohnung, dem Garten hinaus kommt, dann wird seine Begriffswelt noch ärmer, als sie es sowieso schon ist. Ausserdem können wir die Sprache beim Kleinkind nur auf Erlebnisse aufbauen. Ich kann dem Kinde nicht theoretisch etwas erklären. Ich kann nicht sagen: "Weisst du, auf einen hohen Berg fährt man mit einer Seilbahn. Da ist ein Seil gespannt und die Bahn wird durch einen Motor hinaufgezogen". Das ist unmöglich. Wenn ich dem tauben Kind eine Seilbahn erklären will, muss ich zu einer solchen hingehen. Das Kind muss mit dieser Seilbahn fahren. Beim Wiederholen des Begriffes ist eine Spielzeugseilbahn notwendig. Ich muss dazu verschiedene Bilder von Seilbahnen zeigen, damit das Kind den Begriff und nicht nur das Wort erwirbt.

Ein Wort erlernt hat Ihr Kind dann, wenn es zum Beispiel seine Puppe als solche benennt. Dieses Wort wird ein Begriff, wenn das Kind einmal alle Puppen als Puppen bezeichnet. Ein Wort erlernt hat das Kind dann, wenn es eine Seilbahn als solche benennt. Der Begriff Seilbahn enthält die Vorstellung, dass verschiedene, am Seil hochgezogene Bahnen und Kabinen, so benannt werden, wie diese sich bewegen und wozu sie dienen.

Die Kinder müssen immer Begriffe erlernen, nicht Wörter. Dies ist eine weitere Grundregel. Was immer wir an Sprache erarbeiten wollen, muss zuerst einmal erlebt werden. Daher soviel als möglich Eindrücke sammeln und natürlich sofort sprachlich auswerten.

### 3.8. Richtiges Verhalten in der Oeffentlichkeit

Dazu gehört auch das Einkaufen im Geschäft. Lassen Sie doch die Leute dumm schauen oder noch dümmer reden! Was kann es Sie stören! Sprechen Sie trotzdem mit Ihrem Kind in dialektfreier Umgangssprache und sprechen Sie im Geschäft. Stehen Sie bitte nicht nur dort und kaufen Sie ein, ohne dass Ihr Kind weiss, was da geschieht. Sprechen Sie wie zu einem hörenden Kind: "Schau ich kaufe Milch. Ich kaufe Brot." Lassen Sie Ihr Kind auch im Geschäft diese Sätze mitsprechen! Das Mitsprechen ist sehr wichtig! Ihr Kind wird nichts gewinnen, wenn Sie nur um der Leute willen nicht richtig oder gar nicht mit ihm sprechen. Aber diese Leute werden davon profitieren, wenn sie hören, wie Sie mit Ihrem Kind sprechen.

Liebe Eltern, Sie haben jetzt nicht nur Ihr Kind, für das Sie denken und handeln müssen. Sie sind auch in unsere grosse Gemeinschaft eingetreten. Sie sind mit ein Kämpfer für die Rechte der Gehörlosen geworden. Sie sind ein Anwalt Ihres Kindes, und damit vertreten Sie auch alle anderen gehörlosen Kinder. Also ist es auch eine Ihrer Pflichten, die Oeffentlichkeit über das Los der Gehörlosen aufzuklären. Taubstumm heisst nicht dumm. Davon muss die Oeffentlichkeit überzeugt werden. Wenn Sie sich auf der Strasse und in den Geschäften mit Ihrem Kind unterhalten, dann werden vorher nicht informierte Leute erfahren, dass man mit diesen Kindern wirklich sprechen kann, dass sie geistig ebenso auf der Höhe sind wie auch normal Hörende. Diese Information der

Oeffentlichkeit, liebe Eltern, wird später auch Ihrem Kind zugute kommen.

# 4. Die ersten Übungen

## 4.1. Lallübungen

Es handelt sich zunächst um Lallübungen. Lallübungen, die man mit dem Kinde dann macht, wenn man es vor sich auf dem Wickeltisch liegen hat, in seinem Bettchen oder auf dem Schoss. Also immer dann, wenn Sie ihm nahe sind, wenn sein Gesicht dem Ihren nahe ist und es auf Ihren Mund sehen kann. Sie machen dabei die verschiedensten Bewegungen mit der Zunge und mit den Lippen. Geben Sie bitte Stimme, machen Sie die Uebungen nie lautlos. Wenn Sie nämlich Ihr Kind so nahe bei sich haben, kann es Ihre Stimme gut fühlen und vielleicht auch etwas davon hören. Wenn Sie Ihr Kind im Arm halten und diese Lallübungen machen, dann tanzen Sie auch dazu, bewegen Sie sich im Rhythmus. All das nimmt Ihr Kind auf und versucht es nach und nach mitzumachen und wiederzugeben. Ich erwähnte schon, wie gerne ein Kleinkind in den Mund der Eltern greift, wie es deren Zunge berühren möchte. Nützen Sie dieses "Begreifen" aus und machen Sie es sich zur Gewohnheit, so oft Sie Ihrem Kinde während des Tages nahe sind, diese Uebungen zu machen.

Nun soll Ihr Kind aber nicht nur die Bewegungen der Lippen oder der Zunge nachahmen, sondern auch bewusst Stimme geben. Dazu kann man die verschiedensten Gelegenheiten ausnützen. Zum Beispiel: Wenn Ihr Kind weint oder lacht. Nehmen Sie in einer solchen Situation seine Händchen und halten Sie diese an seinen Kehlkopf. Vielleicht hat Ihr Kind auch schon ein Hörgerät. Dann lassen Sie es seine eigene Stimme hören, wenn es lacht, weint oder vor sich hin lallt, indem Sie das Gerät ein bisschen näher an seinen Mund halten. Gewöhnen

Sie sich daran, wenn Sie lallen, die Hände Ihres Kindes an Ihren eigenen Kehlkopf zu legen. Achten Sie darauf, dass der Körper des Kindes so fest an Ihren Brustkorb angeschmiegt ist, dass das Kind die Vibration auch ohne Hörapparat aufnehmen kann.

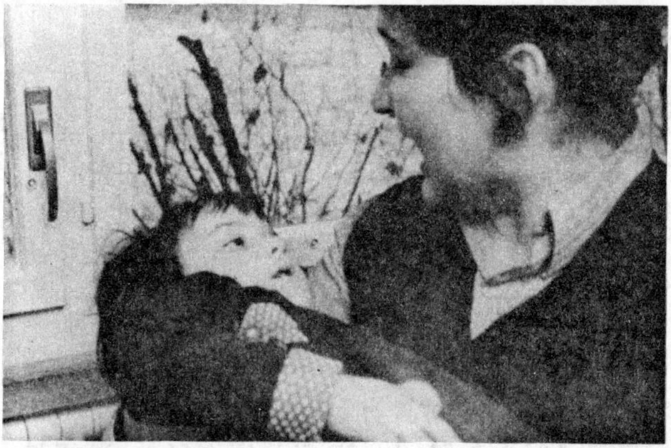

Bei etwas grösseren Kindern, welche Mühe haben, die Stimme bewusst einzusetzen, müssen wir uns verschiedene Spiele einfallen lassen. Ein sehr lustiges Hilfsmittel, um die Stimme zu ertasten, um zu merken, dass sich da etwas tut, ist zum Beispiel ein bunter Luftballon. Jedes Kind berührt einen solchen Ballon gerne. Es streckt seine Händchen nach ihm aus und will ihn halten. Versuchen Sie nun einmal, Ihre Lippen an den aufgeblasenen Ballon zu legen und "mmmmmm" oder "Papapapa" zu sprechen. Man kann dies sehr gut am Ballon abtasten. Halten Sie auch Ihrem Kinde den Ballon an die Lippen, vielleicht kitzeln Sie es ein bisschen, damit es lacht, wenn es nicht sofort Stimme gibt. Sie werden merken, wie rasch das Kind die Vibration aufnimmt und wie gerne es dann selbst versucht "mmmmmm" oder "Papapapa" zu sprechen. Es sind dies alles Vorübungen für das spätere Sprechen.

Es gibt auch sehr lustige ferngesteuerte Hunde, die bellen und laufen. Ahmen Sie einen solchen Hund nach. Bellen Sie Ihrem Kinde einmal etwas vor und fordern Sie es auf, mitzumachen, irgendwie Stimme zu geben. Jedesmal wenn das Kind Stimme gibt, lassen Sie den Hund laufen oder bellen.

## 4.2. Gleiche Satzformen bei gleicher Tätigkeit

Schon im Kapitel über die Grundregeln für Eltern hörgeschädigter Kinder sprach ich über die Wichtigkeit der sich immer wiederholenden Satzformen bei der gleichen Tätigkeit. Dieses Wiederholen der Satzformen gehört auch zu den ersten Uebungen. Beginnen Sie damit schon am Morgen, wenn Sie Ihr Kind wecken. Sagen Sie täglich: "Guten Morgen, steh auf!" Sprechen Sie dies so, dass das Kind gut auf Ihre Lippen sehen kann. Sprechen Sie ganz langsam aber machen Sie bitte keine Grimassen! Ueben Sie diese Sätze vorher selbst vor dem Spiegel. Nehmen Sie das Händchen Ihres Kindes, um es an Ihrem Kehlkopf abtasten zu lassen, während Sie sprechen!

Sie nehmen Ihr Kind aus dem Bett und sagen: "Komm waschen!" Wieder liegt seine Hand auf Ihrem Kehlkopf, wieder darauf achten, dass Sie langsam, gut sichtbar, aber ohne Grimassen sprechen. Sie ziehen Ihr Kind an und sprechen dazu: "Zieh die Hose an! Zieh die Strümpfe an!" Natürlich ziehen Sie selbst noch Ihr Kind an, aber dieser Satz wird bereits mit der Tätigkeit verbunden. Wenn Sie sehr fleissig täglich diese Sätze gesprochen haben, wird sie später Ihr Kind auch allein sprechen. Ermuntern Sie das Kind zum Mitsprechen, indem Sie es immer wieder auffordern, mit seinem Munde das Gleiche zu tun, was Sie machen. Nehmen Sie die Hand des Kindes und halten Sie diese zum Mund des Kindes, zu Ihrem Mund, wieder zum Mund des Kindes, und so wird es langsam merken, dass es mitmachen soll, wenn Sie zu sprechen beginnen.

## 4.3. Uebungen vor dem Spiegel

Gehen Sie nie mit Ihrem Kinde an einem Spiegel vorbei, ohne diesen zu benützen. Das ist keine Eitelkeit. Der Spiegel erfüllt überhaupt viel mehr erzieherische Funktionen als man ihm allgemein zugesteht. Der Spiegel ist für uns eine sehr grosse Hilfe. Sie können mit Ihrem Kinde Kopf an Kopf in den Spiegel hinein schauen. Nun lallen Sie, fordern Sie das Kind zum Mitmachen auf und sprechen Sie mit ihm "babababa.., mamamamama..., dadadada, ahhh, ohhh, uhhh, auauauauau...". Beobachten Sie sich auch selbst, ob Sie nun alle Laute schön und richtig sprechen, ob Sie den Mund genug aufmachen oder zu weit aufreissen, ob Sie Grimassen schneiden oder ob Sie normal sprechen! Das ist sehr wichtig. Ihr Kind wird an diesen Spiegelübungen sicher Freude haben. Es wird versuchen, das nachzuahmen, was es sieht, und es kann sich selbst kontrollieren.

Bitte machen Sie diese Spiegelübungen nicht nur jetzt als Einstieg in die Sprache, sondern auch später, wenn Ihr Kind bereits ganze Sätze sprechen kann. Versuchen Sie immer wieder Spiegelübungen! Auch ganze Sätze kann man vor dem Spiegel sprechen. Man kann sich damit viele Sprachverbesserungs- und Artikulationsübungen sparen,und das Kind kann sich teilweise schon selbst kontrollieren.

Das ist auch psychologisch sehr wichtig. Zu Beginn des Sprechenlernens, wie überhaupt in den ersten Jahren des Spracherwerbs, ist nur das Gesicht des Lehrers und der Erzieher das Kontrollorgan, welches dem Kind anzeigt, ob es gut oder schlecht gesprochen hat. Das normalhörende Kind kontrolliert seine Sprache ständig mit dem Ohr. Unsere Kinder haben diese Möglichkeit nicht. Nur unser Gesicht gibt ihnen Aufschluss darüber, ob sie richtig oder falsch gesprochen haben. Wenn es nun eine Gelegenheit gibt, dass die gehörlosen Kinder sich selbst kontrollieren können, dann müssen wir diese unbedingt ausnützen. Der Spiegel bietet uns eine solche Möglichkeit. Hier können sie wenigstens das Sichtbare allein kontrollieren. Ob dies gut klingt oder nicht,muss unser Gesicht ihnen sagen.

## 4.4. Blasübungen

<u>Eine der wichtigsten Vorübungen sind die Blasübungen</u>. Damit unsere Kinder später längere Sätze nicht abgehackt sprechen, müssen sie lernen, tief und kurz ein- und langsam auszuatmen. Die richtige Sprechatmung ist die Bauchatmung. Es muss also so tief eingeatmet werden, dass der ganze Bauch mitarbeitet. Wenn wir tief einatmen, dehnt sich die Lunge so weit aus, dass das Zwerchfell in den Bauch hinunter gedrückt wird. Es drückt dabei die Gedärme zusammen. Wir beobachten eine Vergrösserung des Bauchumfangs.

Wenn wir nun ausatmen, kehrt das Zwerchfell wieder in seine ursprüngliche Lage zurück,und die Luft wird aus der Lunge heraus gepresst. Wir haben dabei viel Luft zur Verfügung und können einen langen Satz sprechen. Jeder Sänger und jeder Schauspieler muss die Bauchatmung lernen. Unsere Kinder sollen später nicht sagen: "Bitte Mam-ma um ......," sondern "Bitte Mama um..... ." Es ist daher notwendig, dass wir das Blasen immer wieder üben, denn dabei lernt das Kind in spielerischer Form ganz tief und kurz einatmen und lange und fest wieder ausatmen.

Sie werden diese Blasübungen über Jahre hinweg machen müssen. Dem Kind werden die Lernsituationen nicht bewusst. Alle Uebungen werden kindgemäss, also in spielerischer Form durchgeführt.

Watte ist ein wichtiges Material bei den Blasübungen. Es gibt schöne bunte Wattekugeln zu kaufen. Mit diesen kann man sehr viel anfangen. Sie legen sie zuerst auf Ihre Hand und blasen sie weg, aber so, dass Sie dem Kinde gegenüber sitzen und dieses auch den Luftzug spürt, also Ihr Blasen fühlt. Dann legen Sie die Watte auf die Hand des Kindes und blasen sie von dort weg. Nun fordern Sie das Kind auf, dies auch zu versuchen. Sicher wird es nicht gleich gelingen. Sie müssen die Uebung immer wieder vormachen. Halten Sie die Watte zuerst nahe an den Mund des Kindes! Auch hier nützt ein bisschen kitzeln, bei dem das Kind einmal richtig heraus lacht, sodass es den Luftstrom auf seiner Hand spürt und dass es sieht, wie die Watte wegfliegt.

Sie können aus grösseren Bausteinen auf dem Tisch oder Boden ein Tor bauen. Das Kind sitzt oder liegt auf dem Bauch an der einen Seite, Sie an der anderen. Nun blasen Sie die Watte durch das Tor! Falls Sie keine Teppichböden haben, an denen die Watte hängen bleibt, empfehle ich, viel mehr am Boden in Bauchlage zu blasen als am Tisch. Wenn Sie ein glattes Stück Plastik oder Holz auf den Boden legen und darauf mit den Bausteinen ein Tor bauen, lässt sich die Watte sehr schön durchblasen.

Sie können auch mit Fensterspray den Spiegel besprühen. Auf diese nasse Fläche kleben Sie Wattestückchen und blasen mit dem Kind kräftig darauf. Das Kind kann jetzt auch im Spiegel sehen, wie es sich selbst verhält. Es kann beobachten, wie Sie den Mund spitzen und kann dies vor dem Spiegel besser nachahmen. Ausserdem macht es grossen Spass, wenn die Watteflöckchen vom Spiegel wegfliegen. So gibt es noch viele Uebungen, die man mit Watte machen kann. Ich bin überzeugt, dass Sie auch einige Spiele erfinden werden.

Kerzen sind bei den Kindern sehr beliebt. Im Anfang nehmen Sie eine ganz kleine, dünne Kerze, die man sehr leicht ausblasen kann. Sie halten diese unmittelbar vor den Mund des Kindes. Achtung, kleine Kinder greifen immer gerne in die Flamme! Halten Sie die Händchen des Kindes fest, ehe Sie mit der Kerze nahe an es heran kommen. Kann das Kind dünne Kerzen ausblasen, dann nehmen Sie immer dickere Kerzen und halten diese Kerzen immer weiter vom Kinde weg. Das Kind muss sich nun immer mehr anstrengen, bis die Kerze erlischt.

Für diese Uebungen eignen sich auch kleine Spielzeugautos aus Plastik. Man kann sie auf den Tisch legen und über den Tisch blasen, man kann sie durch ein kleines Bausteintor blasen wie ich es beim Spiel mit der Watte bereits erklärte, kann sie auf einer "Strasse", die mit Bausteinen gebaut wurde, weiter blasen, man kann sie einem Ziel zublasen.

Auch kleine Segelschiffe, Motorschiffe usw. gibt es aus Plastik. Sicher spielt auch Ihr Kind gerne in der Badewanne. Nützen Sie diese Gelegenheit aus und spielen Sie mit ihm. Blasen Sie diese kleinen Schiffchen von einer Seite zur anderen. So wird auch die Badezeit gleichzeitig zur Uebungsstunde.

In jedem Spielzeuggeschäft bekommt man eine Flüssigkeit zum Seifenblasen machen. Zu dieser Seifenlösung, die man in den Spielzeugläden bekommt, gibt es einen kleinen Metallring. Diesen taucht man in die Flüssigkeit ein,und wenn man dann auf den Ring bläst, entstehen die herrlichsten Seifenblasen. Sicher hatten auch Sie als Kind Spass an diesen bunten Kugeln, und Sie werden sehen, wie auch Ihr Kind Freude daran hat. So haben Sie wieder eine andere Möglichkeit, um Blasübungen in spielerischer Form durchzuführen.

Zünden Sie nie ein Streichholz an und blasen Sie es selbst aus, wenn Ihr Kind in der Nähe ist. Halten Sie ihm das Zündholz immer hin und lassen Sie es dieses ausblasen!

Windräder bereiten ebenfalls Freude. Kaufen Sie solch ein buntes Rad, womöglich eines mit mehreren kleinen Rädchen. Nun auch hier wieder: blasen, blasen, blasen!

Auch wenn Sie draussen spazieren gehen, gibt es viele Möglichkeiten zu Blaseübungen. Im Frühling zum Beispiel, wenn der Löwenzahn so schön blüht. Lassen Sie doch Ihr Kind diese Samen abblasen! Es hat Freude daran,und die Uebung wurde wieder einmal anders gestaltet.

Im Herbst sind es Blätter, die fortgeblasen werden können. Wenn Sie sich ein wenig umsehen, werden Sie auch selbst im Freien noch viele Möglichkeiten finden.

Buntes Seidenpapier erfüllt den gleichen Zweck wie zum Beispiel Watte. Es fliegt noch viel schöner. Man kann es viel weiter wegblasen. Man kann viele kleine bunte Seidenpapierschnitzelchen zu einem Häufchen auf den Tisch legen und das Kind hineinblasen lassen, so dass alles durch das Zimmer fliegt und es aussieht, als würde es schneien. Der Staubsauger schafft schnell wieder Ordnung!

Sicher kennen Sie auch die Mobiles, die man jetzt überall aufhängt. Auch gegen ein solches Mobile kann man blasen, und es dreht sich lustig.

<u>Abwechslung und lustbetontes Ueben ist eine der wichtigsten Voraussetzungen für die Mitarbeit des Kindes</u>. Wenn ein Kind nicht mitarbeiten will, dann wurde irgend etwas falsch gemacht oder das Spiel, welches man machen wollte, gefällt

dem Kind nicht. Dann muss man einen anderen Weg suchen. Nicht jedes Kind reagiert auf jede Uebung gleich. Auch bei mir in der Pädoaudiologischen Beratungsstelle kommt es vor, dass ich ein Uebungsspiel gefunden habe, welches den Kindern besonders viel Spass macht. Aber dann kommt einmal ein Kind und reagiert nicht auf diese Uebung. Es will nicht mitmachen, lehnt das Spielzeug ab, es schreit, es protestiert. Dann muss der Pädagoge eben einen anderen Weg finden.

Bitte denken Sie in solchen Fällen nicht gleich, dass Sie versagt haben. Ihr Kind darf doch auch seine Meinung äussern! Versuchen Sie ein anderes Spiel und vielleicht auch noch ein zweites. Machen Sie Spass, und Sie werden sehen, bald wird Ihr Kind wieder mitmachen!

### 4.5. Frühzeitiges Hörtraining (Rhythmisierung)

Zu den Vorübungen gehört auch das Aufmerksam-machen auf Höreindrücke.

Ob Ihr Kind schon ein Hörgerät trägt oder nicht, spielt bei diesen Uebungen keine besondere Rolle. Wichtig ist nur, dass Sie es so früh wie möglich auf Höreindrücke aufmerksam machen. Auch ob das Kind diese Geräusche, denn um solche handelt es sich hauptsächlich, hört oder fühlt, ist unwichtig. Wichtig ist nur, dass ihm bewusst gemacht wird, dass seine Umgebung laut ist und man dies auch wahrnehmen kann.

Vielleicht besitzen Sie eine Trommel oder ein Tamburin. Wenn nicht, dann nehmen Sie bitte Deckel aus der Küche. Sie erfüllen den gleichen Zweck. Schlagen Sie die Trommel oder die Deckel vor Ihrem Kinde und zwar so, dass es auch fühlen kann, wie getrommelt oder auf die Deckel geschlagen wird. Die Schwingungen einer Trommel kann jedes taube Kind sehr gut fühlen. Lassen Sie das Kind immer dann, wenn Sie trommeln, in die Hände klatschen oder auf den Tisch klopfen oder Hölzchen zusammen schlagen. Sprechen Sie auch "papapapapa" dazu im Rhythmus des Trommelns und fordern Sie das Kind auf, ebenso mitzusprechen.

Vielleicht reagiert es nicht gleich und macht auch nicht mit. Lassen Sie bitte diese Uebung deswegen nicht weg! Versuchen Sie diese täglich wieder, und eines Tages wird Ihr Kind gut reagieren. Dies dauert übrigens gar nicht lange. Macht das Kind einmal die Uebung mit, dann gehen Sie einen Schritt weiter.

Stellen Sie sich hinter ihm auf und schlagen Sie auf die Trommel! Das Kind soll dabei weder Sie noch die Trommel sehen. Erklären Sie ihm, dass es selbst in die Hände klatschen soll, wenn es die Trommel hört. Das müssen Sie ihm natürlich vormachen. Es ist zu empfehlen, die Uebung zuerst zu zweit zu machen. Vielleicht kann ein Geschwister die Trommel schlagen, und Sie nehmen die Händchen des Kindes, klatschen oder trommeln mit diesen auf den Tisch, wenn die Trommel ertönt. Lassen Sie auch dabei "papapapapa" sprechen.

Fordern Sie das Kind auf, sich irgendwie im Raume zu bewegen, wenn die Trommel ertönt. Machen Sie auch diese Uebung zuerst so, dass das Kind Sie und die Trommel sehen kann. Wird die Uebung von dem Kind gut ausgeführt, dann verstecken Sie die Trommel wieder.

Nun muss es sich wieder ganz auf das Hören oder Fühlen konzentrieren.

Nehmen Sie einen grossen Wecker, den man auch gut fühlen kann! Lassen Sie diesen ablaufen! Halten Sie ihn dabei Ihrem Kind an das Ohr! Es kann dieses Geräusch vielleicht auch hören. Legen Sie den Wecker auf den Kopf des Kindes! Man kann so die Vibrationen gut fühlen. Lassen Sie das Kind den Wecker in die Hand nehmen. Gebrauchen Sie auch dabei die Sprache! Benennen Sie die Uhr: "Schau die Uhr." "Die Uhr macht brrr ... ." Lassen Sie Ihr Kind dabei auch an Ihrem Kehlkopf fühlen! Fordern Sie es auf, selbst einmal mit den Lippen "brrr..." zu machen! Dann darf es wieder den Wecker abtasten.

Vielleicht haben Sie irgend ein Musikinstrument zu Hause. Sehr brauchbar ist eine Ziehharmonika, denn die kann man sehr gut fühlen. An dieser Stelle darf ich Ihnen vielleicht erzählen, dass die Ziehharmonika das Instrument war, mit dem man erstmals richtiges Hörtraining durchgeführt hat. Der ungarische Arzt Urbantschitsch konstruierte eine Harmonika, die besonders laut war. Diese Harmonika brauchte er täglich zum Hörtraining mit tauben Kindern. Nach einigen Monaten intensiver Arbeit konnte er beweisen, dass diese Kinder wirklich auf die Harmonika reagierten. Sie nahmen den Rhythmus auf und bewegten sich entsprechend zur Musik.

Damals wusste man noch nichts vom Hörtraining und sagte, das sei Scharlatanerei. Da das Gehör so nicht verbessert werden könne, hätten diese Uebungen auch keinen Sinn. Heute weiss man, dass man zwar das Gehör nicht verbessern kann, wenn man Hörübungen macht, aber dass man die Aufmerksamkeit des Kindes auf die noch vorhandenen Hörreste lenken und soweit fördern kann, dass auch ein praktisch taubes Kind davon profitiert.

Darüber berichte ich später, wenn ich zum eigentlichen Hörtraining komme. Jetzt soll nur von Vorübungen die Rede sein, welche das Kind einmal darauf aufmerksam machen, dass sich da überhaupt etwas tut, dass unsere Umgebung laut ist. Das Kind erfährt, dass man diese Geräusche irgendwie erfassen, und im wahrsten Sinne des Wortes, begreifen kann.

Alle lauten Instrumente, welche die Kinder auch abtasten können, sind geeignet. Sie müssen ganz einfach auf dem Instrument spielen und das Kind mit dem ganzen Körper oder mit den Händen die Schwingungen fühlen lassen. Trägt das Kind bereits ein Hörgerät, werden Sie diese Uebungen natürlich viel leiser machen. In diesem Fall ist es auch nicht notwendig, dass das Kind immer abtastet. Doch so lange noch kein Hörgerät vorhanden ist, müssen diese Hörübungen bei grosser Lautstärke durchgeführt werden, damit das Kind auch fühlen kann, dass ein solches Instrument tönt.

Lassen Sie das Kind sich bewegen, solange Sie auf einem Instrument spielen! Es kann mit den Füssen stampfen, in die Hände klatschen, herum tanzen oder laufen. Wenn Sie zu Spielen aufhören, soll es sich still auf den Boden setzen. Beginnt das Spiel wieder, soll es aufstehen und die Bewegungen wieder weiter machen. Sie müssen die Uebung natürlich vorspielen. Erklären kann man zu diesem Zeitpunkt noch nicht.

Ist Ihr Kind noch sehr jung und kann noch nicht allein herum gehen oder sich allein bewegen - denn auch zu diesem Zeitpunkt müssen Sie schon mit diesen Vorübungen beginnen -, dann nehmen Sie es auf den Arm und tanzen mit ihm zur Musik herum. Vielleicht kann ein anderes Familienmitglied Musik machen.

Uebrigens eignet sich zu diesen Uebungen auch ein Radioapparat sehr gut. So können Sie auch allein die Uebungen mit dem Kind machen und dieses dabei auf dem Arm halten. Wählen Sie ein geeignetes Musikprogramm und drehen Sie den Apparat sehr laut auf! Bewegen Sie sich zur Musik mit dem Kind. Stellen Sie den Apparat dann ganz leise, so dass man nichts mehr hören kann und setzen Sie sich mit dem Kind auf den Boden. Wenn Sie wieder ganz laut aufdrehen, stehen Sie auf und tanzen von neuem mit dem Kind im Zimmer herum.

<u>So lernt das Kind, auf Höreindrücke oder Tastempfindungen zu achten und seine Eindrücke anzuzeigen</u>. Nach einiger Zeit wird es von sich aus das Erlebnis des Hörens oder Fühlens

suchen. Immer wieder berichten mir Eltern, dass Kinder allein den Radioapparat einschalten und so laut als möglich aufdrehen.

Plattenspieler und Tonbandgeräte können für diese Uebungen natürlich ebenso verwendet werden. Wenn Sie Schallplatten verwenden, um das Kind auf Höreindrücke aufmerksam zu machen, verwenden Sie bitte Marschmusik oder Beat. Gute Beatmusik ist sehr geeignet. Alle modernen Musikstücke, die besonders viel Schlagzeug und Rhythmus bringen, eignen sich ausgezeichnet für diese Einführung in das Hörtraining.

Für ein Baby, das sich noch nicht zur Musik bewegen kann, ist folgendes sinnvoll. Man kann in einem Musikgeschäft Klanghölzer kaufen. Sie können aber dazu auch ruhig einen alten Besenstiel zerschneiden. Wenn Sie nun mit diesen Stäbchen aneinander schlagen, gibt das einen sehr schönen Klang, den man auch gut fühlen kann. Schlagen Sie die Hölzchen so vor dem Kinde aneinander, dass es dies beobachten kann. Das Baby wird nichts weiter tun als auf die Hölzchen schauen. Es wird passiv die Eindrücke aufnehmen. Ist das Kind aber etwas grösser, dann geben Sie diesem selbstverständlich auch die Stäbchen in die Hand und lassen Sie es auch selbst damit Lärm erzeugen.

Auch Käsebretter eignen sich wunderbar zu diesen Vorübungen. Versuchen Sie einmal mit einem Kochlöffel oder einem anderen Löffel auf ein Käsebrett zu schlagen oder schlagen Sie nur einmal zwei Käsebretter zusammen. Sie werden erleben, wie gut man das hört und fühlt.

Aus Konservendosen, aus Teebüchsen und aus jeder anderen Blechbüchse lässt sich eine Rasselbüchse machen. Füllen Sie einige Steine in diese Dosen! Rasseln Sie damit vor dem Kinde, rasseln Sie nahe an seinem Ohr, rasseln Sie so, dass das Kind dies auch fühlen kann! Geben Sie ihm möglichst die Dose in die Hand und lassen Sie es selbst rasseln! Es wird nun hören und fühlen zugleich.

Es gibt in letzter Zeit auch sehr laute Kindertelefone, die einen schnurrenden Ton von sich geben, wenn man auf einen Knopf drückt. Auch ein solches Telefon ist für die Uebung wunderbar geeignet. Es dient nicht nur der Vorbereitung auf das Hörtraining, sondern man kann auch gleichzeitig Lallübungen machen, indem man den Hörer nimmt und selbst in diesen hinein "lallt", dem Kind den Hörer gibt und es auffordert dies ebenso zu tun.

Kuhglocken sind ein weiteres gutes Hilfsmittel, um die Kinder auf Höreindrücke aufmerksam zu machen. Grosse Kuhglocken bitte, nicht irgendwelche kleinen Christbaumglöckchen! Von diesen haben unsere Kinder nichts. Aber richtige Kuhglocken können sie sowohl hören als auch fühlen. Ausserdem spielen sie gerne damit. Sprechen Sie auch hierzu, indem Sie die Glocke hin und her schwingen: "bim-bam, bim-bam, bim-bam..."

Ratschen sind Ihnen aus Ihrer Kindheit noch bekannt. Zur Osterzeit verwendet man in vielen Orten Ratschen an Stelle der Kirchenglocken. Diese Ratschen sind eine wunderbare Sache für die Vorübungen. Man kann sie ebenso hören und fühlen. Sie sind sehr laut und sie machen den Kindern viel Spass, weil auch noch ihre Bewegung hinzu kommt. Sprechen Sie auch dazu "brrr..." so wie es die Ratsche macht. Wir wollen ja die Kinder von Anfang an auch dazu anregen, dass sie das, was sie mit dem Ohr oder über das Abtasten aufnehmen, auch mit dem Munde wiedergeben.

Papiertüten erhält man auch heute noch überall beim Einkaufen. Erinnern Sie sich noch, wie Sie als Kind die Tüten aufbliesen und dann fest mit der Faust auf diese schlugen, so dass die Säcke zerplatzten? Machen Sie auch das vor Ihrem Kind! Zeigen Sie ihm das Aufblasen, das Sie auch Ihr Kind versuchen lassen können! Dann kommt der Schlag auf die Tüte. Das ist ein Höreindruck,und gleichzeitig kann man das gut fühlen. Zuletzt sprechen Sie noch "bum", womit Sie auch sprachlich ausgedrückt haben, was hier vor sich gegangen ist. Sicher macht auch Ihrem Kind diese Uebung Spass. Ich empfehle sie aber erst ab dem zweiten Lebensjahr. Babies würden dabei zu sehr erschrecken.

Doch nun noch etwas sehr Wichtiges! Wenn Sie irgendein Geräusch nahe bei Ihrem Kinde erzeugen, bitte nie direkt in das Ohr hinein. Zum Beispiel dürfen Sie nie in das Ohr des Kindes hinein schreien. Immer am Ohr des Kindes vorbei. Eine Weckeruhr kann man wohl direkt an das Ohr des Kindes anlegen. Eine Trommel natürlich nicht. Sie erzeugen das Geräusch nahe beim Kinde aber so, dass es dieses weder erschreckt, noch ihm Schmerzen zufügt. Wenn Sie zum Beispiel direkt in das Ohr Ihres Kindes hineinschreien, könnten Sie ihm sehr weh tun. Gerade ein Kind, das wenig hört, reagiert sehr empfindlich auf Eindrücke, die es mit seinem Ohr noch aufnehmen kann. Am Ohr vorbei, hinter dem Kinde, am Hinterkopf, können Sie laut sein, da können Sie blasen, da können Sie eine Trompete spielen, aber bitte nie direkt in das Ohr, auch wenn Ihr Kind scheinbar taub ist.

# 5. Das Hörtraining

Eine der wichtigsten Aufgaben des Erziehers eines hörgeschädigten Kindes besteht darin, die noch vorhandenen Hörreste dem Kinde bewusst zu machen und sie weiter so zu schulen, dass das Kind diese auch zu seinem Vorteil verwenden kann. Wie gehen wir dabei vor?

## 5.1. Hörapparat und Hörtraining

Sie werden inzwischen sicher vom Arzt einen Hörapparat für Ihr Kind erhalten haben; vielleicht auch einen Sprachtrainer. Diese Geräte setzen Sie beim Hörtraining ein. Nun etwas ganz Wichtiges, liebe Eltern! Nur der Arzt oder der Audiologe kann wirklich bestimmen, welcher Hörapparat für Ihr Kind geeignet ist. Bitte glauben Sie nicht, dass dies irgendein Händler besser kann! Glauben Sie schon gar nicht, dass ein Apparat, der zufällig noch von der Grossmutter her vorhanden ist und ihr bei der Altersschwerhörigkeit sehr gute Dienste geleistet hat, nun auch für Ihr Kind geeignet sein muss!

Ein Hörapparat ist ein sehr wichtiges Hilfsmittel. Mit einem schlechten Gerät kann mehr verdorben werden, als dem Kinde je genützt werden kann. Es kann sogar ein Hörrest ganz zunichte gemacht werden, wenn das Kind nicht den richtigen Apparat bekommt. Das Anpassen eines Hörapparates ist eine genau so heikle Angelegenheit wie das Anpassen einer Brille. Auch hier muss der Arzt zuerst feststellen, wie gross der Sehfehler ist, damit er weiss, welche Brille überhaupt in Frage kommt. Ebenso verhält es sich auch bei einem Hörgerät.

Lassen Sie sich bitte von dem Ohrenarzt genau über das noch vorhandene Hörvermögen Ihres Kindes informieren! Sie können das Hörtraining viel sinnvoller gestalten, wenn Sie über die noch vorhandenen Hörreste Klarheit haben.

Noch etwas Wichtiges zum Hörtraining: Ihr Kind hat zwar jetzt einen Hörapparat bekommen, doch auch mit diesem Apparat kann Ihr Kind die Sprache nicht vollständig aufnehmen.

Je nach dem Grad des Hörverlusts wird es dies mehr oder weniger können. Aber nie so wie Sie. Das praktisch taube Kind wird auch mit einem Hörapparat niemals die Sprache über das Ohr aufnehmen. Ich betone dies ganz besonders, weil in der Praxis immer wieder solche Fragen auftauchen.

Erst vor kurzer Zeit machte ich ersten Hausbesuch bei Eltern eines tauben Kindes. Das Kind hat noch gut verwertbare Hörreste, aber eben nur Hörreste. Nun waren die Eltern der Meinung, dass der Hörapparat alles ausgleichen würde. Sie dachten, sie müssten nur eine richtige Unterweisung im Gebrauch des Apparates erhalten und dann könne das Kind die Sprache normal aus seiner Umgebung aufnehmen.

Nein, liebe Eltern, das ist unmöglich. Ein Hörgerät ist für unsere Kinder sehr wichtig, doch den normalen Sprachempfang über das Ohr können wir beim praktisch tauben oder hörrestigen Kinde nicht erreichen. Bei schwerhörigen Kindern kann dies annähernd möglich sein. Aber wenn das Kind nur den Rhythmus der Sprache aufnehmen kann, wenn es nur erkennen kann, dass überhaupt gesprochen wird, ist es nicht mehr viersinnig. Wenn das taube Kind nur den Rhythmus aufnehmen kann, wird seine Sprache schon wohlklingender und damit verständlicher werden. Es ist ein grosser Unterschied, ob man rhythmisch oder monoton spricht. Das Kind wird auch lernen, mit seinem Hörgerät die verschiedensten Geräusche seiner Umgebung zu erkennen. Es wird an diesen lautlichen Aeusserungen Anteil nehmen. Es wird glücklich darüber sein. Es wird verstehen, was Hören überhaupt ist. Diese Erkenntnis wird es ihm ermöglichen, manche Handlungen seiner Umgebung besser zu verstehen. Es wird dadurch in seiner Beziehung zur Umwelt gefördert.

Somit wird sein Wahrnehmungsfeld vergrössert. Was versteht man überhaupt unter einem Wahrnehmungsfeld? Die folgende Skizze soll dies veranschaulichen.

Der Normalhörende nimmt mit Hilfe der Augen und Ohren alles auf, was in seiner Umgebung, also auch hinter ihm oder im Nebenraum geschieht. Sein Wahrnehmungsfeld ist groß.

Der Gehörlose kann nur das aufnehmen, was er mit seinen Augen sieht. Sein Wahrnehmungsfeld ist klein.

Erwarten Sie von einem Hörgerät nicht zu viel, sonst werden Sie sehr enttäuscht! Das Gerät ist ein ausgezeichnetes Hilfsmittel, und das Hörtraining ist eine sehr wichtige Uebung, die wir täglich mit den Kindern machen müssen. Aber es ersetzt nicht das Absehen, und es erspart uns nicht den mühevollen Sprachaufbau. Es ist ein Irrtum zu glauben, dass ein Hörapparat oder ein Trainer nun die Arbeit des Erziehers erleichtere. Nein, liebe Eltern, das Hörtraining bringt mehr Arbeit für Sie. Sie bereichern damit Ihr Kind, auch wenn es nur wenige Geräusche mit dem Ohr wahrnehmen kann. Sie werden erleben, wie es lauscht, wie es wie ein Hörender auf etwas hinhorcht. Sie werden sehen, wie sein ganzes Gesichtchen vor Freude aufleuchtet, wenn es ein Geräusch erkennen kann.

Sie haben Ihrem Kinde bereits bei den Vorübungen bewusst gemacht, dass seine Umwelt laut ist, dass also alles, was sich bewegt, ein Geräusch erzeugt. Wenn ich einen Stuhl rükke, wenn ich auf ein Holz klopfe, wenn ich auf die Trommel klopfe, so kann ich das hören.

## 5.2. Das Erkennen wahrgenommener Höreindrücke

### 5.2.1. Geräusche

Der nächste Schritt und somit das erste richtige Hörenlernen ist das Erkennen der wahrgenommenen Geräusche. Ein Beispiel: Sie haben Ihrem Kinde bei den Vorübungen alle Tage die Uhr gezeigt, dazu "Uhr" gesprochen und es das Geräusch, das Läuten des Weckers, hören und fühlen lassen. Nun nehmen Sie die Instrumente dazu: die Trommel, die Trompete oder die Ziehharmonika, die Glocke, das Holzbrett. Diese Gegenstände und Instrumente bringen Sie nacheinander zum Tönen. Also Sie lassen die Uhr läuten, das Kind abfühlen, hören und stellen die Uhr hin. Sie nehmen die Glocke, bringen auch diese zum Tönen, sprechen "bim-bam" dazu und stellen sie neben das Kind, wo auch schon die Uhr steht. So nehmen Sie einen Gegenstand nach dem andern. Nehmen Sie anfangs nicht mehr als fünf Dinge. Nun drehen Sie das Kind um, so dass es mit dem Rücken zu den Gegenständen sitzt. Nehmen Sie nun wieder die Glocke auf, läuten Sie sehr laut und etwas länger, drehen Sie das Kind wieder um und fragen Sie: "Was hast du gehört?"

Wenn Ihr Kind nur schwerhörig ist oder wenn es noch grössere Hörreste hat, wird es gleich auf die Glocke zeigen, denn es erkennt dieses Geräusch schon. Wenn das Kind praktisch taub ist, wird es dies noch nicht tun. Dann müssen Sie sein Händchen nehmen, damit auf die Glocke zeigen und sagen: "Die Glocke." Dann nehmen Sie gemeinsam die Glocke auf, läuten diese und sprechen: "bim-bam, bim-bam, die Glocke läutet, die Glocke läutet."

Auch hier gilt wieder die gleiche Regel, wie bei allen Uebungen: Die Uebung darf nicht langweilig werden. Daher werden Sie diese täglich anders gestalten. Einmal machten Sie die Uebung so, dass das Kind umgedreht und hinter ihm ein Geräusch nach dem_andern erzeugt wurde. Jedesmal nachdem das Geräusch verklang, drehten Sie das Kind zu sich um und fragten: "Was hast du gehört", und das Kind sollte nun sagen: "Die Glocke" und auf die Glocke zeigen; oder "Die Uhr" und dabei auf die Uhr zeigen. Sie sprachen dann mit ihm: "Die Uhr macht brrr. Die Uhr läutet." "Die Glocke macht bimbam, bim-bam." "Die Glocke läutet." Wenn Sie die Uebung nun wiederholen, können Sie sich hinter einem Vorhang verstecken. Sie läuten dort die Glocke, machen den Vorhang auf und fragen: "Was hast du gehört?" Wieder soll das Kind Ihnen zeigen, was es gehört hat.

Sehr gute Dienste leistet dabei auch ein Kaspertheater. Dann kann man das Hörtraining besonders lustig gestalten. Der Kasper schleppt die Uhr, Trommel, Hölzchen usw. auf die Bühne und läutet, trommelt und schlägt mit den Hölzchen. Dann zieht er den Vorhang zu und läutet. Er macht den Vorhang wieder auf - Ihr Gesicht erscheint neben der Figur und Sie fragen als Kasper: "Was hast du gehört?" Wieder soll das Kind Ihnen zeigen, was es gehört hat und dazu auch sagen: "Die Glocke" oder, wenn dies schon möglich ist,: "Ich habe die Glocke gehört."

Sie können zur gleichen Uebung dem Kind auch die Augen verbinden oder ihm einen grossen Hut aufsetzen, der über seine Augen geht.

Sie können sich mit den Instrumenten unter den Tisch setzen. Das Kind sitzt auf dem Tisch, und nun erzeugen Sie ein Geräusch. Lassen Sie das Kind anschliessend unter den Tisch krabbeln, wo es Ihnen wieder zeigen soll, was es gehört hat.

Sie können hinter einem grossen Papier oder hinter einer

Schranktüre diese Geräusche erzeugen, ein Tuch spannen usw. usw. Es gibt viele Möglichkeiten bei diesem Training. Der Spass darf nicht fehlen.

Besitzen Sie ein Tonband, dann können Sie auch folgendes machen: Wenn das Kind einmal genau anzeigt, was es gehört hat, können Sie die Glocke, Trommel, Harmonika usw. vor dem Kind auf das Tonband aufnehmen. Dann stellen Sie die Gegenstände wieder auf, lassen das Tonband ablaufen und wieder soll das Kind zeigen, was es gehört hat, indem es das Instrument hoch hebt, welches eben vom Tonband erklang. Beherrscht das Kind diese Uebung, legen Sie nicht mehr die konkreten Gegenstände hin, sondern Bilder von diesen. Dann lassen Sie wieder das Tonband ablaufen, und nun soll das Kind auf das jeweilige Bild zeigen und sagen: "Ich habe die Glocke gehört."

Kann es alle Geräusche gut erkennen, lassen Sie auch die Bilder weg und das Kind soll nun, wenn es das Geräusch vom Tonband hört, sagen, was dies war.

Wie geht es mit dem Hörtraining weiter? Das Kind kann nun verschiedene Geräusche voneinander unterscheiden. Es weiss, wie eine Glocke läutet, eine Trommel tönt, es weiss vielleicht auch schon, welches Geräusch erzeugt wird, wenn jemand klopft oder die Türe öffnet, den Wasserhahn aufdreht usw. und kann diese Geräusche genau angeben.

Nun können Sie schon ein kleines Spiel machen. Sie können zum Beispiel eine Spielzeugkuh nehmen. Stellen Sie die Kuh auf die bereits vorbereitete Wiese (Siehe Kap. 3/6) und sprechen Sie zusammen mit Ihrem Kind: "Da ist die Kuh." "Die Kuh geht auf die Wiese." Lassen Sie die Kuh gehen, indem Sie sie mit Ihrer Hand über die Wiese führen und sprechen Sie dazu: "Muh, muh, muh."
"Schau, die Kuh hat eine Glocke." Binden Sie der Kuh dabei eine Glocke um. Sprechen Sie weiter mit dem Kind: "Pass auf,

die Glocke läutet." Nun können Sie das Tonband einschalten. Haben Sie kein Tonband, dann nehmen Sie die richtige Kuhglocke und läuten Sie hinter Ihrem Rücken so, dass das Kind die Glocke nicht sehen kann. "Hörst du, wie die Glocke läutet?"

Ich stelle Ihnen ein anderes Spiel vor. Sie nehmen ein Puppenbett und stellen es hin. Sie nehmen eine kleine Biegepuppe, vielleicht den Vater, und legen diesen in das Bett. Dann nehmen Sie die Weckeruhr und sprechen dazu: "Der Papa liegt im Bett. Der Papa schläft. Da ist die Uhr. Pass auf!" - Nun lassen Sie die Uhr läuten. - "Die Uhr läutet. Der Papa wacht auf." Dabei lassen Sie den Papa aus dem Bett hüpfen und Sie sprechen weiter: "Der Papa steht auf." Schon haben Sie eine ganze Geschichte, und Sie werden erleben, wie freudig Ihr Kind dabei mitgeht. Sie haben dabei gleich zwei Uebungen gemacht: Hörtraining und das Erzählen in richtiger Reihenfolge. Bitte, vergessen Sie nicht, dass Ihr Kind auch dabei Wort für Wort, Buchstabe für Buchstabe mitsprechen muss!

Nach und nach werden auf diese Art die verschiedenen Geräusche an das Kind herangebracht. Zum Beispiel das Geräusch des fahrenden Autos: Dieses Geräusch ist ja eines der am häufigsten wahrgenommenen. Gehen Sie mit Ihrem Kind zu einem Auto (Hörapparat nicht vergessen.) Starten Sie dieses, wenn Sie eines besitzen, oder bitten Sie jemanden darum. Lassen Sie Ihr Kind hören, wie der Motor brummt. Wenn Sie ein Tonband haben, können Sie dieses Geräusch vor dem Kind auf das Tonband aufnehmen.

Es gibt auch sehr gute Schallplatten mit Alltagsgeräuschen zu kaufen, falls Sie kein Tonbandbesitzer sind. Zu Hause lassen Sie Ihr Kind mit seinem Spielzeugauto im Zimmer herum fahren und geben dazu das Geräusch vom Tonband oder von der Schallplatte. Zeigen Sie ihm auch verschiedene Bilder von Autos und geben Sie immer das Geräusch dazu! Ob Sie ein

Tonband oder den Plattenspieler verwenden, eines dürfen Sie nie vergessen: Ihr Kind muss ein Geräusch zuerst erlebt haben. Denken Sie immer daran, auch Sie selbst können ein fremdes Geräusch nicht sofort zuordnen! Daher:

1. Die Glocke sehen.
2. Zuschauen, wie sie hin und her schwingt.
3. Sie selbst zum Schwingen bringen.
4. Abhören und abtasten.
5. Vom Tonband oder von der Schallplatte abhören.
6. Suchen Sie mit dem Kinde zusammen, wo Glocken sind (auf dem Turm, an der Türe, an der Uhr usw.)

In dieser Reihenfolge sollten die Uebungen gemacht werden. Natürlich wird dies nicht immer möglich sein, doch für den Beginn des Hörtrainings muss diese Reihenfolge eingehalten werden.

Etwas ganz Wichtiges möchte ich hier noch einfügen. Es betrifft die Dauer des täglichen Hörtrainings. Wenn Ihr Kind den Hörapparat gerade erst bekommen hat, dürfen Sie nicht gleich eine ganze Stunde damit üben. Sie dürfen das Kind das Gerät auch nicht während des ganzen Tages tragen lassen. Sonst kommt es leicht zu einer Ablehnung des Gerätes. Wenn man eine Brille bekommt, muss man sich auch erst an diese gewöhnen und das ist manchmal gar nicht angenehm. Ebenso verhält es sich mit einem Hörgerät. Die Ohren müssen sich an das Ohrstück gewöhnen und das Kind muss langsam lernen, mit den Geräuschen, die da plötzlich so aufdringlich in es eindringen zu leben.

Ich rate daher auch immer, im Anfang nicht mit dem Kind auf eine belebte Strasse zu gehen, wenn es sein Hörgerät benützt. Als Faustregel kann folgender Plan aufgestellt werden: In der ersten Woche täglich 5 Minuten beim Ueben. In der zweiten Woche 10 Minuten, dann 15 Minuten usw. bis das Kind das Gerät während des ganzen Tages tragen kann.

Aus Sicherheitsgründen empfehle ich auch immer, das Hörgerät nicht im Auto tragen zu lassen. Denken Sie an ein heftiges Bremsmanöver. Zu leicht kann sich ein Kind dabei empfindlich am Ohr verletzen und der Apparat kann dann wochenlang nicht getragen werden. Das gleiche gilt auch für das Spiel im Garten. Wenn Ihr Kind in diesem herumläuft, turnt, schaukelt und seinem Bewegungsdrang freien Lauf lässt, ist die Gefahr zu gross, dass es sich anschlägt und sein Ohr verletzt. Ich habe leider schon zu viele solcher Unfälle in meiner Praxis erlebt. Auch Sandkästen eignen sich schlecht für ein Hörgerät. Das Gerät ist empfindlich und ich habe schon oft erlebt, dass Kleinkinder versuchen, dieses in den Sandkuchen einzubacken. Ich empfehle daher dringend, auch in diesem Fall das Gerät wegzunehmen.

### 5.2.2. Wörter

Viel schwieriger als das Erkennen der Geräusche, ist das Erkennen der Sprache. Nur wenige unserer Kinder werden dieses Ziel, nämlich das Aufnehmen der Sprache übers Ohr, erreichen. Darum möchte ich wiederholen: <u>Auch wenn Ihr Kind niemals imstande sein wird, die Sprache über das Ohr aufzunehmen und zu verstehen, ist das Hörtraining sinnvoll und notwendig</u>. Wenn es nur erkennen kann, dass jemand spricht, wenn es sich daraufhin umwendet und sucht, wer da spricht, um mit dieser Person Kontakt aufzunehmen, ist ihm das Hörgerät eine grosse Hilfe. Wenn es nur den Rhythmus der Sprache aufnehmen kann, wird auch seine Sprache wohlklingender werden, und jede Mühe ist somit belohnt.

Wir müssen bei unserem Hörtraining von der Annahme ausgehen, dass unsere Kinder einmal die Sprache über den Apparat wenigstens teilweise aufnehmen können. Wir dürfen beim Kleinkind nicht einfach sagen: "Da ist das Audiogramm so und so schlecht, wir üben daher nur Geräusche und lassen die Sprache nur absehen. Das wäre vollkommen falsch. Beim Hören spielen viele Faktoren mit. Die Audiogramme zweier Kinder können ganz gleich sein und trotzdem kann eines mehr aufnehmen als das andere. Wir wollen daher bei allen Kindern versuchen, auch die Sprache an sie heran zu bringen. Wir dürfen nur nicht erwarten, dass der Versuch auch in jedem Fall gelingt.

Ich möchte nochmals betonen: Erwarten Sie nicht, dass Ihr Kind mit seinem Hörgerät nun ebenso hört wie Sie. Aber darauf kommt es auch gar nicht an. Ihr Kind lernt sehr bald, dass das, was es an Ihrem Mund sieht und das, was es hört, miteinander zu tun hat und zu dem vor ihm stehenden Gegenstand eine Beziehung hat. Das Absehen kann daher nie wegfallen. Es bleibt immer gleich wichtig, weil das Verstehen der Sprache damit erleichtert wird. Das gilt auch, wenn ein Kind nur schwerhörig ist. Ein Beispiel: Wenn Sie im Theater oder in der Oper sitzen, dann schauen Sie sehr oft mit dem Opernglas auf die Bühne und schauen den Schauspielern direkt auf den Mund, weil Sie diese so besser verstehen können. Also auch für uns Hörende spielt das Absehen vom Mund eine gar nicht so unbedeutende Rolle! Wir können Personen, denen wir in das Gesicht sehen, leichter verstehen, als Personen, die uns den Rücken zuwenden.

Der zweite Grund, warum das Absehen immer wichtig bleibt: Der Hörapparat kann einmal kaputt gehen. Drittens müssen wir leider damit rechnen, dass sich das Gehör der Kinder oft noch verschlechtert.

Welche Uebungen sollen nun gemacht werden? Wenn jemand schlecht hört, hat er grosse Mühe, einzelne Laute zu verstehen und zu unterscheiden. Denken Sie bitte an das Telefon! Wenn Sie einen Namen buchstabieren sollen, dann sagen Sie nicht die einzelnen Buchstaben, sondern Sie verwenden zum Buchstabieren Namen, wie Anton, Nordpol, Theodor, Otto usw. Sie sprechen so, weil die Person am anderen Ende der Leitung das Wort besser verstehen kann, als den einzelnen Buchstaben. Daher gilt auch bei uns für das Hörtraining: nicht mit Vokalen oder Konsonanten (d.h. Einzellauten) beginnen, sondern mit Wörtern.

Wir beginnen mit gut bekannten Wörtern, d.h. mit solchen Wörtern, welche die Kinder schon sprechen gelernt haben. Legen Sie 5 gut bekannte Gegenstände vor das Kind! Lassen Sie diese benennen! Aber wählen Sie für den Anfang solche aus, deren Namen sich rhythmisch gut voneinander unterscheiden! Zum Beispiel: Auto, Bahn, Banane, Strümpfe. Oder: Fisch, Mantel, Orange, Baum, Ball. Hat das Kind die Gegenstände benannt, dann sprechen Sie, sichtbar für das Kind, in das Mikrophon des Trainers oder in seinen Apparat jeweils den Namen eines Gegenstandes. Das Kind soll den Gegenstand hochheben, dessen Namen genannt wird. Sie sprechen: "Bahn", und das Kind soll die Bahn hochheben. Es soll dazu ebenfalls sprechen: "Bahn." Das gleiche machen Sie mit allen Gegenständen. Dann halten Sie sich ein Blatt Papier vor Ihren Mund, so dass das Kind nicht mehr auf diesen schauen kann und wiederholen die Uebung. Wieder sprechen Sie zum Beispiel: "Bahn." Dann nehmen Sie das Papier von Ihrem Mund fort und fragen: "Was hast du gehört?" Das Kind soll dann die Bahn nehmen und sagen: "Bahn". Wieder gilt das gleiche wie schon bei den Uebungen mit den Geräuschen: Ihr Kind wird dieses Wort vielleicht nicht gleich erkennen. Also nehmen Sie seine Hand, führen diese zu der Bahn, heben sie gemeinsam hoch und sprechen zusammen: "Bahn". Machen Sie dies auch mit den anderen Gegenständen so! Wiederholen Sie die Uebung täglich und nach einiger Zeit wird Ihnen das Kind den richtigen Gegenstand geben! Verlieren Sie nicht die Geduld und verlieren Sie nicht den Mut, wenn das Kind die Uebung nicht gleich kann!

### 5.2.3. Sätze

Wenn Sie zehn Wörter so trainiert haben, beginnen Sie mit Satzformen. Denn noch leichter als ein Wort ist es, einen Satz aufzunehmen. Eine schon gut bekannte Satzform wird mittels der Signale vor dem Kinde aufgelegt. Sie wissen im Augenblick noch nicht, was ich mit den Signalen meine, von diesen erfahren Sie im Kapitel 7/3. Lesen Sie daher erst weiter, ehe Sie mit diesen Uebungen beginnen. Sie legen mit den Signalen eine Satzform auf. Zum Beispiel:

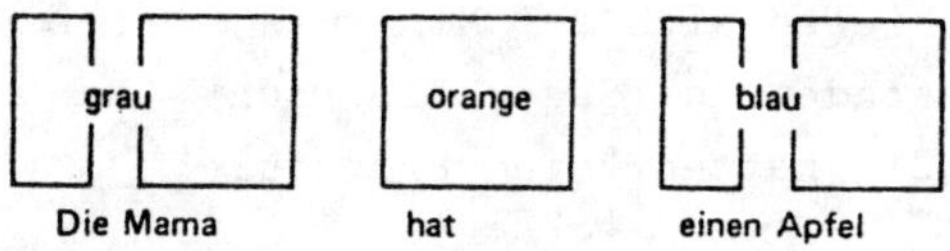


Legen Sie die Bilder von der Banane, dem Auto, der Bahn, den Strümpfen und dem Buben dazu. Sprechen Sie mit dem Kind zuerst: "Der Bub hat eine Banane. Der Bub hat eine Bahn. Der Bub hat ein Auto." usw., wobei Sie jeweils auf das Signal zeigen und das Bild dem Kind in die Hand geben. Dann verdekken Sie wieder Ihren Mund und sprechen den Satz für das Kind nicht sichtbar. Wie bei den vorangegangenen Uebungen soll das Kind den Satz wiederholen und dabei den genannten Gegenstand in die Hand nehmen.

Auch hier muss Geduld geübt werden. Nicht gleich beim ersten Mal klappt es. Sie müssen diese Uebung noch oft durchführen, und daher ist es notwendig, sich zu überlegen, auf welch verschiedene Arten man sie noch machen kann. Man kann statt der Bilder Spielsachen und richtige Dinge nehmen, je nach ihrer Grösse.

Das nächste Mal machen Sie die Uebung mit dem Kasper. Man kann dabei am Tisch spielen. Der Kasper hat die verschiedenen Dinge im Arm.

Auch mit verschiedenen grossen Bildern, auf denen jeweils

ein Kind zu sehen ist, das irgend einen der Gegenstände hält, mit denen gerade geübt wird, lässt sich gut arbeiten. Man legt dazu die Bilder rund um den Signalsatz, spricht dann den Satz hinter dem Kinde stehend und das Kind soll anschliessend das richtige Bild hochheben und den Satz wiederholen.

Sie können auch eine Drahtpuppe nehmen und dieser die verschiedenen Dinge in die Hand geben.

Auch mit einem Bilderbuch kann man die Uebung machen. Viele Möglichkeiten bieten sich an. Man muss sie nur nützen. Man muss darüber nachdenken. Sagen Sie nicht, das sei viel zu schwierig,und Sie hätten keine Phantasie!

Kann das Kind den Satz erkennen, ohne dass es auf Ihren Mund sieht, dann setzen Sie anstatt Bub auch Mama, Papa oder den Namen eines seiner Geschwister ein. Es heisst also dann: "Die Mama hat eine Banane. Der Papa hat eine Bahn." usw. Bei dieser Uebung kann das Kind sowohl seinen Eltern und Geschwistern die Dinge geben, als auch den Drahtpuppen.

Beherrscht das Kind auch diese Uebung sehr gut, dann können Sie wieder das Tonband einsetzen. Sprechen Sie vor dem Kind die Sätze auf das Tonband! Wenn das Kind die Sätze abhören soll, zeigen Sie zuerst das dazu gehörende Bild. Wenn das Kind vom Tonband hört: "Der Papa hat eine Banane", soll es das entsprechende Bild dazu sehen. Später legen Sie alle Bilder vor dem Kind aus und lassen die Sätze in anderer Reihenfolge abhören.

Wenn Sie jetzt eifrig das Hören der Sprache trainieren, dürfen Sie nicht die Geräusche vergessen. Diese müssen immer wieder geübt werden. Sie können auch Sprache und Geräusche verbinden. Ihr Kind wird viel Spass daran haben, wenn Sie kleine Geschichten für es vertonen. Ein Beispiel: Sie haben das Puppenhaus. Sie haben die Drahtpuppenfamilie. Lassen Sie den Papa kommen und sprechen zusammen mit dem Kind: "Da ist der Papa. Der Papa steigt in das Auto." "Bum, bum," hört man, wie die Türe zufällt. Da dieses Geräusch bereits eingeübt ist, können Sie es von den Schallplatten oder vom Tonband ertönen lassen. Sie sprechen und spielen weiter mit dem Kind zusammen: "Der Papa fährt mit dem Auto fort." Nun ist das Geräusch des abfahrenden Autos zu hören. Ahmen Sie mit dem Kinde auch selbst dieses Geräusch nach!

Haben Sie diese kleine Szene dem Kinde einige Male vorgespielt, soll es diese allein nachspielen und dazu sprechen. Sie geben vom Tonband die nötigen Geräusche dazu. Haben Sie weder Tonband noch Plattenspieler, dann spielen Sie solche Szenen, bei denen Sie die Geräusche selbst erzeugen können. Zum Beispiel: Eine Szene vom Badezimmer, während der man auch das Zähneputzen, das Gurgeln, das Ablaufen des Wassers hören kann. Auf diese Art lassen sich viele Geschichten spielen. Wenn das Kind später einmal lesen kann, kann man so ganze Bücher vertonen.

Ich habe im Kindergarten eine Geschichte über einen Bauernhof erzählt. Bei einem Besuch auf dem Bauernhof lernten die Kinder die verschiedenen Geräte und Tiere zu benennen. Sie haben gehört, welche Geräusche dort vorkommen.

Nach diesem Besuch habe ich alle Geräusche in der Reihenfolge, wie sie in der Geschichte vorkommen, auf Tonband aufgenommen. Dann haben die Kinder mit den Drahtpuppen die Geschichte mit verteilten Rollen gespielt und dazu gesprochen. Ich lieferte die Geräusche von dem Tonband dazu. Die Geschichte beginnt damit, dass 2 Kinder in das Auto steigen und mit dem Vater auf's Land fahren. Die Kinder sprachen dazu folgendes: "Ich bin Jens. Ich fahre mit dem Papa zum Onkel Fritz." "Ich bin Michel. Ich fahre auch mit dem Papa zum Onkel Fritz." Die Kinder setzten die Drahtpuppen in das Auto, und vom Tonband ertönte das Geräusch des abfahrenden Autos. In der Geschichte wird weiter vom Bauernhof und den dort lebenden

Tieren berichtet. Alle Tierlaute wurden während des Erzählens und Spielens vom Tonband geliefert.

Diese so erarbeitete Geschichte wurde für die Kinder zum echten Erlebnis. Sie wollten sie immer wieder spielen. Als sie die Sätze auswendig konnten, habe ich die ganze Geschichte, also Sätze und Geräusche, auf das Tonband aufgenommen. Zuerst konnten die Kinder alles in der richtigen Reihenfolge abhören. Dann liess ich irgendeinen Satz und ein Geräusch aus der Geschichte abhören und wiedergeben.

Auch beim Hörtraining ist das Kaspertheater ein unentbehrliches Hilfsmittel. Hören, Sprechen und Denken können beim Einsatz des Kaspertheaters geübt werden.

Wenn Sie für Ihr Kind einen Trainer haben, dann stellen Sie das Mikrophon hinter die Bühne in die Nähe des Puppenspielers. Wie ich es bereits beim Spiel mit den Drahtpuppen beschrieb, so gehen Sie auch beim Kaspertheater vor. Weil die Uebung auf diese Art besonders lustbetont wird, findet sie bei den Kindern mehr Anklang als die Arbeit mit Bildern. Je jünger die Kinder sind, desto mehr sollte mit Kasper und Puppen gearbeitet werden.

Ich möchte Ihnen ein weiteres Hilfsmittel angeben. Kaufen Sie einen einfachen Bildwerfer, ein sogenanntes Episkop, wie man es in jedem Spielwarengeschäft bekommt. Dieses Gerät kann beim Hörtraining, bei der Sprachanbahnung und auch beim Sprachaufbau von grossem Nutzen sein. Für das Hörtraining ist es besonders geeignet. Man kann dieses Episkop einfach auf ein Bild stellen und so dieses stark vergrössert auf die Wand projezieren. Man kann ein Auto zeigen und dazu das Geräusch des fahrenden Autos vom Tonband oder Plattenspieler ertönen lassen. Man kann eine Bahn zeigen und dazu das Geräusch der fahrenden Bahn abhören lassen. Man kann verschiedene Tiere zeigen und dazu ihre Stimmen abspielen.

Sie können das Episkop vielseitig und über Jahre hinweg verwenden. Wenn das Kind einmal über einen entsprechenden Sprachschatz verfügt, können Sie auch mit dem Episkop "tönende" Geschichten erzählen. Sie können Ferienfotos betrachten. Ferienerlebnisse bieten den Stoff für Geschichten. Die dazu benötigten Geräusche können Sie von Schallplatten überspielen. In vielen Städten existieren auch schon Tonstudios für den Filmfreund. Dort kann man selbst Geräusche von Schallplatten auf Tonbänder überspielen.

Verwendet man das Episkop bei schwerhörigen Kindern, kann man die Sprache sofort auf das Tonband aufnehmen und so Sprache und Geräusche abspielen, während man die Bilder mit dem Episkop zeigt.

Bei tauben und hörrestigen Kindern muss man selbst dazu sprechen, so dass die Kinder auch absehen können. Ich gehe dabei so vor: Zuerst projeziere ich das Bild auf die Wand. Dann hebe ich das Episkop hoch, beleuchte damit meinen Mund und spreche den Text. "Die Kuh steht auf der Wiese und schreit muh." Ich stelle das Episkop wieder auf das Bild und lasse nun die Stimme der Kuh ertönen. Bei der Wiederholung spreche ich, ohne meinen Mund zu beleuchten und fordere das Kind auf, den Text nachzusprechen. Als Hilfsmittel male ich die Signale auf das Bild, so dass die Kinder das Satzbild sehen und nur die Wörter einsetzen müssen. Zuletzt muss das Kind wieder versuchen, Text und Geräusche allein vom Tonband aufzunehmen und wiederzugeben.

Abwechslung beim täglichen Training bringt auch das Schattentheater. Wie man ein solches anfertigt und die Figuren bewegt, erkläre ich später.

Will man mit dem Schattentheater nur Hörtraining machen, kann man allein spielen. Verbindet man aber Sprache und Höreindrücke, muss eine zweite Person mitmachen. Eine Person führt die Figuren hinter der Leinwand. Die andere Person steht davor und spricht den Text. Sie beleuchtet gleichzeitig ihren Mund mit einer Taschenlampe.

Im Schattentheater bewegen sich im Gegensatz zum Episkop alle Figuren. Da kann die Kuh über die Wiese gehen, und dabei hört das Kind ihr "Muh". Ein Vogel kann fliegen und sich auf einen Baum setzen. Das Zwitschern ist dabei zu hören. Wenn das Geräusch des fahrenden Autos zu hören ist, kann das Kind auch sehen, wie dessen Räder sich bewegen und wie es fährt. Man kann darstellen, wie ein Nagel eingeschlagen wird und dazu das Geräusch geben. Ein Stuhl kann umfallen oder die Figuren bewegen die Füsse genau zum Geräusch der Schritte. Im Schattentheater kann auch das Wasser aus einem Brunnen fliessen und das Kind kann dieses Geräusch hören.

Sie sehen, liebe Eltern und Erzieher, dass es viele Möglichkeiten gibt, um die Uebungen in ein fröhliches Spiel einzubauen. Sie müssen allerdings viel Zeit für die Vorbereitungen dieser Uebungen opfern. Doch nur so können Sie ein Kleinkind zum dauernden Wiederholen und willigen Lernen bringen. Nur bei täglichem Lernen und Wiederholen ist es möglich, das taubstumme Kind zu einem gut sprechenden, denkenden und seine Hörreste ausnützenden Hörgeschädigten zu machen.

# 6. Der Spracheinstieg

## 6.1. Statt Schriftbild ständiges Mitsprechen

Ich hörte sehr oft: Der Spracheinstieg müsse über die Schrift erfolgen. Welche Verkennung der natürlichen Gegebenheit! Wie wollen Sie bei einem Kind zwischen dem ersten und zweiten Lebensjahr mit der Schrift Erfolg haben?

Unser Vorbild ist das normal hörende Kleinkind. Niemals dürfen wir beim Spracheinstieg die Gehörlosenschule als Vorbild nehmen. Selbstverständlich würde ich bei einem 6-bis 7-jährigen Kind, auch wenn dieses erst zu diesem späten Zeitpunkt mit dem Spracheinstieg beginnt, gleichzeitig mit dem Sprechen auch die Schrift einführen. Doch das ist ein vollkommen anderer Fall. Hier habe ich es nicht mehr mit einem Kleinkind zu tun. In diesem Buch aber soll nur vom Kleinkind die Rede sein.

Natürlich sind auch mir die absolut nicht neuen Erkenntnisse bekannt, dass Kleinkinder lesen lernen können. Alle Versuche, die in dieser Richtung bisher mit Kleinkindern gemacht wurden und über die man in jüngster Zeit soviel liest, wurden mit normal hörenden Kindern gemacht; mit Kindern, welche bereits Sprache hatten und diese Sprache auch ununterbrochen aufnahmen. Natürlich ist es für ein Kind ein positives Erlebnis, wenn es nun diese Sprache, die es bereits kennt, auch lesen kann. Das Lesen regt sein Denken an, erweitert seine Begriffe und Vorstellungen.

Ich bin auch dafür, dass unsere Kinder sobald als möglich mit dem Lesen beginnen. Doch ich bin dagegen, dass man

Kleinkinder zum Zuordnen von Schriftbildern dressiert und dabei wichtige Zeit verliert, die man viel gewinnbringender nützen könnte. Auf dieser frühen Stufe haben die Kinder überhaupt noch kein Interesse an Schriftbildern. Erst wenn die Kinder wenigstens über eine primitive Sprache verfügen, hat es Sinn, sie auch mit der Schrift vertraut zu machen.

Ich habe mehrere Fälle erlebt, in denen Kindern ab dem zweiten Lebensjahr überall Schriftbilder hingehängt wurden. So hat ein Lehrer den Eltern eines hörgeschädigten Kindes empfohlen, an alle Möbelstücke und Spielsachen Schrifttafeln zu hängen. Die Wohnung war geschmückt mit Aufschriften wie Bett, Tisch, Stuhl, Lampe. Das Kind sollte lernen, das Bildtäfelchen mit der gleichen Aufschrift zu bringen, wenn die Mutter auf die entsprechende Schrifttafel zeigte. Aber das Kind wollte dies nicht tun. Es wurde in seinem Verhalten immer schwieriger und schliesslich als nicht "bildungsfähig" bezeichnet. Als mir dieses Kind im Alter von 4 1/2 Jahren zur Betreuung übergeben wurde, sprach es nicht ein Wort. Kostbare Zeit war verloren gegangen. Nach 3 Monaten kamen die Eltern das Kind besuchen. Da stand ein fröhlicher Bub an der Treppe und sagte: "Da kommt der Papa." Mit den Worten: "Schau, ich habe ..... " zeigte das Kind den Eltern seine Spielsachen.

<u>Meiner Meinung nach darf der Spracheinstieg beim Kleinkind niemals über das Schriftbild erfolgen, sondern über das Mitsprechen des Kindes</u>. Die Vorarbeit zu diesen Uebungen habe ich bereits besprochen. Sie haben Ihr Kind inzwischen auf die Sprechbewegungen aufmerksam gemacht. Es wurde dazu angehalten, die Bewegungen des Mundes und der Zunge nachzuahmen. <u>Nun wird ganz gezielt darauf hingearbeitet, dass das Kind die Namen der Gegenstände, die es umgeben, absehen und gleichzeitig sprechen lernt</u>. Absehen ist niemals eine eigenständige Lernstunde, sondern das Absehen geht mit dem gedanklichen Erfassen der Wörter einher.

Das Kind soll das, was wir mit unserem Munde machen, nachahmen. Die Annahme, dass das Kind nur gedankenlos mitplappere und das abgesehene Wort nicht mit dem Gegenstand und der Bewegung verbinde, ist falsch. Wir können ja auch denken, während wir hören. Und wenn wir denken, bewegen sich unsere Sprechmuskeln ganz automatisch und für uns kaum wahrnehmbar mit. Das Mitsprechen hat für das Kind viele Vorteile. Wir dürfen nicht darauf verzichten.

1. Die Sprechtechnik wird sehr gefördert, weil das Kind öfters seine Sprechwerkzeuge gebraucht, als ein Kind, das stumm absieht.

2. Der Sprechablauf wird sozusagen programmiert und im Gehirn gespeichert.

3. Der Erzieher hat die Möglichkeit, ganz gezielt auf die gute Aussprache der einzelnen Laute zu drängen, ohne dass besondere Artikulationsübungen gemacht werden müssen.

4. Es kann jederzeit kontrolliert werden, ob ein Kind jedes Wort verstanden hat.

5. Das Mitsprechen des Kindes ist auch eine gute Kontrolle für den Erzieher. Die eigenen Fehler werden dabei sofort sicht- und hörbar, weil das Kind auch diese nachahmt.

Welche Begriffe sollen als erste an das Kind herangebracht werden? Auf keinen Fall dürfen die ersten Wörter danach ausgesucht werden, ob sie nun leichter oder schwerer auszusprechen sind. Es ist völlig falsch, bei einem Kleinkind die Sprache nach dem Prinzip des leichter absehbaren und leichter sprechbaren Wortes aufzubauen. Dieser Einstieg ist falsch.

## 6.2. Die Bedeutung des kindlichen Interesses an der Umwelt für den Spracheinstieg

Das Kleinkind lernt mit Freude Dinge, die es interessieren. Es will die Namen seiner Lieblingssachen kennen, sobald es einmal begriffen hat, dass diese welche haben. Aber es wehrt sich dagegen, irgend etwas zu lernen, zu dem es keine Beziehung hat. Dem müssen wir Rechnung tragen.

Sie werden also nicht unbedingt Ball, Affe und Auto als erste Wörter nehmen. Sie werden sich stattdessen folgende Frage stellen: "Womit spielt unser Kind am liebsten?" Ein Kind hat nur dann ein Lieblingsspielzeug, wenn es seine Umgebung in wahrsten Sinne des Wortes begreifen darf. So wird die geistig-seelische Entwicklung des Kindes entscheidend gefördert.

Ueberlegen Sie einmal, wie klein das Wahrnehmungsfeld unserer Kinder ist, wie wenig sie von ihrer Umwelt aufnehmen können. Wenn sie nun auch noch viele Stunden am Tag auf einem winzigen Fleckchen, wie es ein Laufgitter zum Beispiel ist, zubringen müssen, wird das Wahrnehmungsfeld noch kleiner. Sie können ihre Umwelt nicht erkunden und ihr Lerntrieb wird unterdrückt. Die Folge davon ist, dass sich die Kinder wie Schnecken in sich selbst zurückziehen und auf einmal von ihrer Umgebung gar nichts mehr wissen wollen. Stumm und teilnahmslos hocken sie in ihrer Ecke. Oft bewegen sie dabei den Kopf oder Oberkörper ständig rhythmisch hin und her. Das ist dann ein Zeichen grösster Einsamkeit.

Es ist schwer, ein Kind aus dieser Eingeschlossenheit wieder herauszuholen und es für seine Umgebung und deren Tun wieder zu interessieren. Ein bis zwei Jahre gehen dabei oft verloren. Der Schaden ist leider kaum wieder gutzumachen. Auch viel später zeigen diese Kinder immer wieder eine grosse Schwerfälligkeit und Phantasielosigkeit. Dadurch erwachsen ihnen aber nicht nur viele Schwierigkeiten beim Erlernen und dem Gebrauch der Sprache, sondern auch bei der Entwicklung ihrer Persönlichkeit.

Lassen Sie daher Ihr Kleinkind in der ganzen Wohnung herumkrabbeln und -laufen!

Die Dinge, welche das Kind besonders interessieren, werden als erste benannt. Bei älteren Kindern müssen Sie auch feststellen, was Ihr Kind am liebsten isst. Das Kind soll lernen, seine Bedürfnisse sprachlich auszudrücken. Sie müssen feststellen, welche Kleidungsstücke Ihr Kind am liebsten anzieht.

Wählen Sie dann fünf dieser besonders begehrten Dinge aus! Das kann ein Löffel, ein Bär, eine Flasche mit Fruchtsaft, ein Apfel und vielleicht ein Mantel sein.

Setzen Sie Ihr Kind vor sich auf den Tisch oder in ein Stühlchen. Achten Sie darauf, dass das Licht auf Ihren Mund fällt und dass Ihr Gesicht in gleicher Höhe mit dem Gesicht Ihres Kindes ist. Nun halten Sie einen dieser Gegenstände zu Ihrem Mund. Das Kind weiss schon, dass Sie etwas mit Ihrem Mund machen. Denn als guter Erzieher haben Sie ja bereits zu allem, was Sie getan haben, gesprochen und die Namen der Dinge benannt, die Sie gerade in die Hand genommen haben. Jetzt halten Sie den Mantel hoch und sprechen dazu: "Der Mantel, der Mantel." Sie nehmen dabei die Hand Ihres Kindes, halten diese an Ihren Kehlkopf und verlangen, dass das Kind mitspricht. Versuchen Sie das Wort mehrmals mit dem Kinde gemeinsam zu sprechen! Rufen Sie mit strahlendem Gesicht "Bravo", wenn das Kind wenigstens teilweise mitspricht. Dann legen Sie den Mantel für das Kind sichtbar irgendwo im Zimmer hin.

Nun nehmen Sie den nächsten Gegenstand, benennen diesen ebenso und legen ihn auch wieder irgendwohin. Haben Sie dies mit allen Dingen gemacht, gehen Sie mit Ihrem Kind zum Schrank, nehmen einen anderen Mantel heraus, betrachten und betasten diesen zusammen und sprechen dazu wieder: "Der Mantel, der Mantel." Gemeinsam legen Sie nun den anderen Mantel auf den Tisch.

Holen Sie zusammen auch einen zweiten Löffel, Apfel usw! Sprechen Sie dabei immer wieder mit dem Kind das jeweilige Wort und legen Sie mit ihm die herbeigeholten Gegenstände auf den Tisch. Ein Mantel liegt nun auf dem Boden, einer auf dem Tisch; ein Apfel auf dem Stuhl, einer auf dem Tisch usw. Nun halten Sie den Mantel, der auf dem Tisch liegt, hoch und fordern Ihr Kind auf: "Hole den Mantel, hole den Mantel!" Bitte vergessen Sie nicht, auch hier muss das Kind mitsprechen! Sie können selbstverständlich auch sagen: "Gib mir den Mantel," oder "Wo ist der Mantel?" Hier gilt allerdings was ich schon sagte: Wenn Sie eine Satzform gewählt haben, dann müssen Sie diese täglich und bei jeder sich bietenden Gelegenheit benützen.

Ich nehme jetzt an, dass Sie sagen: "Hole den Mantel!" Dann lassen Sie Ihr Kind aufstehen, und es soll den zuerst besprochenen Mantel holen, der auf dem Boden liegt. Wenn es dies nicht tut, weil es Ihren Auftrag nicht versteht, müssen Sie das Kind an der Hand nehmen und gemeinsam den Mantel holen. Sie sprechen dabei dauernd: "Hole den Mantel, hole den Mantel!" Nehmen Sie gemeinsam den Mantel auf und tragen Sie ihn zum Tisch! Legen Sie beide Mäntel nebeneinander und benennen Sie sie nochmals! Genauso verläuft die Uebung auch mit den anderen Gegenständen.

### 6.3. Verbot von Sprachverstümmelungen

Bitte vereinfachen Sie die Sprache nicht, indem Sie falsche Satzformen gebrauchen! Zum Beispiel: "Mantel wo?" Das ist keine Sprache. Wir wollen unseren Kindern eine normale Sprache geben. Sprachverstümmelungen sind unzulässig.

Es wird oft behauptet, man müsse für die Kinder die Sprache abkürzen, damit sie diese leichter erlernen. Das ist grundfalsch. Man darf die Sprache nicht abkürzen. Besonders im Kleinkindalter darf keine verstümmelte Sprache an das Kind herangebracht werden. Jetzt ist das Kind am aufnahmefähigsten. Jetzt werden die Weichen für sein ganzes späteres sprachliches Verhalten gestellt. Jetzt wird das Fundament für das spätere Sprachgebäude errichtet. Ich frage Sie, möchten Sie in einem Hause wohnen, dessen Fundament nur aus Fragmenten besteht und bei dem man dauernd mit dem Einsturz rechnen muss?

Aehnlich verhält es sich auch mit dem Sprachgebäude unserer Kinder. Wenn heute noch ein grosser Teil der gehörlosen Schüler nur mit einem ungenügenden Wortschatz und unfähig, eine Zeitung oder ein Buch zu lesen, die Schule verlassen, dann ist dies nicht die Schuld der Schule, sondern die mangelhafte Frühbetreuung.

### 6.4. Methodische Ratschläge für Sprachübungen mit Kleinkindern

Die erwähnten Uebungen mit den ersten 5 Gegenständen müssen Sie nun täglich wiederholen. Da Sie es aber mit einem Kleinkind zu tun haben, muss die Uebung täglich anders gestaltet werden. Sie sollte ein lustiges Spiel sein. Ich weiss, dass dies nicht einfach ist und dass man nicht immer eine das Kind ansprechende Uebungsform findet. Ich kann nicht sagen, wie Ihr Kind auf diese und jene Uebung reagieren wird. Es gibt Kinder, denen das Hin- und Herlaufen Spass macht. Sie bringen auch die Sachen sehr gerne. Es gibt aber auch Kleinkinder, die mit Geschrei und Protest auf diese Uebung reagieren. Sie wollen die Gegenstände nicht holen und auch nicht an einen bestimmten Ort tragen. Dieses Verhalten kann verschiedene Ursachen haben. Am häufigsten fand ich bis jetzt folgende:

1. Ein Kind hatte keine Gelegenheit, sich mit seiner Umgebung auseinanderzusetzen. Nun hat es sich zurückgezogen und will nicht mehr gestört werden. Es reagiert mit Geschrei, wenn man es plötzlich aus seiner Abgeschlossenheit herausreissen will.

   In diesem Fall muss sich die Mutter zuerst mehr mit dem Kind beschäftigen. Sie muss mit ihm spielen, mit ihm in der Wohnung herumgehen und die bisher versäumten oder nur sporadisch gemachten Vorübungen nachholen. Erst wenn das Kind für ein gemeinsames Spiel bereit ist, kann wieder mit der Uebung begonnen werden.

2. Kinder, die neben der Taubheit noch schwere Hirnschäden erlitten haben, reagieren oft auf jede neue Situation mit Geschrei. Sie wollen neue Gegenstände nicht berühren. Neue Uebungen regen nicht ihre Neugierde an, sondern machen ihnen Angst.

   In diesem Fall muss man mit viel Geduld die Uebung mit dem Kind zusammen machen, auch wenn es dabei schreit. Man darf es nur nicht zwingen, die Dinge allein zu holen.

   Nehmen Sie das Kind auf den Arm, damit es Ihre Nähe spürt. Halten Sie es so, dass es auf Ihren Mund sehen kann. Dies kennt es schon von den Vorübungen her. Nun gehen Sie mit dem Kind zum Mantel und sprechen dabei: "Mantel, Mantel." So müssen Sie die Uebung eine Woche lang täglich machen. Erst dann können Sie so weiter gehen, wie ich es bereits beschrieb.

3. Sehr strenges Ueben kann auch der Grund für die Abneigung der Kinder sein. Oft glauben die Eltern, dass ihr Kind gleich jedes Wort mitsprechen muss. Sie verlangen von dem Kind, dass es ein Wort immer wieder spricht. Dadurch aber wird dem Kind die Uebung so langweilig, dass es überhaupt nicht mehr mitmachen will.

Bei diesen ersten Uebungen kommt es weniger darauf an, dass jeder Laut (Buchstabe) ganz korrekt gesprochen wird, sondern, dass das Kind die Namen der Dinge lernt. Daher muss man zunächst auch ein schlecht gesprochenes Wort ohne Verbesserung annehmen und das Kind loben, weil es versucht hat, dieses Wort zu sprechen.

4. Fallen die ersten Uebungen gerade in eine Trotzphase des Kindes, wird das Kind sicher mit Geschrei reagieren, wenn es etwas bringen soll. Man kann das Kind überlisten, indem man die Uebungen geschickt in verschiedene Spiele oder in den Tageslauf einbaut. Abwarten können wir leider nicht, da sonst zuviel kostbare Zeit verloren geht. In jedem Fall müssen Sie Ihr Kind geschickt dazu bewegen, die Uebung mitzumachen.

Ich kann hier keine Rezepte geben, aber ich kann Ihnen Anregungen geben, wie man diese Uebungen auch noch machen kann. Sie selbst müssen herausfinden, auf welche Uebungsform Ihr Kind am besten reagiert. Werden Sie bitte nicht kopfscheu, wenn Ihr Kind einmal mit Geschrei und einem Wutanfall reagiert. Das schadet Ihrem Kinde ganz bestimmt nicht. Es zeigt nur damit, dass ihm diese Art der Uebung nicht gefällt. Aber überlegen Sie auch, dass Ihr Kind ja noch gar nicht verstehen kann, was Sie mit dieser Uebung eigentlich bezwecken.

Es kommt darauf an, wie die Mutter jetzt auf den Protestschrei reagiert. Wird sie selbst böse oder gibt sie dem Kind gar einen Klaps, dann schadet sie ihm wirklich. Wenn sie aber verständnisvoll auf ihr Kind einspricht und es mit einem Spiel ablenkt, nimmt es ganz bestimmt keinen Schaden. Bedenken, dass die Sprachanbahnung ein zu grosser Zwang sei, sind völlig unberechtigt. <u>Wir müssen allerdings versuchen so spielerisch, so lustbetont als irgend möglich die Uebungen mit dem Kind zu gestalten</u>. Aber wir können vorher nicht wissen, wie das einzelne Kind darauf reagieren wird und müssen damit rechnen, dass es eben auch einmal wütend schreit.

Wie können Sie die Uebungen abändern? Wie können Sie diese lustvoll gestalten? Sie haben zuerst die verschiedenen Gegenstände in einiger Entfernung auf den Boden gelegt und das Kind aufgefordert, diese zu holen. Am nächsten Tag pakken Sie zum Beispiel die Gegenstände in eine grosse Tasche und benennen erstere gleichzeitig. Dann darf das Kind die Sachen auf Aufforderung: "Nimm den Apfel!" heraus nehmen und im Zimmer verteilen.

Sie könnten auch die Dinge im Zimmer verteilen und dabei benennen. Dann darf sie das Kind auf Aufforderung mit einem grossen Auto einsammeln, wobei wieder die Namen gesprochen werden. Wenn das Kind mit dem Auto von Gegenstand zu Gegenstand fährt, kann es gleich "brrr" machen, und Sie können etwas Hörtraining einbauen, indem Sie das Geräusch des fahrenden Autos vom Tonband abspielen.

Auch das Kaspertheater wird wieder zum guten Hilfsmittel. Wieder verteilen Sie die Dinge im Zimmer oder legen sie in einen grossen Korb. Nehmen Sie aber nun einen Puppenmantel, einen Puppenlöffel, eine Flasche Saft aus dem Kaufmannsladen usw. Ein zweiter Puppenmantel, -Löffel usw. liegen hinter dem Vorhang bereit. Nun kommt der Kasper oder ein Handpuppentier, je nachdem, welche Figur das Kind mehr liebt. Sie sprechen, indem Sie Ihren Kopf neben die Figur halten: "Da ist der Mantel." Der Kasper hält dabei einen Puppenmantel hoch. "Gib mir den Mantel!" Das Kind soll nun den am Boden oder im Korb liegenden Mantel holen und dem Kasper geben. Dieser klatscht in die Hände, und Sie sprechen dazu: "Bravo, bravo."

Dieses Theater hat neben dem Spass noch einen grossen Vorteil: Es zwingt das Kind durch seine Bühne zur Konzentration. Man kann diese noch verstärken, indem man den Raum etwas abdunkelt. Aber die Bühne und Ihr Gesicht müssen immer gut beleuchtet sein. Auch in dieser Situation fordern Sie das Kind auf mitzusprechen. Es steht oder sitzt unmittelbar vor dem Theater, und Sie können notfalls auch sein Händchen nehmen und es abtasten lassen.

Sie können die Gegenstände auch mit dem Kind zusammen verstecken. Nehmen Sie den Apfel und sprechen Sie mit dem Kind dazu: "Da ist der Apfel!" Gehen Sie zu einer Schublade und legen Sie den Apfel hinein. So verstecken Sie alle Gegenstände an verschiedenen Orten! Dann nehmen Sie wieder die Spielsachen, also den Puppenmantel usw., halten ihn hoch und schauen suchend umher. Sie können dazu sagen: "Wo ist der Mantel? Hole den Mantel."

Haben Sie statt einer Tür einen Vorhang, dann lässt sich auch dieser sehr gut für unsere Zwecke verwenden. Verstecken Sie sich mit einem Teil der Gegenstände hinter dem Vorhang! Oeffnen Sie dann den Vorhang immer soweit, dass Ihr Gesicht und der Gegenstand sichtbar werden.

Auch eine Stuhllehne können Sie zunächst als Kaspertheater verwenden. Später benötigen Sie ein richtiges Kaspertheater mit Kulissen, Vorhang und Bühne.

Noch ein wichtiger Hinweis: Bitte machen Sie diese Uebungen immer im gleichen Raum! Das Kind soll sich daran gewöhnen, dass zu einer bestimmten Zeit bestimmte Spiele gemacht werden. Ist diese Ordnung einmal eingeführt, werden Sie viel weniger Mühe haben. Sie dürfen das Kind nicht einfach aus einem Spiel herausreissen, nur weil Sie gerade Zeit zum Ueben haben. Sie müssen herausfinden, wann die günstigste Zeit zum Ueben ist und müssen diese dann auch stets einhalten. Achten Sie darauf, dass Sie während der Uebungen möglichst ungestört im Raume sind. Wenn Geschwister da sind, die sich noch nicht gut selbst beschäftigen können, dürfen diese die Uebungen mitmachen. Das geht ganz gut.

Bringt Ihr Kind nun die Gegenstände sehr gut auf Aufforderung, was ungefähr ein bis zwei Wochen dauert, dann lassen Sie den zweiten Gegenstand weg. Sie machen nun folgende Uebung: Sie legen die Sachen auf den Boden, in eine Lade oder in den Wagen und sprechen dabei mit dem Kind: "Da ist der Apfel." Haben Sie alle Gegenstände besprochen und an einen bestimmten Ort gebracht, dann verlangen Sie wieder vom Kind: "Hole den Apfel! Hole den Löffel!" Wenn das Kind nicht gleich versteht, weil ja nun der zweite Gegenstand weg ist, dann gehen Sie mit dem Kind wieder zum Apfel, wobei Sie sprechen: "Hole den Apfel!" Heben Sie mit dem Kind zusammen den Apfel auf und tragen ihn gemeinsam zum Tisch zurück! Ist die Uebung fertig, dann loben Sie das Kind sehr, auch wenn es nicht alles so gut gemacht hat. Es soll merken, dass es etwas geleistet hat und dass dies Sie freut. Lassen Sie aber bitte auch das Wort "Bravo!" und den Satz "Das hast du gut gemacht." Laut für Laut mitsprechen! Alles was Sie sagen mitsprechen lassen! Ich werde dies noch oft betonen, weil ich weiss, wie schwer es den Eltern und Erziehern gerade im Anfang fällt, jedes Wort mitsprechen zu lassen.

Wenn wir ein Wort sprechen, dann müssen wir uns nicht erst überlegen, wie unsere Zunge oder unsere Lippen zu formen sind. Die Sprechbewegung kommt automatisch mit dem Denken an das Wort. Es kann vorkommen, dass Sie etwas essen und dabei an irgend einen Satz, den Sie sprechen wollen, denken. Sofort stellen sich Ihre Muskeln darauf ein. Man hat in diesem Zusammenhang sehr interessante Versuche gemacht. Mit hochempfindlichen Instrumenten konnte man feststellen, dass auch bei Personen, die mit scheinbar unbeweglichem Gesicht und geschlossenem Munde lasen oder schrieben, ununterbrochen Sprechbewegungen der Zunge und anderer Muskeln abliefen.

Die Sprechbewegung erfolgt also ganz automatisch, wenn Sie in Gedanken mit dem Sprechen beginnen. Diese Automatik muss bei unseren Kindern auch erreicht werden.

Nur dürfen Sie nicht verlangen, dass Ihr Kind gleich jedes Wort ganz richtig mitsprechen muss. Auf dieser Stufe ist dies noch nicht möglich und auch gar nicht wichtig. Wenn Ihr Kind anstatt "Schaufel" "Aufel" oder "Taufel" sagt, dann macht das nichts aus. Wichtig ist nur, dass es einen Gegenstand überhaupt benennt und uns damit anzeigt, dass es den Zusammenhang zwischen Mundbild und Gegenstand verstanden hat. Sie müssen diese Leistung anerkennen und auch dann "Bravo!" sagen, wenn eben "Aufel" oder "Taufel" gesprochen wird. Natürlich werden Sie selbst täglich "Schaufel" vorsprechen. Sie werden das Händchen des Kindes nehmen und werden es das "Sch" fühlen lassen. Das heisst, Sie halten die Hand des Kindes vor Ihren Mund und lassen es den starken Luftstrom fühlen, der beim "sch" entsteht. Sie müssen also richtig vorsprechen, dürfen aber noch nicht darauf drängen, dass auch ganz richtig nachgesprochen wird. Das würde sich zu diesem Zeitpunkt nur sprachhemmend auswirken.

Das Wichtigste beim Spracheinstieg ist nicht die korrekte Aussprache, sondern die Lust zum Sprechen zu wecken. Das Kind soll erkennen, dass die Sprache ihm dienlich ist. Das Kind soll verstehen, dass es nicht sprechen muss, weil Sie dies wollen, sondern weil es mit lautsprachlichen Aeusserungen etwas erreichen kann. Da sich diese Aeusserungen vorerst nur an seine Umgebung richten, wird es sich auch mit einer nicht korrekten Aussprache verständlich machen können. Das Kind erfährt: Es geschieht, was es will, weil es gesprochen hat.

Das Kind hat "Mama schau" (oder auch nur Mama au") gerufen, und die Mutter wendet sich ihm wirklich zu. Es sagt: "Bitte Saft" und erhält das Gewünschte.

Diese Erlebnisse lassen das Kind immer wieder neue Versuche mit seiner Sprache anstellen und machen ihm das Lernen zum Bedürfnis.

Zu den ersten Wörtern, die unbedingt erlernt werden müssen, gehört auch das Wörtchen "Schau". Dieses "Schau" bedeutet für unsere Kinder, dass die gewünschte Person sich ihnen zuwendet, sie ansieht und so der Kontakt zu ihr hergestellt ist.

Ueben Sie dieses "Schau" folgendermassen ein: Sie müssen zu dieser Uebung zu zweit sein. Es könnte der Vater oder eine andere Person dabei helfen. Die Mutter hält das Kind an der Hand, der Vater steht etwas entfernt und dreht ihm den Rükken zu. Nun spricht die Mutter mit dem Kinde zusammen das Wort: "Schau." Sobald das Kind dieses Wort gesprochen hat, muss sich der Vater umdrehen, sich ihm mit strahlendem Gesicht zuwenden und sagen: "Ja, was willst du?" Wiederholen Sie diese Uebung vier bis fünf mal. Versuchen Sie dies auch mit andern Personen! Auf das Wort "Schau" dreht sich das Geschwister um und fragt: "Ja, was willst du?" Da Ihr Kind alles mitsprechen soll, muss es auch diese Frage mitsprechen. Zu einer Frage gehört aber auch eine Antwort. Lassen Sie dem Kind darum seinem Geschwister ein Stück Schokolade oder sonst etwas geben und dazu sagen: "Da hast du ein ......"

Der nächste Schritt besteht darin, dass Sie immer dann, wenn das Kind Sie irgendwie am Rock zieht oder Laute ausstösst, um sich bemerkbar zu machen, Sie nicht darauf reagieren. Sie wenden sich ab, so dass Ihr Kind Ihr Profil noch sehen kann. Schütteln Sie etwas unwillig den Kopf! Sie dürfen dabei ruhig eine Grimasse schneiden. Dann sprechen Sie: "Mama schau!" und fordern das Kind zum Mitsprechen auf. Wenn es auch nur einigermassen gut mitspricht, dann wenden Sie sich ihm sofort strahlend zu und sagen wieder: "Ja, was willst du?" Wenn Sie dies konsequent machen, wird Ihr Kind in längstens zwei Wochen ganz allein "Mama schau!" rufen, wenn es von Ihnen etwas will. Nun müssen Sie auch darauf bestehen, dass das Kind jede Person, mit der es Kontakt wünscht, richtig anspricht. Also: "Papa schau! Eva schau! Oma schau!"

Lassen Sie sich nicht davon beeindrucken, wenn das Kind wütend wird und schreit, weil Sie sich ihm nicht zuwenden, wenn es an Ihrem Rock zieht. Wir sind jetzt wieder an einem kritischen Punkt der sprachlichen Erziehung. Manche Leute glauben, diese Methode sei grausam. Aber es handelt sich um keine Grausamkeit, sondern eine notwendige Hilfe, wenn Sie darauf bestehen, dass Ihr Kind das bereits Erlernte auch anwendet. <u>Sie müssen jetzt Ihrem Kind liebevoll begreiflich machen, dass es sich nur mit Hilfe der Sprache verständlich machen kann</u>. Später wird der junge Hörgeschädigte für diese Hilfe dankbar sein.

In letzter Zeit werden wieder viele Stimmen laut, die behaupten, man müsse dem Gehörlosen eine Gebärde oder eine Zeichensprache geben. Auch der abgedroschene Satz von der Gebärde als "Muttersprache" der Tauben wird wieder hervorgeholt. Dabei ist die Gebärde nichts anderes als ein Notventil, dessen sich die Kinder bedienen müssen, wenn man ihnen keine Lautsprache gegeben hat. Muttersprache aber ist die Sprache, welche ein Mensch in seiner frühen Kindheit erlernt. Wenn ein deutsches Kind zuerst nur chinesisch spricht, wird dies auch seine Muttersprache sein.

Es gibt nur 3 Möglichkeiten, warum ein taubes oder hörgeschädigtes Kind nicht zum Sprechen kommt:

1. Es wurde im Kleinkindalter nicht oder nur sehr mangelhaft mit ihm gearbeitet.
2. Es wurde nach der falschen Methode gearbeitet. Man begann nicht mit der Sprache, die dem Alter des Kindes angemessen war, sondern mit Schriftbildern, Zuordnungs-Uebungen usw.
3. Es können ausser der Taubheit Schädigungen vorliegen, die auch dann ein Sprechen verhindert hätten, wenn das Kind normal hören könnte.

Eine falsche oder mangelnde Frühbetreuung darf aber nicht

zum Ruf nach der Gebärde oder Zeichensprache führen, sondern zum Verlangen nach einer besseren Ausbildung der Pädagogen, welche die Früherziehung durchführen müssen. Die pädoaudiologischen Beratungsstellen sollten personell besser besetzt werden.

Ich bin davon überzeugt, dass der Ruf nach einer Zeichensprache für normal begabte Hörgeschädigte nicht mehr laut werden wird, wenn einmal überall eine richtige Frühbetreuung durchgeführt wird. Die Erfahrung zeigt, dass gut ausgebildete Gehörlose, die imstande sind, sich lautsprachlich vollkommen mit ihrer hörenden Umwelt zu verständigen, weitaus glücklicher sind, als solche, die sich bestenfalls noch mit ihren Eltern unterhalten können. Lautsprachlich nicht gut ausgebildete Gehörlose erleben ständig, dass sie als nicht vollwertig betrachtet werden, weil es ihnen nicht möglich ist, ein Gespräch mit Hörenden zu führen. Sie leiden darunter, weil sie ja nicht auf einer Insel, sondern mit Hörenden zusammen leben wollen und müssen. Ich bestreite, dass umgekehrt eine grössere Anzahl Hörende dazu bereit sind, ein kompliziertes Zeichensystem zu lernen, damit sie sich mit Gehörlosen verständigen können.

Schon nach wenigen Wochen hat Ihr Kind verstanden, was es mit der Sprache erreichen kann, und es wird bald nicht mehr schreien, wenn Sie verlangen, dass es seine Wünsche lautsprachlich äussert. Es wird dies von sich aus mit grosser Freude und Selbstverständlichkeit tun. Darum ist es auch keine "Härte", wenn Sie darauf bestehen, dass es "Bitte gib mir Saft" spricht, wenn es diesen haben will. Es bekommt nichts mehr zu essen und zu trinken, ohne dass man mit ihm spricht: "Bitte gib mir Brot" usw.

<u>Indem das Kind seine dringenden Wünsche mit Hilfe der Sprache befriedigen lernt, können Sie ihm klar machen, wie wichtig diese Sprache für es ist</u>. Diese Erfahrung wieder treibt

das Kind zum weiteren Gebrauch der Sprache, zum gewollten Erlernen derselben.

Doch kehren wir zu unseren Uebungen zurück. Das Kind ist nun imstande, die Namen der Dinge aus seiner Umgebung, seine bevorzugten Spielsachen oder Esswaren von Ihrem Munde abzusehen. Das Kind bringt diese auf Verlangen und versucht auch selbst, sie zu benennen. Es ruft "Mama schau" oder "Papa schau", wenn es von den Eltern etwas will. Es versucht auch "Bitte gib mir .....," wobei Sie ihm natürlich noch helfen müssen. Das Kind hat verstanden, dass alle Dinge einen Namen haben und dass man durch das Sprechen desselben das gewünschte Ding auch bekommen kann.

## 6.5. Wort - Begriff

Das Kind hat seine ersten Wörter erlernt. Aber noch keine Begriffe. Doch wir müssen Begriffe erarbeiten und nicht nur Wörter. Ein Beispiel: Das Kind hat seine Puppe. Nur zu dieser Puppe sagt es "Puppe". Das normal hörende Kleinkind macht es ebenso. Auch für dieses ist zunächst nur seine Puppe eine "Puppe". Irgendeine andere Puppe in einem Schaufenster wird noch nicht als Puppe bezeichnet. Das Kind gebraucht also nur ein Wort. Es hat noch keinen Begriff erworben. Denn unter dem Begriff "Puppe" verstehen wir alle Puppen: grosse, kleine, Schaufensterpuppen, Marionetten, Biegepüppchen usw.

Ihre nächste Aufgabe ist es also, Begriffe zu schaffen. Das heisst, Sie werden alle Puppen, die Sie irgendwo sehen mit dem Kinde zusammen als solche bezeichnen. Sie werden verschiedene Bilder zeigen, auf denen Puppen zu sehen sind. Die Bilder sollten möglichst gross und eindeutig sein.

### 6.5.1. Sinnesübungen mit Beispielen zur Begriffserarbeitung

Darunter versteht man Uebungen, durch die das Sehen, Fühlen, Tasten, Riechen gefördert wird. Gleichzeitig werden die Begriffe wie zum Beispiel warm, kalt, gross, klein, weich und hart erarbeitet.

### 6.5.2. Fühlen

Sie könnten folgende Uebungen machen:
Fühlen: warm - kalt - heiss. Nehmen Sie zwei kleine Becken. Füllen Sie in eines kaltes Wasser und in das andere warmes.

Lassen Sie das Kind die Hände abwechselnd in das kalte und in das warme Wasser eintauchen. Sprechen Sie dabei mit ihm: "Das Wasser ist kalt. Das Wasser ist warm."

Gehen Sie mit ihm anschliessend in der Wohnung herum und suchen Sie alles, was kalt ist und alles was warm ist. Die Eiswürfel im Kühlschrank sind kalt. Der Heizkörper ist warm. Ein Heizkissen vielleicht ist auch warm. Ein elektrischer Heizkörper aber ist heiss. Die Heizplatte des elektrischen Kochherdes ist heiss.

An einem kalten Tag kann man das Fenster öffnen und so mit dem Kind üben: "Draussen ist es kalt. brrr. Der Wind bläst." Schliessen Sie dann wieder das Fenster und sprechen Sie mit dem Kind: "Im Zimmer ist es warm. Der Ofen (oder die Heizung) macht warm."
Haben Sie diese Begriffe mit dem Kind eingeübt, folgt die eigentliche "Sinnesübung."

Nehmen Sie zwei Becken, eines mit warmem, das andere mit kaltem Wasser. Stellen Sie diese vor das Kind. Verbinden Sie ihm mit einem Tuch oder Schal die Augen. Tauchen Sie sein Händchen in das warme oder kalte Wasser. Nachdem Sie das

Händchen aus dem Wasser genommen haben, lösen Sie die Augenbinde und fragen das Kind: "Wie ist das Wasser?" Das Kind soll nun antworten: "Das Wasser ist kalt." (oder warm)

Nehmen Sie auch andere kalte und warme Dinge und machen Sie mit diesen die gleiche Uebung. Dass 'heiss' auch 'nicht anfassen' bedeutet, wird Ihr Kind sehr schnell selbst merken, wenn Sie sich mit ihm heissen Gegenständen nähern. Wenn Sie zum Beispiel zur heissen Kochplatte gehen, dann müssen Sie das Händchen Ihres Kindes festhalten und es nur so nahe heranführen, dass es zwar die Hitze spürt, sich aber nicht verbrennen kann. Vorsicht! Kleine Kinder greifen auch auf ganz heisse Gegenstände. Also nie das Händchen loslassen, bis das Kind selbst gemerkt hat, dass man heisse Gegenstände nicht anfassen kann!

### 6.5.3. Farben

Da bei den Kleidungsstücken die Farbe eine grosse Rolle spielt, können Sie bei dieser Gelegenheit auch gleich die Grundfarben mit dem Kinde benennen lernen.

Schneiden Sie aus dickem Karton Täfelchen, die eine solche Form haben:

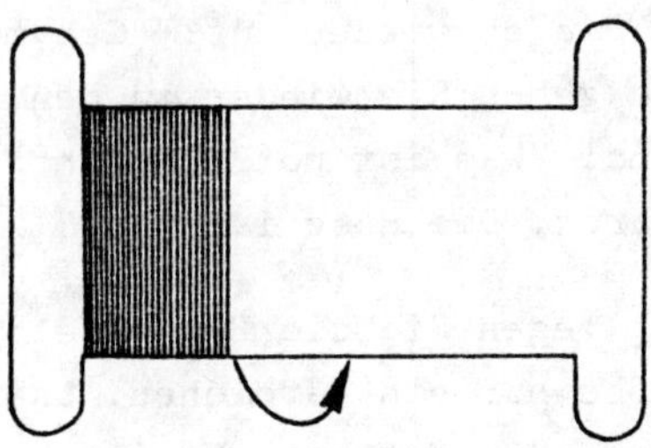

Nehmen Sie Nähseide und umwickeln Sie damit diese Täfelchen. Nähseide empfehle ich deshalb, weil deren Farben sehr schön und leuchtend sind.

Nehmen Sie für den Anfang: rot, gelb, blau, grün, weiss, schwarz, braun.
Fertigen Sie von jedem Farbtäfelchen zwei Stück an. Dann machen Sie folgende Uebung:
Zuerst nur mit drei Farben: rot, gelb, blau. Nehmen Sie jeweils ein Farbtäfelchen in die Hand, halten Sie es zu Ihrem Munde und sprechen Sie mit dem Kind: "Das ist gelb." Legen Sie das Farbtäfelchen auf den Tisch. Ebenso verfahren Sie mit den andern. Liegen die drei Täfelchen auf dem Tisch, führen Sie das zweite, gleichfarbige Täfelchen zu Ihrem Munde und sprechen mit dem Kind: "Gib mir gelb." Das Kind soll nun das gelbe Täfelchen nehmen und Ihnen in die Hand geben. Dazu spricht es: "Das ist gelb." Sie halten nun die beiden gelben Täfelchen hoch und sprechen mit dem Kind: "Das ist gelb." Nehmen Sie das Kind an der Hand und gehen Sie mit ihm durch das ganze Zimmer. Nehmen Sie auch das Farbtäfelchen mit. Nun fragen Sie das Kind: "Schau, wo ist gelb?"

Gemeinsam suchen Sie alle gelben Dinge im Zimmer. Dehnen Sie die Suche auf die ganze Wohnung aus.

So verfahren Sie mit allen Farben. Haben Sie alle Farbtäfelchen besprochen, legen Sie die eine Hälfte vor dem Kind auf den Tisch und lassen es die zweiten Täfelchen selbst zuordnen. Dann fordern Sie es wieder auf: "Gib mir gelb. Gib mir blau." usw. Danach gehen Sie wieder zu den Kleidungsstücken. Fragen Sie das Kind: "Was ist rot?" Das Kind soll antworten: "Der Pullover ist rot. Die Hose ist rot."

Als nächste Uebung legen Sie die Farbtäfelchen vor dem Kinde auf; von jeder Farbe nur ein Täfelchen. Lassen Sie das Kind die Farben benennen. "Da ist rot. Da ist blau." usw.

Verbinden Sie dem Kind die Augen oder lassen Sie es sich umdrehen. Dann nehmen Sie ein Farbtäfelchen weg. Jetzt darf das Kind die Täfelchen betrachten. Fragen Sie es: "Schau, was ist fort?" Zeigen Sie dabei auf den leeren Platz. Kann das Kind nicht gleich die fehlende Farbe nennen, zeigen Sie ihm das vorher fortgenommene Farbtäfelchen und sprechen: "Schau, rot fehlt."

Wiederholen Sie diese Uebung, bis Sie fünf Täfelchen wegnehmen können, und das Kind richtig fehlende benennt.

Eine ähnliche Uebung können Sie übrigens auch mit den Kleidungsstücken machen.

### 6.5.4. Die Erarbeitung von Tätigkeitswörtern

Sie haben diese Satzformen in Themen eingebaut und im Spiel eingeübt. Nun sollten Sie sich vermehrt den Tätigkeiten zuwenden. Wie werden diese Tätigkeiten eingeübt? Ein Beispiel: Sie geben Ihrem Kind ein Blatt Papier, Pinsel und Farben. Sie fordern das Kind auf: "Peter male." Noch während das Kind malt, legen Sie die Satzform mit den Signalen auf den Tisch. Dann fragen Sie: "Was machst du?" Zeigen Sie nun auf die Signale und sprechen Sie mit dem Kind zusammen: "ich male." Nun nehmen Sie selbst ein Blatt und einen Filzstift. Während Sie malen, fragen Sie: "Was mache ich?" Sie zeigen auf die Signale und sprechen: "Die Mama malt."

Sie laufen durch das Zimmer. Legen Sie anschliessend die Signale hin und fragen Sie: "Was mache ich?" Sie laufen noch einmal herum. Dann sprechen Sie mit dem Kind zusammen, indem Sie auf die Signale zeigen "Die Mama läuft."

Haben Sie selbst verschiedene Tätigkeiten ausgeführt und diese mit den Signalen besprochen, dann lassen Sie die Drahtpuppen die Tätigkeiten ausführen. Sie können zum Puppenhaus gehen, eine Figur nehmen, vielleicht den Papa, ihn auf einen Stuhl setzen oder in das Bett legen. Legen Sie wieder die Signale auf und fragen Sie Ihr Kind: "Was macht der Papa?" Bitte vergessen Sie nicht, dass Ihr Kind auch die Frage mitsprechen muss. Zeigen Sie dann auf die Signale und sprechen Sie mit dem Kind (wenn dieses den Satz noch nicht allein sagen kann) "Der Papa sitzt" oder "Der Papa schläft."

Hier muss ich eine Bemerkung einfügen. Ich sage bewusst <u>der</u> Papa und <u>die</u> Mama. Das Kind soll nämlich auch in diesem Falle den Artikel gleich mitlernen. Das ist eine Erleichterung für später.

Hat das Kind zirka 10 Tätigkeiten sprachlich erfasst, können Sie die neue Satzform mit den anderen bisher erlernten Formen verbinden und kleine Geschichten spielen. Dafür eignen sich die Drahtpuppen. Ein Beispiel:
Da ist der Bub. Der Bub hat eine Wurst. Der Bub legt die Wurst auf den Tisch. Der Bub geht fort. Der Hund kommt. wau-wau-wau. Der Hund nimmt die Wurst. Der Hund frisst die Wurst. Der Bub kommt. Der Bub schaut. Wo ist die Wurst? Der Bub weint. Die Mama kommt. Warum weinst du? Der Hund hat die Wurst genommen. Du musst nicht weinen. Ich hole eine Wurst. Der Hund hat Hunger. Schau, da hast du eine Wurst.

Sprechen Sie die Geschichte mit dem Kind zusammen, während Sie spielen. Lassen Sie dann das Kind die Geschichte nachspielen und sprechen Sie gemeinsam dabei ebenfalls die gleichen Sätze.

Ich möchte die Begriffsbildung noch einmal am Beispiel des Autos zusammenfassen.

1. Das richtige Auto wird benannt.
2. Alle Autos, auch ein Lastauto, ein Sportwagen usw. werden als Auto bezeichnet.
3. Spielzeugautos werden ebenso benannt.
4. Verschiedene grosse Bilder von Autos werden gezeigt und benannt.
5. Der Höreindruck wird dazu gegeben.

6. In verschiedenen Bilderbüchern werden alle Autos gesucht und besprochen: "Da ist ein Auto."
7. Es wird besprochen, was das Auto macht. (das Auto fährt.)
8. Es wird besprochen, wie das Auto ist: "Das Auto ist laut." "Das Auto ist gross." "Das Auto ist rot."
9. Es wird besprochen, wer mit dem Auto fährt: "Der Papa fährt mit dem Auto. Die Mama fährt mit dem Auto ....usw."

Wichtig: Mit Bildern allein kann man keine Begriffe erarbeiten. Das Bild dient bei Kleinkindern hauptsächlich der Wiederholung.

Sie brauchen für den weiteren Unterricht sehr viele Spielsachen. Das Kind muss noch alles begreifen und mit den Dingen, die es benennen soll, spielen können. Es muss Gegenstände ganz konkret erleben. Es ist aber für ein Kind langweilig, wenn es mit den Dingen, mit denen es täglich spielt, auch noch lernen soll. Dieses "Lernen" darf für das Kind kein hartes "Muss" sein. Es soll sich darauf freuen. Es soll gerne in das sogenannte "Lernzimmer" gehen, und es soll sich auf die Dinge freuen, mit denen es sich während des Unterrichts beschäftigen darf. Wenn es nun mit den gleichen Spielsachen, welche es ununterbrochen um sich hat, auch beim Lernen spielen soll, dann ist die Neugierde nicht mehr gross und das Verlangen, sich mit ihnen zu beschäftigen, entsprechend gering. Es macht Ihnen wiederum sehr viel Mühe, wenn Sie das Kind dazu bringen sollen, mit den Spielsachen auch noch zu lernen. Haben Sie dagegen Spielsachen, die das Kind ausserhalb der Lernstunde nicht zum Spielen bekommt, dann wird es sich darauf freuen, mit diesen Dingen endlich spielen zu dürfen. Sie haben damit einen grossen Anreiz für die täglichen Uebungen.

Hat Ihr Kind wieder einen Schritt weiter getan und benötigen Sie die ersten Dinge nicht mehr für den Unterricht, dann können Sie ihm die Sachen für sein freies Spiel überlassen.

In der Unterrichtsstunde gibt es ja inzwischen wieder neues Spielzeug.

Mir ist klar, dass Sie diese Forderung nach speziellem Spielzeug für den Unterricht finanziell etwas belasten wird. Aber ich bin überzeugt, dass auch dieses Problem in jeder Familie zu lösen ist. Sicher hat Ihr Kind Paten, Onkel und Tanten, die ihm hin und wieder etwas schenken. Sie finden am Schluss dieses Buches eine Liste mit Spielsachen, die sie im Laufe der Jahre brauchen werden. Bitte sagen Sie doch schon jetzt Ihren Verwandten und Bekannten: "Wenn Ihr in Zukunft meinem Kinde etwas schenken wollt, dann bitte etwas von dieser Liste".

Nach und nach haben Sie mit Ihrem Kinde auf die oben angeführte Weise ca. 15 Begriffe erarbeitet. Sie haben in guten einfachen Sätzen mit ihm gesprochen und verlangt, dass auch das Kind diese Sätze mitgesprochen hat. Ihr Kind ist nun für das Bewusste Erlernen der ersten Satzformen reif. Es hat diese schon mitgesprochen und vielleicht auch den ersten Satz allein zu sprechen versucht. Dabei handelt es sich meist um Satzformen, die in der täglichen Umgangssprache immer wieder gebraucht werden. Zum Beispiel: "Bitte gib mir Saft." Dies sind noch keine Satzformen, in welche das Kind bereits erworbene Wörter einsetzen kann. Gerade diese Satzformen aber braucht ein Kind, wenn es sich uns lautsprachlich gut verständlich machen will. Damit kann jetzt begonnen werden.

# 7. Der Sprachaufbau

## 7.1. Die Bedeutung der Satzformen

Wir sprechen bekanntlich nicht in einzelnen Wörtern, sondern in Sätzen. In Satzformen werden die Wörter wie in einem Netz eingefangen. Ohne Satzformen ist eine Sprache nicht verständlich. Auch wenn Sie viele Vokabeln einer Fremdsprache kennen, können Sie die Sprache kaum verstehen, wenn Sie die Satzformen nicht beherrschen.

Dies gilt auch für unsere Kinder. Nehmen wir einmal an, ein Kind ruft: "Mama, Bub." Was bedeutet das? Es kann heissen: "Mama schau, der Bub kommt." oder "Mama schau, der Bub läuft." Vielleicht will auch das Kind sagen: "Mama schau, der Bub will mich schlagen." Ich könnte noch viele Möglichkeiten aufzählen.

Es wird viele Schwierigkeiten geben, wenn sich das Kind nicht in einem einfachen klaren Satz mitteilen kann. Der frühe Spracheinstieg soll auch verhindern, dass später Missverständnisse auftreten, wenn Ihr Kind sich mit seiner hörenden Umgebung sprachlich verständigen will.

Da Sie jetzt das Fundament für das Sprachgebäude legen, müssen Sie darauf achten, dass Ihr Kind in richtigen Sätzen sprechen lernt. Ich wiederhole mich bewusst. Verstümmelte Satzformen darf es beim Sprachaufbau des Kleinkindes überhaupt nicht geben! Wortgebilde wie: "Bub um, Ball ab, Ball um," haben bei Kleinkindern keine Berechtigung.

Auch für das Lesen gilt: Wer keine Satzformen beherrscht,

kann auch dann Geschriebenes nicht verstehen, wenn er es lesen kann.

Wenn Sie wollen, dass Ihr Kind mit vierzehn Jahren über eine normale Sprache verfügt und auch ein Buch lesen kann, dann müssen sie jetzt mit dieser normalen Sprache beginnen. Ich möchte noch einmal darauf hinweisen: Der wichtigste Teil des Hauses ist das Fundament. <u>Richtiger Sprachaufbau aber kann nur mit richtigen Satzformen erfolgen. Das dürfen Sie nie vergessen</u>.

## 7.2. Die Reihenfolge der Satzformen

Sie beginnen jetzt mit den ersten Satzformen. Wieder ist es wichtig, sich die Frage zu stellen, welche Satzformen ein normal hörendes Kleinkind zuerst gebraucht. Es will etwas haben und drückt dies auch als erstes aus. Nun diese Satzform müssen Sie nicht mehr im Unterricht erarbeiten. "Etwas haben wollen" steht natürlich zunächst auch bei unseren Kleinkindern im Mittelpunkt ihres Denkens. Die Satzform: "Bitte gib mir Saft, bitte gib mir ein Bonbon"...... haben Sie ja schon lange vorgesprochen und üben sie täglich in der richtigen Situation ein.

Doch wie geht es weiter? Ueberlegen Sie einmal, wenn Sie ein hörendes Kleinkind mit seiner Mutter in einem öffentlichen Verkehrsmittel beobachten. So ein 2-jähriges schaut dauernd zum Fenster hinaus oder im Bus herum, und es macht seine Mutter auf das, was es sieht, aufmerksam. Ebenso verhält es sich bei einem Spaziergang. Das Kind fordert die Mutter ununterbrochen auf, das zu betrachten, was es selbst auch sieht. Es ruft: "Schau Mama, da ist der Mann. Schau Mama, der schöne Hund ......" usw. Also, was schliessen wir daraus? Auch unsere Kinder haben den Wunsch mitzuteilen, was sie sehen. Sie wollen uns an dem, was sie interessiert, teilnehmen lassen. Der erste Satz ist daher: "Da ist das Auto" oder "Da ist der Hund" usw.

Das normal hörende Kleinkind spricht diesen Satz einfach nach, weil es ihn immer wieder hört. Auch die Mutter sagt zum Kinde immer wieder: "Schau, da ist der Hund. Da ist das Brot. Da ist der Schuh." Das hörende Kleinkind kann sich unter dem Wort "ist" auch nichts vorstellen. Es weiss nicht, dass es sich dabei um ein Hilfszeitwort handelt. Aber es hört diesen Satz und prägt sich nicht nur die Wörter, sondern auch die Melodie und den Rhythmus ein. Es spricht den Satz dann richtig nach.

Anders verhält es sich beim gehörlosen Kind. Dieses entnimmt dem Absehbild nur die zwei für es wichtigsten Wörter des Satzes: "Da Auto". Das Wort "da" zeigt den Platz eines Dinges an und das "Auto" kann man sehen. Das gehörlose Kleinkind würde also von sich aus: "Da Auto" sprechen. Das "ist" hinterlässt im Absehbild für das Kind einen viel zu flüchtigen Eindruck, als dass es dieses Wort auch spontan gebrauchen würde. Anders als das hörende Kind, das den Klang und den Rhythmus des Satzes als Netz hat, in das es seine Worte einsetzt, hat das taube Kind keine Vorstellung und Erinnerung von der Form des Satzes. Daher fällt es ihm auch gar nicht auf, wenn es ein Wort weglässt.

Nun wird man wieder einwenden: Also, Frau Schmidt-Giovannini benötigt ja doch eine Art Schriftersatz! Ganz und gar nicht! Die Signale, welche ich hier gleich empfehlen werde, sind nämlich nicht als Ersatz für die Schrift geschaffen worden, sondern als Ersatz für das Ohr. Nicht die schriftliche Form eines Satzes soll mit ihnen dargestellt werden, sondern die hörbare Gestalt.

## 7.3. Die Signalmethode nach Freunthaller

Wenn man überlegt, dass normal hörende Menschen hauptsächlich der Satzmelodie und dem rhythmischen Gebilde folgend einen Satz sprechen und nicht, weil sie sich der grammatikalischen Regeln erinnern, dann ist es naheliegend, Hörgeschädigten einen Ersatz anzubieten, den sie mit den Augen erfassen können.

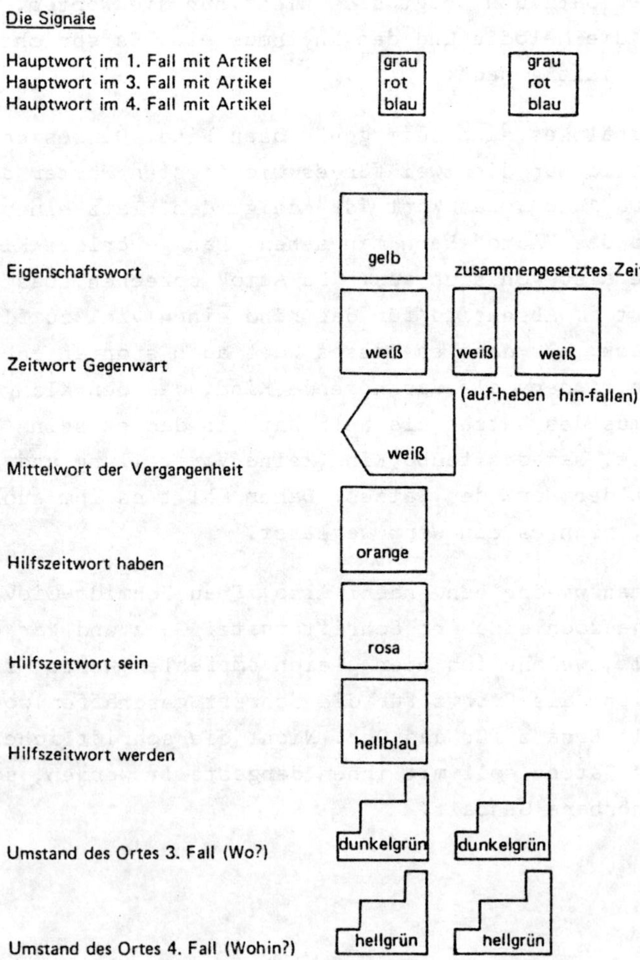

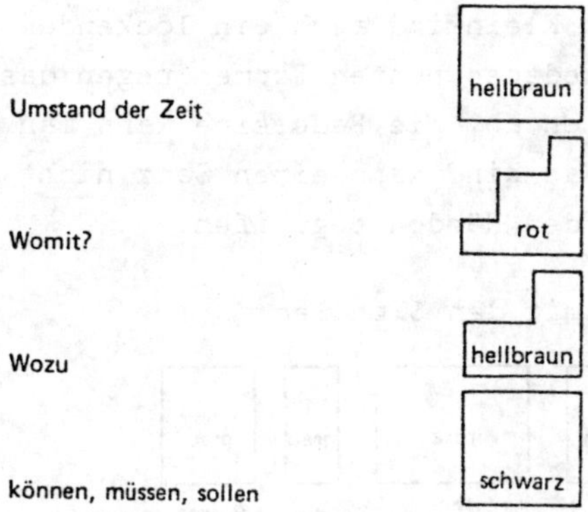


Ich sagte bereits, warum ich in diesem frühen Stadium nicht mit der Schrift beginne. Ausserdem gibt der Signalsatz, auf den ich gleich näher zu sprechen komme, dem Kinde die Möglichkeit, eine Form zu sehen, die immer gleich bleibt. Die Satzform sieht immer gleich aus, wenn ich sage: "Da ist der Mann." "Da ist das Dampfschiff." "Da ist das Haus."

Anders ist es bei dem Schriftbild. Da würde sich jeder Satz in einer anderen Gestalt dem Kinde zeigen. Gerade das fördert aber nicht das Behalten und Wiedergeben einer Satzform.

Das Kind soll lernen, in die gegebenen Formen selbstständig einzusetzen. Die von Professor Freunthaller entwickelte Signalmethode ermöglicht dem Kind, die Satzform zu sehen, zu erfassen und sie sich so einzuprägen, dass es auch spontan sehr bald in der Lage ist, solche Sätze zu sprechen. Die Signale sind ebenso ein Netz wie der Klang und der Rhythmus. Aber es kann noch etwas Wichtiges mit diesen Signalen erreicht werden. Das Kind muss selbst bekannte Begriffe in die Satzform einsetzen. Es wird nicht ein Wort hingeschrieben, das es einfach nachspricht, sondern es muss selbst denken und einsetzen. Dadurch wird es geistig wendiger und versucht viel schneller, mit der Sprache auch einmal zu experimentieren. Ausserdem wird die so erarbeitete richtige Satzform im Gehirn gespeichert.

Die Signale sind für das Kleinkind auch ein lockendes Uebungsmittel. Die verschiedenen bunten Formen regen das Kind zum Spiel mit den Signalen an. Wie Bausteine kann man sie aneinander reihen, und das Kind kann einen Satz nicht nur sehen, sondern auch mit den Händen begreifen.

Ein Beispiel zur Arbeit mit den Signalen:

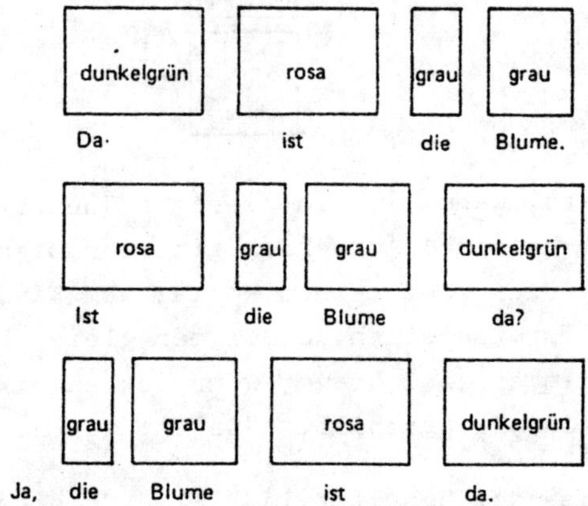


Ja und nein werden nicht mit Signalen dargestellt, sondern nur gesprochen.

Wie machen Sie nun die Uebung? Sie haben Ihr Kind entweder vor sich auf dem Tisch sitzen oder in einem etwas erhöhten Stuhl. Ihre Gesichter müssen in gleicher Höhe sein. Nun legen Sie den ersten Signalsatz auf. Nehmen Sie einen der Gegenstände, dessen Namen Sie bereits mit Ihrem Kinde erarbeitet haben. Fragen Sie: "Was ist da?" Nehmen Sie den Gegenstand, den Sie soeben gezeigt haben und stellen Sie diesen oberhalb des grauen Täfelchens hin. Dann nehmen Sie das Händchen Ihres Kindes, zeigen mit dessen Zeigefinger auf das jeweilige Signal und sprechen mit ihm: "Da ist das Auto." oder "Da ist die Puppe." Bei jedem neuen Gegenstand fragen Sie zuerst. Vergessen Sie nicht, dass das Kind auch die Frage immer mitsprechen muss. Legen Sie daher auch die Signale beim Fragesatz um (siehe Beispiel).

So machen Sie das mit allen bisher eingeübten Gegenständen. Ich muss hier aber noch einmal betonen, dass exakte Artikulation auch jetzt noch nicht so wichtig ist. Wenn Ihr Kind statt: "Da ist das Haus." noch "Da it da Haut" sagt, macht das überhaupt nichts aus. Wesentlicher ist, dass es einmal diese Satzform begriffen hat.

Spricht das Kind den ersten Satz einmal allein zu den Signalen, beginnen Sie mit der zweiten Satzform. Für das Kleinkind ist eine Satzform, mit der man den Besitz von etwas ausdrücken kann, sehr wichtig. Da das Kind nicht nur sagen will, was es selbst gerade möchte, sondern auch was der andere hat, ist die zweite Satzform: "Die Mama hat ein ..... ." Sie können diese Satzform auf folgende Arten einspielen: Legen Sie verschiedene Dinge, die das Kind schon kennt und benennen kann, in einen Korb. Dann sagen Sie: "Peter nimm das Auto! Gib mir die Puppe! Nimm einen Apfel! Gib dem Papa eine Bahn!" Bald hat das Kind alle Dinge aus dem Korb genommen und verteilt. Nun legen Sie die zweite Satzform auf.

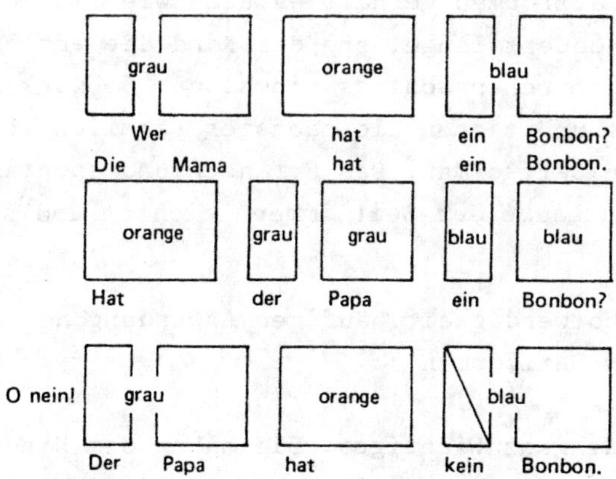


Fragen Sie, indem Sie auf das jeweilige Signal zeigen: "Wer hat ein Auto?" und machen Sie dem Kinde verständlich, dass es Ihnen zeigen soll, wer ein Auto hat. Hat das Kind nun das Auto, welches es selbst in der Hand hält, hochgehoben, sagen Sie: "Bravo, bravo!" Zeigen Sie wieder mit dem Kind zusammen auf die Signale und sprechen Sie miteinander dazu: "Peter hat ein Auto." Dann fragen Sie weiter: "Wer hat eine Puppe?" Das Spiel dauert so lange, bis alles aufgezählt wurde, was jeder hat.

Selbstverständlich können Sie auf dieser Stufe auch schon Biegepuppen verwenden. Da diese Biegepuppen eine Familie darstellen, können Sie mit ihnen diese Uebung auch dann gut machen, wenn Sie mit Ihrem Kind allein sind. Setzen Sie die Biegepuppen auf den Tisch und sprechen Sie wieder mit dem Kind: "Gib dem Papa einen Apfel! Gib der Mama eine Tasche! Gib dem Mädel eine Puppe!" usw. Legen Sie wieder die Satzform auf und sprechen Sie mit dem Kind: "Wer hat die Puppe?" Das Kind soll antworten: "Das Mädel hat die Puppe." Selbstverständlich müssen Sie diesen Satz anfangs wieder mitsprechen. Doch sehr bald wird das Kind auch diese zweite Satzform beherrschen und Ihnen auf die Frage: "Wer hat ..." allein antworten.

Auch mit den Satzformen verhält es sich wie mit den ersten Begriffen. Es dauert lange, ehe das Kind die ersten Begriffe erlernt. Doch beherrscht es einmal ca. 5, wirken diese wie ein Magnet und ziehen die nächsten förmlich an. Ebenso ist es bei den Satzformen. Das Erfassen und spontane Verwenden wird im Laufe der Zeit immer leichter und schneller.

## 7.4. Die Notwendigkeit häufiger Anwendung der erarbeiteten Satzformen

Nun kommt etwas ganz Wichtiges. Sie haben dem Kind die Satzform in der Uebungsstunde angeboten und mit ihm eingeübt. Aber das genügt nicht. Wenn diese Satzformen nur in der Uebungsstunde gesprochen werden, dauert es sehr lange, bis das Kind diese wirklich beherrscht und noch viel länger, bis es diese auch selbst anwendet. Das würde eine Verzögerung der sprachlichen und damit auch der geistigen Entwicklung bedeuten. Das darf auf keinen Fall geschehen. Was im Unterricht eingeübt wurde, muss sofort im täglichen Leben angewendet werden. Dabei ist es wichtig, dass auch Sie selbst in jeder sich bietenden Situation diese Satzformen anwenden und verlangen, dass auch Ihr Kind dies tut.

Ein Beispiel: Sie gehen mit Ihrem Kind spazieren. Es kommt ein kleines Mädchen, das eine Puppe im Arm trägt. Sofort müssen Sie mit Ihrem Kinde sprechen: "Schau, da ist das Mädel. Das Mädel hat eine Puppe." Sehen Sie, nun können Sie die beiden Satzformen bereits verbinden. Sie können schon etwas aussagen. So machen Sie es bei jeder sich bietenden Gelegenheit. Sprechen Sie aber nicht nur einfach die Sätze mit Ihrem Kinde zusammen, sondern fragen Sie zuerst: "Wer ist da?" Das Kind soll antworten: "Da ist das Mädel." Fragen Sie weiter: "Was hat das Mädel?" "Das Mädel hat eine Puppe." Nützen Sie jede Gelegenheit! Nehmen Sie keine falsche Rücksicht auf die Leute, die Sie umgeben, sondern denken Sie einzig und allein an Ihr Kind.

Der Wortschatz wird nun erweitert, indem Sie immer neue Begriffe an das Kind heranbringen. Der Kreis des Verstehens wird also grösser und damit auch der Wortschatz. Sie gehen dabei immer von dem Interessengebiet des Kindes aus. Doch Sie müssen diese Interessen natürlich "ankurbeln". Sie müssen versuchen, das Kind auf alle möglichen Dinge aufmerksam zu machen. Sie müssen ihm viele Eindrücke anbieten, viele Erlebnisse vermitteln.

Man könnte den Spracherwerb so darstellen:

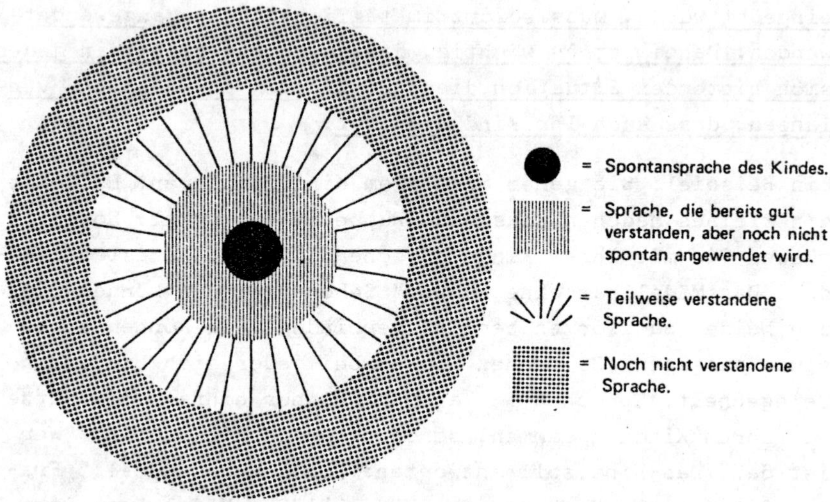


Unsere Aufgabe ist es demnach, den winzigen Mittelpunkt so zu vergrößern, daß er schließlich den ganzen Kreis ausfüllt.

Ich wiederhole: Ein Kleinkind kann die Sprache nicht nach Bildern lernen, sondern nur nach Erlebnissen. Das, was es sieht, was in seiner Umgebung geschieht, will es auch sprachlich ausdrücken. Geschieht in seiner Umgebung wenig, ist sein Tageslauf arm an Eindrücken, wird sein Interesse am sprachlichen Ausdruck gering sein. Daher ist es sehr wichtig, dass Sie Ihr Kind an allem, was Sie tun, teilnehmen lassen. Es ist wichtig, dass Sie sich auch einmal überlegen, wohin Sie mit Ihrem Kind spazieren könnten, damit es wieder neue Eindrücke aufnimmt. Es ist wichtig, dass es zu jedem Einkauf mitgenommen wird, zu Besuchen und Festen; auch, wenn dies manchmal für die Eltern nicht gerade bequem ist.

## 7.5. Themenbeispiele zur Uebung der Sprachformen

Wie geht nun der Sprachaufbau weiter?
Da die Eindrücke beim Stadt- und Landkind recht verschieden sind, möchte ich die beiden Gruppen auch getrennt behandeln.

### 7.5.1. Der Strassenverkehr

Zunächst Stadtkind:

Bei ihm ist es meist der Verkehr, der seine Aufmerksamkeit erregt. Es ahmt Fahrzeuge in seinem Spiel nach. Dem muss Rechnung getragen werden. Das erste richtige "Thema", welches mit einem Stadtkind durchgenommen wird, werden also die Fahrzeuge sein. (Ausnahmen gibt es natürlich auch hier. Dann müssen Sie ein anderes Thema wählen.)

Wie wird nun dieses Thema ausgearbeitet und wie wird es an das Kind herangebracht?

Zuerst werden Sie sich mit dem Kind an einer verkehrsreichen Strassenecke aufstellen und jedes Fahrzeug, das vorbei kommt, mit ihm gemeinsam benennen. "Schau, da ist ein Auto. Da ist ein Motorrad. Da ist ein Bus. ....." usw.

In der nächsten Uebungsstunde nehmen Sie die Spielzeugfahrzeuge und besprechen diese mit dem Kinde folgendermassen:

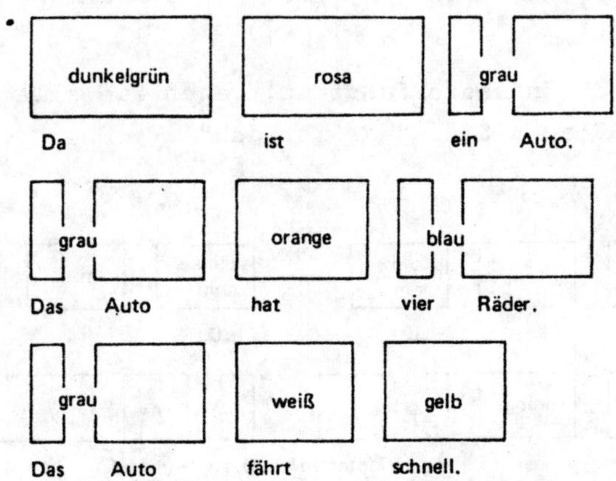

Sie nehmen also eine neue Satzform hinzu. Lassen Sie das Kind mit dem Auto im Zimmer herumfahren und wiederholen Sie dabei immer wieder die neue Satzform: "Das Áuto fährt schnell. brrrrr." Wenn Sie ein Tonband oder einen Plattenspieler haben, spielen Sie auch das Geräusch des fahrenden Autos ab.

Sie haben inzwischen auch eine Strasse gebastelt. Die Anleitungen finden Sie im Kapitel über die Herstellung von Uebungsmaterial. Gehen Sie mit dem Kind zum Fenster, wenn Sie von diesem aus auf die Strasse sehen können!

Wenn nicht, gehen Sie auf die Strasse hinunter und fragen Sie: "Wo fährt das Auto?" "Da fährt das Auto." "Das Auto fährt auf der Strasse."

Wenn Sie wieder in das Uebungszimmer zurückkehren, fragen Sie wieder: "Wo fährt das Auto?" Sie fordern das Kind auf, das Auto auf die von Ihnen hergestellte Strasse zu stellen. Legen Sie den nächsten Signalsatz auf und sprechen Sie mit dem Kind:

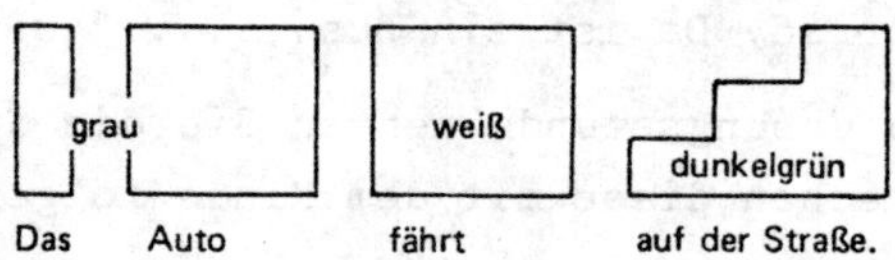


Nehmen Sie das nächste Fahrzeug! Legen Sie alle fünf Signalsätze auf. Fragen Sie: "Was ist da?"

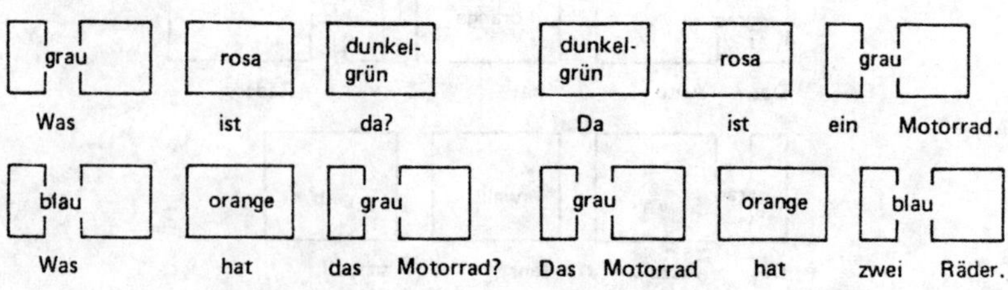

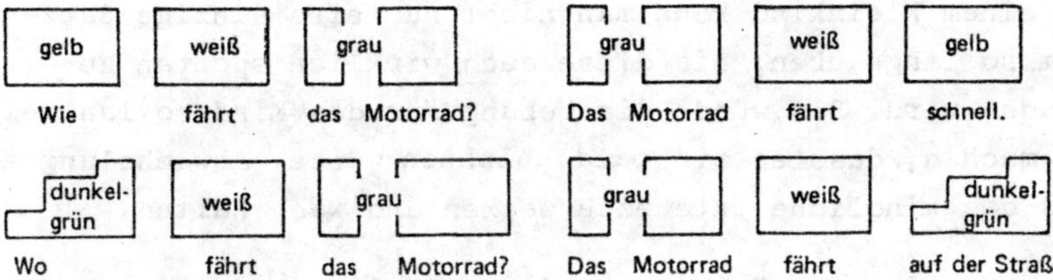


Das Kind stellt auch das Motorrad auf die Strasse.

So besprechen Sie alle Fahrzeuge, die das Kind auf der Strasse gesehen hat. Mit diesen fünf Satzformen überfordern Sie das Kind nicht. Wenn Sie die Uebungen so in das Spiel und in das Erleben einbauen, wie ich es eben beschrieb, macht dem Kinde das Lernen grossen Spass. Da das Kind zur Aufnahme der Sprache bereit ist und diese Sprache erlernen will, wird es auch nicht überfordert. Man würde das Kind dann überfordern, wenn man von ihm verlangte, nach Bildern und mit Schrift diese Sätze zu erlernen. Das wäre seinem Alter nicht angepasst und daher Zwang.

Ich möchte betonen, dass unsere Kinder in sprachlicher Hinsicht und damit auch in ihrer geistigen Entwicklung eher unterfordert werden, als überfordert. Ueberlegen Sie immer wieder, wie das normal hörende Kind während des ganzen Tages lernt. Ununterbrochen nimmt es auf und versucht selbst, das Aufgenommene zu verwerten.

Unsere Kinder können nur dann Sprache aufnehmen, wenn wir sie ihnen anbieten. Das geschieht nur zu einem recht bescheidenen Teil im Laufe des Tages. Viele Stunden sind unsere Kinder wirklich allein und nichts dringt in ihre stumme Welt ein. In dieser Zeit ruhen sie natürlich auch aus. Von Ueberfordern kann also nie die Rede sein. Voraussetzung ist jedoch, dass die Uebungen dem Alter des Kindes entsprechen und in lustbetonter, spielerischer Weise durchgeführt werden.

Mit einem Kleinkind kann man nicht nur eine einzige Satzform so lange üben, bis diese auch wirklich spontan gebraucht wird. Das würde die Uebung für das Kind so langweilig machen, dass es sie bald ablehnen würde. Abwechslung muss das kindliche Interesse wecken und wach halten.

Diese Satzformen müssen allerdings täglich ganz bewusst eingesetzt werden und auch in der Spontansprache häufig Verwendung finden. Das Kind muss dazu angehalten werden, diese Sätze bei jeder sich bietenden Gelegenheit anzuwenden. So werden sie mit dem täglichen Geschehen in Verbindung gebracht und schliesslich auch spontan gesprochen.

Zur sinnvollen Anwendung einige Beispiele:

Da ist der Hund. Der Hund hat eine Wurst. Der Hund läuft schnell. Der Hund ist auf der Strasse.

Da ist der Papa. Der Papa hat ein Auto. Das Auto fährt schnell. Das Auto fährt auf der Strasse.

Da ist der Apfel. Der Apfel hat eine Schale. Der Apfel schmeckt gut. Der Apfel ist auf dem Baum.

Erlebnisse des Kindes werden möglichst sofort in Sprache umgesetzt. Die schon mit Signalen erarbeiteten Sätze werden dabei angewendet.

Die erlernten Satzformen müssen "lebendig" bleiben. Sie kommen also auch ausserhalb des "Unterrichts" vor.

### 7.5.2. Einkaufen

Hier ein zweites Beispiel:

1. Sie gehen mit dem Kind einkaufen. Machen Sie sich vorher eine Liste mit den Dingen, deren Namen Sie bei dieser Gelegenheit mit dem Kinde erlernen wollen. Es werden

solche Nahrungsmittel sein, welche das Kind täglich sieht und besonders gern isst. Diese gehen Sie nun gemeinsam einkaufen.

Sie sprechen während des Einkaufens im Geschäft mit dem Kind: "Schau, da ist das Brot. Nimm das Brot! Leg das Brot in den Korb!" Lassen Sie, wenn möglich, das Kind die Sachen nehmen!

Sie kaufen weiter ein: "Schau, da ist die Butter. Nimm die Butter! Leg die Butter in den Korb!

Haben Sie alles miteinander eingekauft, besprechen Sie noch einmal, was in dem Korb ist.

Zu Hause räumen Sie gemeinsam den Korb aus und sprechen auch dabei wieder: "Da ist das Brot. Da ist die Butter." usw.

In der folgenden Uebungsstunde gehen Sie zum Kaufladen, den Sie bereits vorbereitet haben. Das Kind soll einen Korb nehmen und einkaufen kommen. Sie selbst spielen den Verkäufer. Legen Sie dabei die Signalsätze auf und fragen Sie:

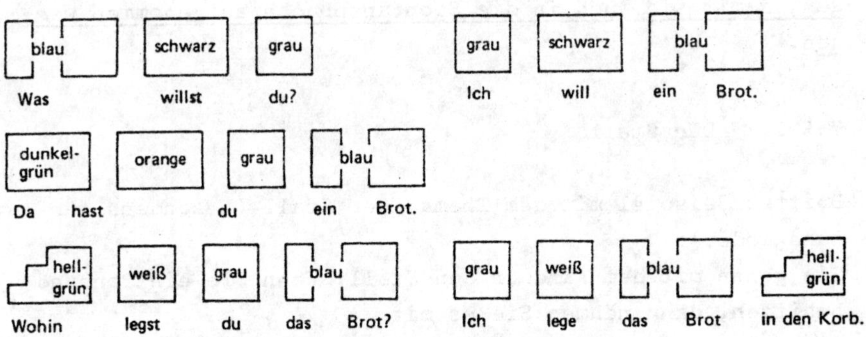


Wurde alles auf diese Art eingekauft, nehmen Sie die Drahtpuppen zum Spiel. Das Kind hat die Lebensmittel (aus dem Puppenladen) vor sich liegen. Die Drahtpuppen kommen nun zu ihm einkaufen. Wieder legen sie die Signale auf den Tisch. Sie sprechen die Rolle der Puppe. Das Kind spielt den Verkäufer und stellt mit Hilfe der Signale die Frage.

Verwenden Sie bitte die gleichen Satzformen und die gleichen Wörter wie beim vorangegangenen Spiel mit dem Kaufladen.

Hat die Biegepuppenfamilie eingekauft, üben Sie mit dem Kind weiter:

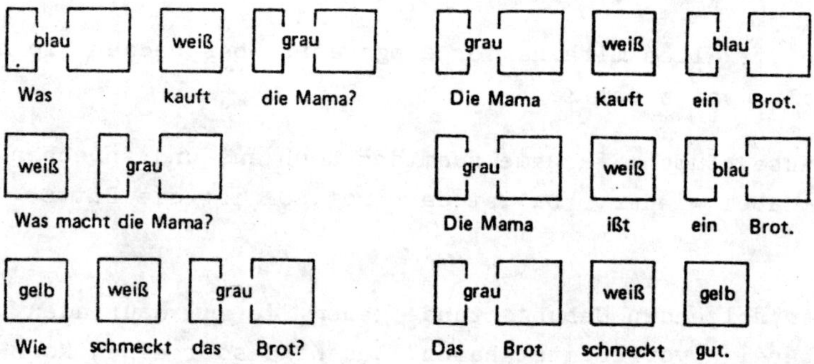


Die Satzformen müssen im täglichen Leben weiter geübt werden, damit sie auch in die Spontansprache aufgenommen werden.

### 7.5.3. Der Stall

Drittes Beispiel mit dem Thema: Der Stall (besonders für Landkinder):
Sie gehen mit dem Kind in den Stall. Wenn Sie ein Tonband besitzen, dann nehmen Sie es mit.

Gehen Sie zu der Kuh. Sprechen Sie dabei mit dem Kinde:

"Schau, da ist die Kuh."
"Die Kuh hat vier Füsse."

"Die Kuh hat einen Schwanz."
"Die Kuh ist gross."
"Die Kuh schreit muh."

Warten Sie, bis eine Kuh schreit. Machen Sie das Kind darauf aufmerksam und nehmen Sie das Brüllen auf Tonband auf. Sprechen Sie weiter mit dem Kind:

"Die Kuh ist im Stall."
"Die Kuh frisst Heu."

Sie gehen weiter zu den anderen Tieren: "Schau, da ist das Schwein. Das Schwein hat vier Füsse. Das Schwein hat einen Schwanz. Das Schwein ist dick. Das Schwein grunzt. (Auch hier wenn möglich Tonbandaufnahme.) Das Schwein frisst Kartoffeln. Das Schwein ist im Stall."

Haben Sie auf diese Art alle sich im Stall befindlichen Tiere besprochen und angeschaut, folgt die Uebung im Zimmer mit den Spielzeugtieren.

Sie nehmen den Stall, der ebenfalls schon bereit steht; dazu die Spielzeugtiere, welche Sie im Stall oder auf der Wiese besprochen haben. Sie fragen: "Wer ist da?"

Das Kind soll zu den Signalen sprechen.

Soweit werden die Uebungen auch von den Müttern, die als Bäuerinnen auf einem Hof arbeiten, immer sehr gut gemacht. Schwieriger wird es, wenn die im Unterricht erarbeiteten Satzformen auch in der Praxis, also im täglichen Leben angewendet werden sollen.

Mütter sagen häufig: "Was soll ich auch immer mit dem Kinde besprechen. Bei uns geschieht doch nichts!"

Liebe Mütter auf dem Bauernhof, glauben Sie nicht, dass das, was Sie tun, nicht ebenso interessant und besprechungswert ist, wie das, was eine Mutter in einem Stadthaushalt tut.

Für Ihr Kind ist Ihre Tätigkeit ebenso interessant. Ihr Hof ist im Augenblick die Welt Ihres Kindes. Was immer auf ihm geschieht, müssen Sie mit ihm besprechen. Schreiben Sie die Satzformen auf grosses Papier und hängen Sie dieses so auf, dass Sie es dauernd sehen und somit daran erinnert werden, dass Sie mit Ihrem Kinde sprechen müssen.

Auch wenn Sie im Stall, Haus oder Garten arbeiten, sollten Sie darauf achten, dass Ihr Kind immer in Ihrer Nähe ist. Sie müssen auch während der Arbeit mit ihm sprechen. Zuerst wird das für Sie sehr zeitraubend sein. Sie werden erleben, wie auch Sie selbst lernen! Bald werden Sie im Sprechen mit Ihrem Kind so geübt sein, dass Sie sich auch während der verschiedenen Arbeiten gut mit ihm unterhalten können, ohne die Arbeit zu unterbrechen.

Ich sage auch das aus Erfahrung. Ich hatte nämlich meine tauben Zöglinge immer neben mir, wenn ich unseren Garten versorgte. Wir haben viele Satzformen eingeübt, während ich Unkraut jätete oder pflanzte.

### 7.5.4. Der Wald

Hier nun noch ein Beispiel; Thema: Wald

Stadt- und Landkinder erleben mit grosser Freude den Wald. Zunächst einmal die Begriffe: Der Wald, der Baum, der Strauch, die Wiese, der Vogel, das Reh, der Bock, der Hase, der Pilz, die Blume, die Schnecke.

Uebungen zum Thema:

1. Sie machen einen Waldspaziergang. Die ganze Familie kann sich daran beteiligen. Es ist überhaupt wünschenswert, wenn auch der Vater und die Geschwister so oft wie möglich bei diesen Uebungen mitmachen. Es entsteht so ein grösseres Verständnis für das taube Kind und damit eine

engere Verbundenheit. Auch für die hörenden Geschwister ist es von Vorteil, wenn sich die Eltern während des Spazierganges eingehender mit ihnen über den Wald unterhalten. Das taube Kind wird merken, dass nicht es allein sprechen und lernen soll, sondern dass auch seine Geschwister Interesse an diesem Thema finden und mit den Eltern darüber sprechen.

Während des Waldspazierganges sprechen Sie mit dem hörgeschädigten Kind: "Da ist der Wald. Wir gehen in den Wald. Schau, da ist ein Baum! Der Baum ist gross. Da ist ein Pilz. Der Pilz ist braun. Die Blume ist schön. Da ist die Schnecke ....." usw.

Sie haben mit dem Kind zusammen die Tiere und Pflanzen im Wald betrachtet. Das Kind hat vielleicht auch auf einen Baum hinaufklettern dürfen. Es hat die dicken Wurzeln bestaunt, und es hat die Blätter gefühlt. Es hat vielleicht auch gesehen, wie ein Baum abgesägt wurde. Es hat die Baumstämme liegen sehen. Es hat vielleicht Blumen gepflückt und Pilze gesammelt. Die nächste Uebung wird nun zu Hause im Lernzimmer gemacht.

2. Sie müssen einen Wald basteln. In jedem Spielwärengeschäft, das auch Eisenbahnen führt, bekommt man Bäume zu kaufen, mit denen man einen Wald bauen kann. Leider sind diese Bäume sehr teuer. Darum würde ich raten, sie selbst zu basteln. Bitte beachten Sie die Anleitungen dazu am Schluss dieses Buches!

   Sie haben Bäume und Sträucher gebastelt und stellen diese gemeinsam mit dem Kind zu einem Wald auf. Ich empfehle, sich eine Sperrholzplatte anzuschaffen und darauf eine Wiese zu kleben. Man bekommt Wiesenpapier, also Wiese nach Metern, ebenfalls in Spielwarengeschäften. Sie kleben dann eine solche Wiese auf die Holzplatte und leimen anschliessend die Bäume und Sträucher fest. Diese müssen fest stehen. Das Kind will mit dem Wald auch richtig spielen. Kleben Sie die Bäume und Sträucher mit dem Kind zusammen auf und sprechen Sie dabei immer wieder: "Da ist ein Baum. Da ist ein Strauch. Da ist eine Blume. Da ist ein Pilz."

Uebrigens: Blumen und Pilze findet man sehr oft auf einer Bonbonschachtel. Ich sammle diese Sachen immer und kann sie dann sehr gut für solche Arbeiten gebrauchen. Es lohnt sich übrigens, wenn Sie den Wald gleich so schön aufbauen, dass er nicht nur eine Woche, sondern womöglich zwei bis drei Jahre lang hält. Sie benötigen diesen Wald nämlich immer wieder; wenn Sie später Märchen erzählen oder verschiedene Geschichten darstellen. Suchen Sie sich schon jetzt einen alten Schrank oder eine Truhe, einen Abstellraum oder ein altes Regal, in dem Sie diese Sachen alle aufbewahren können! Das Kind darf nicht dauernd damit spielen. Der Wald und bestimmte andere "Modelle" werden nur für den Unterricht gebraucht. So bleiben diese Dinge lange begehrenswert und erleichtern das Ueben enorm.

3. Der Wald ist fertig, und Sie legen die Signale auf.

Sie fragen das Kind: "Wo ist der Baum?" und stellen dabei die Signale um. Dann legen Sie den Antwortsatz und lassen das Kind antworten.

Sie fragen weiter: "Wo ist der Pilz?" (Immer den Signalsatz zum Fragesatz umstellen!) Das Kind soll auf den Pilz zeigen und die Antwort geben: (Wieder zum Signalsatz) "Der Pilz ist in dem Wald." Sie nehmen nun die Tiere. Stellen Sie nicht gleich alle Tiere auf einmal hin, sondern nehmen Sie recht geheimnisvoll ein Tier nach dem andern aus einer versteckt gehaltenen Schachtel! Sie müssen diese Uebungen alle ein bisschen spannend machen. Das Kind soll überhaupt nicht merken, dass es lernt.

Also, Sie nehmen zum Beispiel den Bock heraus und legen nun den ersten Signalsatz auf. Dann fragen Sie das Kind: "Schau, wer ist da?" Das Kind muss antworten, indem es auf die Signale zeigt: "Da ist der Bock."

Sie fragen weiter (immer mit den Signalen): "Wo ist der Bock?" "Der Bock ist in dem Wald."

Inzwischen haben Sie auch schon die Begriffe gross und klein erarbeitet. Legen Sie also die nächste Satzform auf und fragen: "Wie ist der Bock? Ist der Bock gross? Ist der Bock klein?" Das Kind soll antworten: "Der Bock ist gross."

Natürlich spricht das Kind auch Ihre Frage mit. Das Kind muss jedes Wort mitsprechen. Es soll nicht nur die Antworten, sondern auch die Fragen erlernen. Für das Kleinkind sind sogar die Fragen das Wichtigere. Es soll allein fragen können, damit es seine geistigen Bedürfnisse ausdrücken kann.

Wie bei den Tieren können Sie auch schon bei den Bäumen folgendes sprechen: "Da ist der Baum. Der Baum ist in dem Wald. Der Baum ist gross. Der Baum hat Wurzeln."

Die 4. Uebung:

Sie nehmen ein Bilderbuch über den Wald zur Hand. Sie legen wieder die gleichen Satzformen mit den Signalen auf und fragen das Kind:

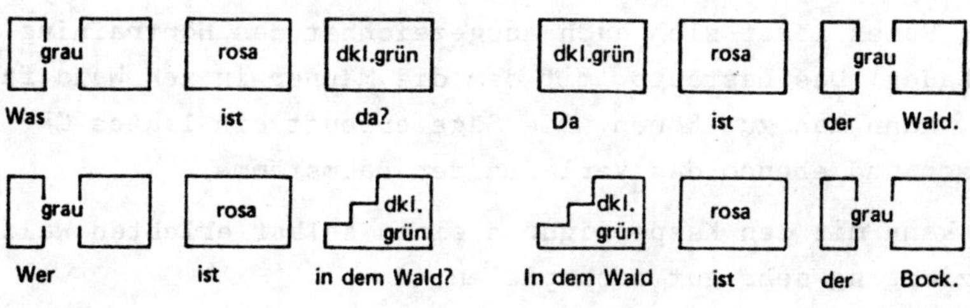

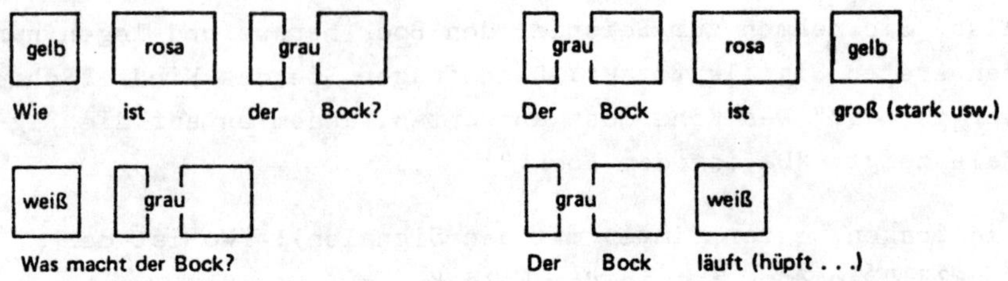


Haben Sie dieses Thema gründlich durchgearbeitet, wird das Kind beim nächsten Spaziergang von sich aus rufen: "Schau, da ist der Wald! Da ist der Baum ....... ."

Bitte werden Sie nicht ungeduldig, wenn Ihr Kind nun wochenlang sagt: "Da ist der Baum." Ihr Kind hat noch so wenig Sprache, und es muss sich mit den Satzformen und Begriffen, die es beherrscht, ausdrücken. Es muss versuchen, seine seelischen Nöte und Bedrängnisse mit diesem bisschen Sprache auszudrücken. Das dürfen Sie niemals bremsen.

Noch zwei Uebungen als Ergänzung zum Thema:

1. Das Kaspertheater.

Wenn Sie vom Wald sprechen, sollten Sie auch im Kaspertheater eine Geschichte vom Wald spielen. Jetzt benötigen Sie allerdings schon ein richtiges Kaspertheater mit Kulissen und Vorhang. Dieses Theater sollte ziemlich gross sein, weil ja Ihr Gesicht neben den Figuren sichtbar sein muss. Anleitungen für die Herstellung eines solchen Theaters finden Sie ebenfalls im Anhang.

Sie spielen eine kleine Begebenheit. Vielleicht fahren die Männer mit dem Lastwagen in den Wald, um einen Baum abzusägen. Dabei lässt sich auch ausgezeichnet das Hörtraining einbauen: Das Lastauto, mit dem die Männer in den Wald fahren, kann man gut hören. Die Säge erzeugt ein lautes Geräusch und ebenso das Verladen der Baumstämme.

Man kann mit den Kasperfiguren einen selbst erlebten Waldspaziergang sehr gut nachspielen.

Ebenso sollten mit dem Episkop verschiedene Waldbilder betrachtet werden.

Sowohl beim Betrachten der Bilder mit dem Episkop, als auch beim Spiel mit den Kasperpuppen, werden immer wieder die gleichen Satzformen verwendet. So wird für das Kind unbemerkt wiederholt.

Selbstverständlich verwenden Sie auch den schon beschriebenen Lebenskreis für die Uebungen vom Wald.

Da Sie inzwischen je einen Lebenskreis von der Strasse und auch vom Wald haben, sollten Sie mit dem Kinde folgende Uebung machen: Sie legen die beiden Innenkreise von der Strasse und vom Wald vor das Kind auf den Tisch. Vermischen Sie dann die 16 Kreissegmente (jeder Kreis hat acht Teile)! Lassen Sie nun das Kind die Segmente zu dem dazu gehörenden Innenkreis legen!

Dann besprechen Sie mit dem Kind, was es auf der Strasse gibt und was im Wald. Hat das Kind einige Teile falsch zugeordnet, dann fragen Sie es zum Beispiel: "Ist der Bock auf der Strasse? Schau einmal." Eventuell können Sie auch die Modelle der Strasse und des Waldes aufstellen, damit Ihr Kind sich daran erinnert, was es im Walde und auf der Strasse zu sehen gab.

Ständige Wiederholung ist sehr wichtig. Damit Sie selbst den Ueberblick über das bereits mit dem Kinde Durchgenommene nicht verlieren, schlage ich vor, dass Sie sich ein Arbeitsheft anschaffen. Sehr gut eignet sich ein Ringbuch. In diesem Ringbuch trennen Sie durch bunte Blätter die verschiedenen Wörter und Satzformen. Sie fassen alle Hauptwörter (Dingwörter), alle Eigenschaftswörter (Wiewörter) und alle Zeitwörter (Verben) zusammen. Heften Sie zwischen die einzelnen Wortgruppen immer ein buntes Papier, damit Sie die Wörter leichter finden. Genauso machen Sie es mit den verschiedenen Themen und Satzformen. Nun wissen Sie später, was Sie schon erarbeitet haben und was nicht.

Da gehörlose Kinder nur einen sehr geringen Sprachumsatz haben, ist ständige Wiederholung äusserst wichtig. Das Ringbuch ist für Wiederholungen unentbehrlich.

### 7.5.5. Die Kleidung

<u>Die erste Uebung</u>:

Sie gehen mit dem Kind zu dessen Kleiderschrank. Nehmen Sie die einzelnen Kleidungsstücke heraus und fragen dabei das Kind: "Was ist das?" Das Kind soll antworten: "Da ist der Mantel." Selbstverständlich muss das Kind auch die Frage mitsprechen. Den Signalsatz "Da ist der Mantel" haben Sie auf den Boden aufgelegt. Die Kleidungsstücke, die das Kind bereits allein benennen kann, hängen oder legen Sie wieder in den Schrank zurück. Kleider und Wäsche, die das Kind noch nicht allein benennen kann, legen Sie auf den Boden. Wiederholen Sie mit dem Kind die Namen der am Boden liegenden Kleidungsstücke. Dabei sprechen Sie ausnahmsweise keinen Satz, sondern nur die Namen der einzelnen Kleidungsstücke. Also: "Die Hose, die Hose." Prüfen Sie, ob das Kind nun das Wort samt Artikel allein sprechen kann! Nie nur "Hose" allein sprechen lassen, sondern immer: "Die Hose!" Legen Sie die Kleidungsstücke, die Sie so mit dem Kind benannt haben, in einen Kreis um das Kind herum.

Holen Sie weitere Signale und legen Sie vor dem Kinde zwei Satzformen auf. Besprechen Sie mit dem Kind folgendermassen die auf dem Boden liegenden Kleidungsstücke:

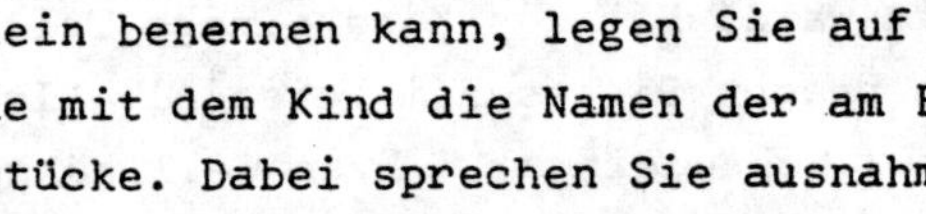

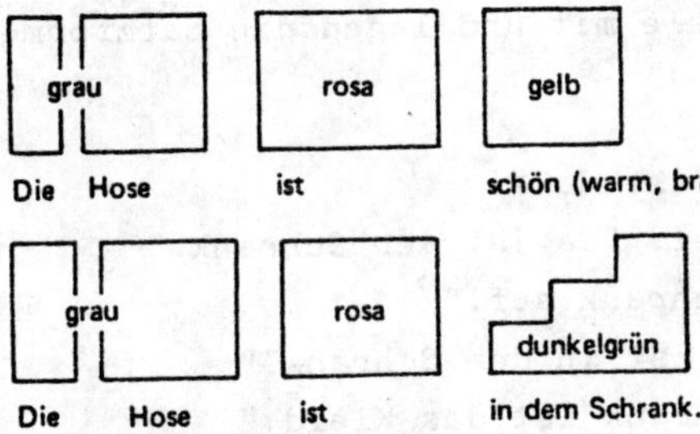


Fragen Sie: "Wo ist die Unterhose?" Das Kind soll die Unterhose nehmen und dazu sprechen, während es auf die Signale zeigt: "Da ist die Unterhose."

Sie fragen weiter: "Wer hat eine Unterhose?" Das Kind soll antworten, während es wieder auf die Signale zeigt: "Ich habe eine Unterhose."

Auf gleiche Weise wiederholen Sie die Namen der Kleidungsstücke und gleichzeitig die beiden ersten Satzformen.

Haben Sie alle auf dem Boden liegenden Kleidungsstücke benannt, räumen Sie diese gemeinsam mit dem Kind fort. Dazu sprechen Sie (immer mit dem Kinde zusammen!):
"Leg die Unterhose in den Schrank!"
"Leg das Hemd in den Schrank!"
"Leg die Strumpfhose in den Schrank!" .....

Das Mitsprechen des Kindes verleitet den Erzieher sehr oft zum monotonen Sprechen. Er betont nicht mehr richtig und spricht den Satz auch nicht mehr im richtigen Rhythmus. Den Satzrhythmus können hörgeschädigte Kinder aber sehr gut aufnehmen. Wenn Sie möchten, dass Ihr Kind später auch rhythmisch spricht, müssen Sie selbst auch jetzt schon sehr rhythmisch sprechen.

<u>Die zweite Uebung</u>

Sie gehen mit dem Kind zum Schrank der Eltern. Wieder nehmen Sie die Signale mit und legen die Satzformen auf den Boden auf.

Sie fragen: "Was ist da?"
Das Kind antwortet: "Da ist der Schrank."
Sie: "Mach den Schrank auf!"
Sie: "Schau, was ist in dem Schrank?"
Kind: "In dem Schrank ist das Kleid."
Sie: "Wer hat ein Kleid?"
Kind: "Die Mama hat ein Kleid."
Sie: "Wie ist das Kleid?"
Kind: "Das Kleid ist blau."

Auf diese Art benennen und besprechen Sie wieder die Kleidungsstücke. Natürlich können Sie nicht alle Kleidungsstücke auf einmal besprechen. Sie werden sich hauptsächlich mit jenen beschäftigen, die das Kind noch nicht oder schlecht allein benennen kann.

## Die dritte Uebung

Sie gehen mit dem Kind zu dessen Schrank. Legen Sie wieder die Signale auf.

Fragen Sie: "Ist die Hose im Schrank?"
Das Kind soll antworten: "Ja, die Hose ist in dem Schrank."
Sie: "Mach den Schrank auf! Nimm die Hose aus dem Schrank!"

Das Kind soll die Hose aus dem Schrank nehmen und dazu sprechen:
"Da ist die Hose."
Sie: "Zieh die Hose an!"
Das Kind soll die Hose anziehen.
Sie fragen: "Wer hat eine Hose?"
Das Kind: "Ich habe eine Hose."
Sie: "Wie ist die Hose?"
Das Kind: "Die Hose ist blau."

Sie: "Wie ist die Hose noch?"
Das Kind: "Die Hose ist schön."

Die vierte Uebung

Sie gehen mit dem Kind zum Puppenschrank, lassen es diesen öffnen und sagen: "Nimm die Hose!"
"Ziehe der Puppe die Hose an!
"Was hat die Puppe?"
Das Kind: "Die Puppe hat eine Hose."
Sie: "Ist die Hose schön?"
Das Kind: "Ja, die Hose ist schön."
Sie: "Ist die Hose blau?"
Das Kind: "Nein, die Hose ist nicht blau."
(Das Wort "nicht" wird so dargestellt, indem man das Signal für das Eigenschaftswort "blau" einfach durchstreicht.)

Sie: "Wie ist die Hose?"
Das Kind: "Die Hose ist rot."
Sie: "Wer hat eine Hose?"
Das Kind: "Die Puppe hat eine Hose."
Sie: "Hast du auch eine Hose?"
Das Kind: "Ja, ich habe eine Hose."
Sie: "Ist die Hose rot?"
Das Kind: "Nein, die Hose ist blau."

Sie werden bemerkt haben, dass bei diesen Uebungen nicht nur die Begriffe und Satzformen eingeübt werden, sondern auch Fragen und Antworten. Dies sind Vorübungen zu einem kleinen Gespräch, das Sie so bald und so häufig wie möglich mit Ihrem Kinde führen sollen.

Stellen Sie darum diese Fragen immer wieder während des Tages, natürlich nicht nur in Verbindung mit Kleidungsstükken. Auch während des Spiels kann man diese Fragen und Antworten gut einüben.

Ein Beispiel:
Das Kind spielt mit dem Ball. Sie gehen zu ihm und fragen:
"Was hast du da?"
"Das Kind: "Ich habe einen Ball."
Sie: "Ist der Ball klein?"
Das Kind: "Nein, der Ball ist gross."
Sie: "Wie ist der Ball noch?"
Das Kind: "Der Ball ist rot."
Sie: "Schau, der Ball hüpft." Werfen Sie dabei den Ball auf den Boden, so dass er hoch springt.

Während des Tagesablaufs kann man so die Satzformen und Begriffe einüben.

Die fünfte Uebung

Setzen Sie die Biegepuppen auf den Tisch! Legen Sie die Signale auf und üben Sie mit dem Kind:

Sie: "Wer ist da?" (dabei zeigen Sie auf eine Figur)
Das Kind: "Da ist der Papa."
Sie: "Was hat der Papa?"
Das Kind: "Der Papa hat eine Hose. Der Papa hat ein Hemd. Der Papa hat einen Pullover. Der Papa hat Schuhe."
Sie: "Wie ist die Hose?"
Das Kind: "Die Hose ist braun."
Sie: "Hast du eine Hose?"
Das Kind: "Ja, ich habe eine Hose."
Sie: "Ist deine Hose braun?"
Das Kind: "Nein, meine Hose ist blau."
Sie: "Wie ist der Pullover?"
Das Kind: "Der Pullover ist rot."
Sie: "Hast du einen Pullover?"
Das Kind: "Ja, ich habe einen Pullover."
Sie: "Wie ist dein Pullover?"
Das Kind: "Mein Pullover ist gelb."

Sie: "Wo ist dein Pullover?"
Das Kind: "Mein Pullover ist in dem Schrank."

Noch ein Wort zu den Signalen: Ihr Kind wird die ersten Signalsätze sicher schon allein auflegen können. Bitte lassen Sie es dies auch tun. Legen Sie selbst nur die Signalsätze auf, deren Form das Kind noch nicht beherrscht!

Bei Fragen stellen Sie bitte den Signalsatz immer um, damit auch die Frageform für das Kind sichtbar wird.

Ausrufe wie: "Nein und ja", werden nicht mit Signalen dargestellt.

Aehnlich verhält es sich mit verschiedenen Redewendungen. Flechten Sie diese schon jetzt in das Gespräch mit Ihrem Kinde ein. Zum Beispiel: "Das gefällt mir." "Das schmeckt mir." "Das geht nicht." "So was!" "Sapperlot!"
Auch diese Wendungen benötigt Ihr Kind schon bald, um sein Empfinden auszudrücken.

## Die sechste Uebung

Es gibt nette Ankleidepuppen aus Papier. Kaufen Sie so einen Ausschneidebogen! Lassen Sie Ihr Kind die Ankleidepuppe und deren Kleider ausschneiden und machen Sie dann die gleiche Uebung mit dieser Papierpuppe. Stellen Sie die gleichen Fragen und verwenden Sie die gleichen Satzformen.

Ich wiederhole: Mit Kleinkindern kann man die Wörter, Begriffe und Satzformen nur im Spiel einüben. Das Spiel muss täglich anders gestaltet werden. So wird die gleiche Uebung für das Kind immer wieder zu einem neuen Spielerlebnis. Gleichzeitig lernt es, die schon erarbeiteten Satzformen, Begriffe und Wörter in verschiedenen Situationen anzuwenden.

## Die siebente Uebung

Sie haben inzwischen Bilder von den verschiedenen Kleidungsstücken besorgt. Machen Sie mit den Bildern die gleichen Uebungen! Das Kind sieht nun nicht mehr die konkrete Puppe mit den konkreten Kleidungsstücken, sondern es hat nur jeweils das Bild davon vor sich. Dies ist ein weiterer Lernschritt. Legen Sie die Signale auf und um diese herum die Bilder. Fragen Sie: "Wo ist die Hose?"
Wieder soll das Kind die Hose - in diesem Falle das Bild der Hose - nehmen und dazu sprechen: "Da ist die Hose."
Sie fragen: "Wer hat eine Hose?"
Das Kind: "Der Papa hat eine Hose. Ich habe eine Hose. Die Puppe hat eine Hose."
Sie fragen: "Ist deine Hose blau?"
Das Kind: "Ja, meine Hose ist blau."
Sie fragen: "Ist die Hose von der Puppe blau?"
Das Kind: "Nein, die Hose von der Puppe ist rot."

Es folgen die Fragen: "Wo ist deine Hose? Wie ist die Hose?" usw.

## Die achte Uebung

Nehmen Sie ein Bilderbuch zur Hand, in dem viele Personen abgebildet sind. Betrachten Sie zusammen mit dem Kind das Buch und fragen Sie: "Wer hat eine Mütze? Wer hat eine Hose? Wie ist die Mütze? usw."

So können Sie auch mit Hilfe des Bilderbuches die Satzformen und Begriffe wiederholen und einüben.

## 7.6. "Lebenskreise" als methodische Hilfsmittel

Wenn ein "Thema" einmal auf die beschriebene Art eingeübt wurde, kann auch mit verschiedenen Bildern gearbeitet werden. Entsprechend dem Alter des Kindes soll auf einem solchen Bild mehr oder weniger zu sehen sein. Für das dreijährige Kind werden Sie ein Bild nehmen, auf dem eine Kuh im Stall oder auf der Wiese zu sehen ist. Legen Sie wieder die Signale auf, stellen Sie die Fragen so wie früher bei der Uebung mit den Spielzeugtieren und üben Sie die Sätze auf die gleiche Art.

Ebenso kann in diesem Alter ein Bild gezeigt werden, auf dem ein Auto auf der Strasse zu sehen ist. Auch hier werden mit den Signalen die gleichen Satzformen aufgelegt, wie vorher beim Spiel mit den Spielzeugautos und ebenfalls die gleichen Sätze gesprochen.

Ist das Kind einmal vier bis fünf Jahre alt, werden Bilder gezeigt, auf denen schon ganze Geschichten dargestellt sind.

Eine Weide, auf der verschiedene Tiere grasen und auf der auch ein Hirte zu sehen ist. Im Hintergrund liegt vielleicht ein Dorf mit Szenen aus dem bäuerlichen Leben. Es gibt Bilder einer ganzen Stadt mit Strassen und Plätzen, mit Fahrzeugen und verschiedenen Gebäuden und den Menschen, die ihre Arbeit in der Stadt erledigen müssen.

Ueber diese Bildbesprechungen werde ich später noch ausführlicher berichten. Zunächst genügen noch Bilder, auf denen immer nur ein Ding zu sehen ist.

Anstelle der Bilder können Sie natürlich auch ein Bilderbuch mit dem Kind zusammen betrachten. Wiederum verwenden Sie dabei die Signalsätze. Es gibt ein sehr hübsches Bilderbuch mit dem Titel: "Was ich zum Essen brauche." Da sind ein Stuhl, ein Tisch und die Esswaren abgebildet, die das Kind während des Tages zu sich nimmt. Ein Bub ist abgebildet, der gerade isst. Folgende Sätze können Sie zu diesem Buch mit dem Kind sprechen:

Da ist der Bub.
Da ist der Tisch.
Da ist der Stuhl.
Der Bub hat einen Löffel.
Der Bub hat einen Latz.
Der Bub isst die Suppe.
Der Bub isst die Banane.
Die Suppe schmeckt gut.
Die Banane schmeckt gut.

Wenn Ihr Kind einmal so weit fortgeschritten ist, sollten Sie zu den jeweiligen Themen auch einen sogenannten "Lebenskreis" machen. Dieser Kreis kann aus Karton oder aus Holz sein. Die Bilder können Sie selbst malen oder aus verschiedenen Zeitschriften ausschneiden und aufkleben. Ich gebe Ihnen hier einige Beispiele:

Der Bub ißt den Kuchen.
Der Bub ißt die Torte . . .

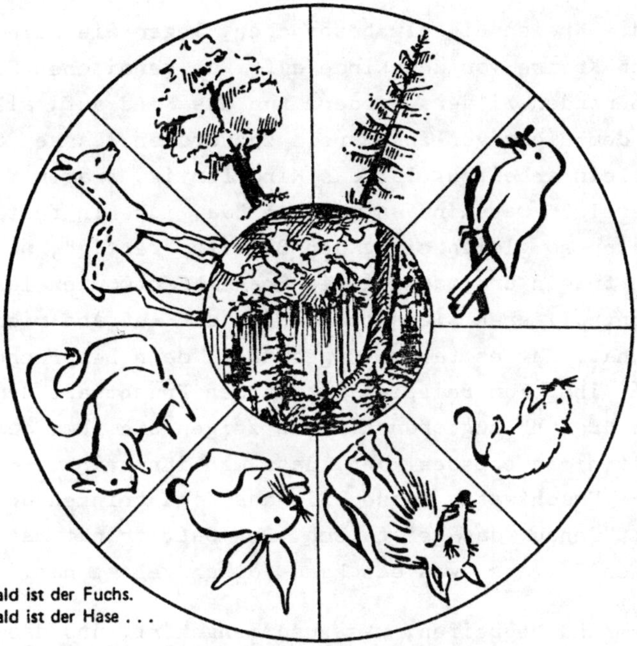

In dem Wald ist der Fuchs.
In dem Wald ist der Hase . . .

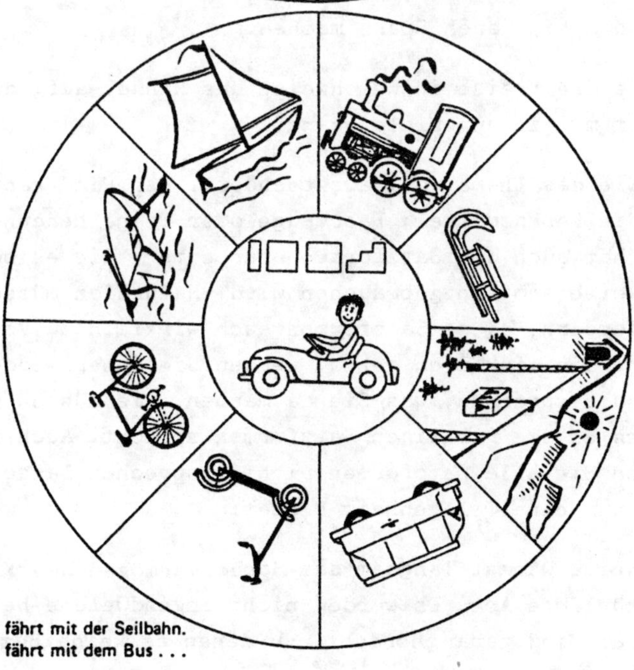

Der Bub fährt mit der Seilbahn.
Der Bub fährt mit dem Bus . . .

Haben Sie die Kreise einzeln besprochen, legen Sie alle innern kleinen Kreise vor dem Kinde auf. Nun vermischen Sie die dazugehörenden Bilder, fordern nun das Kind auf, allein jedes Bild dem richtigen Innenkreis zuzuordnen. Lassen Sie das Kind allein arbeiten. Ist das Kind fertig, fragen Sie: "Bist du fertig?" Das Kind antwortet: "Ja, ich bin fertig." Sie erarbeiten so gleichzeitig den Begriff "fertig", wenn Sie täglich fragen und täglich die Frage beantworten lassen. Nun kontrollieren Sie, ob das Kind die Aufgabe richtig gelöst hat. Hat es falsch zugeordnet, dann besprechen Sie dies mit ihm. Zum Beispiel hat es den Fruchtsaft dem Lebenskreis "Essen" zugeordnet. Dann zeigen Sie ihm, dass man den Saft nicht beissen kann, dass man ihn trinkt. Holen Sie ein Glas Fruchtsaft, lassen Sie das Kind trinken und erklären ihm: "Schau, das ist falsch. Den Saft trinkt man." Dann tauschen Sie aus, was das Kind falsch gelegt hat.

So kann das Kind begreifen, was zusammengehört, und das Spiel wird dem Kind auch Spass machen.

Bewahren Sie die Kreise in Reichweite des Kindes auf, damit es jederzeit mit ihnen spielen kann.

Nun haben Sie das Thema voll ausgeschöpft. Das Kind kann nicht nur die Lebensmittel, Fahrzeuge oder Tiere benennen, sondern es hat auch die Satzformen erarbeitet, die es bereits teilweise spontan gebrauchen wird. Natürlich müssen Sie es auffordern, diese Satzformen auch wirklich zu verwenden. Wenn Sie einkaufen gehen, werden Sie immer wieder mit dem Kind besprechen, was Sie da machen. Sie müssen verlangen, dass es die richtigen Satzformen spricht. Auch zu Hause werden Sie alle Satzformen richtig sprechen lassen, sooft sich nur eine Gelegenheit bietet.

Auf diese Weise wächst langsam das Sprechvermögen des Kindes auf natürliche Art. Es werden nicht irgendwelche Begriffe an das Kind herangebracht, zu denen es keine Beziehung hat, sondern das, was es täglich sieht und erlebt, wird in Sprache umgesetzt.

## 7.7. Herstellung von Bildgeschichten

Es handelt sich zum Beispiel um folgende Geschichte: Die Hose ist kaputt. Die Mama geht in das Geschäft. Die Mama kauft eine Hose. Die Hose ist schön.

Diese Geschichte wird in einfacher Sprache erzählt. Wenn Ihr Kind schon andere Satzformen beherrscht, können Sie natürlich auch andere Satzformen einflechten. Es ist möglich, diese Geschichte auszubauen und mit dem Kinde zu spielen.

Es wäre wünschenswert, wenn Sie gerade in dieser Zeit mit Ihrem Kind auch wirklich ein Kleidungsstück einkaufen gehen könnten. Dieses muss nicht unbedingt für das Kind selbst sein. Auch wenn Sie für ein anderes Geschwister oder für sich selbst ein Kleidungsstück kaufen, nehmen Sie doch bitte Ihr taubes Kind mit. Es soll im Geschäft erleben, wie das Einkaufen vor sich geht.

Bitte nehmen Sie sich zu diesem Einkauf Zeit! Sprechen Sie mit Ihrem Kind auch im Geschäft. Sagen Sie nicht: "Warte bis später. Sei jetzt still." Es macht nichts, wenn die Verkäuferin ein wenig zappelig wird. Besprechen Sie mit dem Kind, was geschieht. <u>Was das Kind sieht, muss besprochen werden. Sie kennen jetzt bereits dieses Prinzip</u>.

Zu Hause zeichnen Sie auf, was geschehen ist. Auch wenn Sie kein Zeichentalent sind, können Sie dies. Alle Mütter, die ich seit 1949 beriet, konnten das Zeichnen erlernen. Man kann alles, was man will. Kunstwerke verlangt niemand.

Auch wenn die Vergangenheitsform noch nicht geübt wurde, dürfen Sie diese schon jetzt anwenden. Ungefähr so sollte dann die Zeichnung aussehen und folgende Satzformen müssen dazu gesprochen werden:

MODEN
Ich bin mit der Mama in das Geschäft gegangen.
Ich habe das Kleid probiert.
Die Mama hat das Kleid gekauft.
Wir sind nach Hause gegangen.
Ich habe das Kleid angezogen.
Das Kleid ist schön. Ich bin froh.

Nun noch etwas sehr Wichtiges! Das Einkaufen eines Kleidungsstückes müssen Sie natürlich vorher einspielen. Das Kind sollte vor dem Besuch des Geschäftes genau wissen, was geschehen wird. Kleinkinder sind zukunftsgerichtet. Das heisst, das, was geschehen wird, interessiert sie mehr als das, was vorbei ist. Natürlich müssen wir während des Sprachaufbaus auch immer wiederholen, was schon geschehen ist. Doch für das Kind ist das, was kommen wird, wichtiger.

## 7.8. Das Rollenspiel

Die Bildgeschichte kann das Einkaufen nicht gut genug zeigen. Daher sollte sie erst nach dem Spiel besprochen werden. Wenn Sie einen grossen Kaufladen haben, machen Sie aus ihm ein Kleidergeschäft. Das geht sehr einfach, indem man Puppen- und Kinderkleider dort aufhängt. Haben Sie keinen solchen Laden, dann ist auch das kein Problem. Nehmen Sie zwei Stühle, legen Sie über deren Lehnen einen Besenstiel, hängen Sie die Kleider auf Haken darauf, stellen Sie einen Spiegel daneben, und schon ist das Kleidergeschäft fertig. Das Spiel kann beginnen.

Es wäre gut, wenn ein Geschwister mitspielen könnte. Es könnte den Verkäufer machen. Wenn das nicht möglich ist, müssen Sie selbst den Verkäufer spielen. Aber auch wenn ein Geschwister den Verkäufer spielt, müssen Sie dabei stehen und darauf achten, dass richtig gesprochen wird und die schon eingeübten Satzformen angewandt werden.

Ungefähr so sollte das Spiel ablaufen:

Das Kind kommt in das Geschäft und sagt: "Guten Tag."
Der Verkäufer: "Was willst du?"
Kind: "Ich möchte eine Hose."
Verkäufer: "Willst du eine rote Hose?"
Kind: "Nein, ich möchte eine blaue Hose."

Verkäufer: "Da hast du eine blaue Hose."
Er gibt dem Kinde die blaue Hose.

Das Kind zieht die Hose an und spricht: "Ich ziehe die Hose an." Das Kind geht zum Spiegel und betrachtet sich in diesem: "Ich schaue in den Spiegel. Die Hose ist schön. Ich bin froh." Das Kind wird viel Spass an diesem Spiel haben.

Ich rate Ihnen, zu den Kinder- und Puppenkleidern auch noch einen langen Rock von Ihnen, einen Hut, eine Tasche und Handschuhe zu geben. Kinder verkleiden sich gern. Bei diesem Spiele können sie das sehr gut tun. Welche Freude macht nun ein alter Brautschleier oder auch einmal ein Paar goldene Abendschuhe!

Für unsere Kinder ist das Verkleiden sehr wichtig. Wenn man sich verkleidet, schlüpft man in eine "andere Haut", wird eine andere Person. Man spricht nicht mehr selbst, sondern diese andere Person spricht. Welche Erleichterung für Kinder, denen das Sprechen noch Mühe macht! Auch die Sprachverbesserungen gehen auf das Konto der "anderen Figur". Gleichzeitig wird mit solchen Uebungen auch das Rollenspiel eingeführt. Unsere Kinder kommen nicht allein dazu, weil ein solches Spiel die Sprache erfordert. Mit der Einführung in das Rollenspiel wird gleichzeitig ihr freies Spiel ausdauernder und phantasievoller.

## 7.9. Das Kasperspiel

Das Thema wird mit einem Kasperspiel abgeschlossen. Je nach Sprachzustand des Kindes wird dieses Kasperspiel entweder nur das Einkaufen wiedergeben oder eine richtige Geschichte darstellen. Wichtig ist dabei, dass die eben erlernten Begriffe und Satzformen wiederholt werden. Beim Kasperspiel muss das Kind jedes Wort mitsprechen. Ich möchte Ihnen hier ein Beispiel für eine solche Geschichte geben:

Wenn der Vorhang aufgeht, sieht das Kind eine Wiese. Auf der Wiese steht ein Apfelbaum. Zuerst besprechen Sie mit dem Kind, was da zu sehen ist. "Da ist die Wiese. Da ist der Baum. Auf dem Baum sind viele Aepfel. Pass auf! Wer kommt da?"

Die Oma kommt. Die Oma ruft den Kasper. Fordern Sie das Kind auf, laut mitzurufen. "Hallo Kasper, komm."
Der Kasper kommt. Die Oma sagt: "Schau, auf dem Baum sind viele Aepfel. Da hast du einen Korb. Da ist die Leiter. Steig auf den Baum! Pflück die Aepfel!"

Der Kasper nimmt den Korb und spricht: "Gib mir den Korb. Ja, auf dem Baum sind viele Aepfel. Ich steige auf den Baum." Er klettert auf den Baum und pflückt die Aepfel. Dabei spricht er: "Da ist ein Apfel. Der Apfel ist rot. Ich lege den Apfel in den Korb."

Machen Sie die Aepfel aus Seidenpapier. Den Baum sägen Sie aus Holz. Wenn Sie die Aepfel nur ganz leicht mit Klebstoff ankleben, kann Kasper sie gut pflücken.

Wenn der Korb voll ist, steigt Kasper wieder vom Baum. Aber er bleibt mit der Hose hängen. Machen Sie zu diesem Zwecke für Kasper eine Hose aus Papier! Diese kann leicht zerreissen.

Oma sieht das und ruft: "Oh weh, die Hose ist kaputt."
Kasper betrachtet seine Hose und spricht auch: "Na so was, die Hose ist kaputt."

Die Oma sagt: "Wir müssen in das Geschäft gehen. Wir müssen eine Hose kaufen."

Der Vorhang geht zu. Die nächste Szene zeigt ein Kleidergeschäft. Kasper und Oma kommen in das Geschäft. Wenn Sie die beiden Figuren auf einen Kochlöffel stecken, können Sie diese in einer Hand halten und haben die zweite Hand für den Verkäufer frei.

Das Einkaufen spielt sich nun genau so ab, wie Sie es mit dem Kind bereits geübt haben. Kasper zieht hinter der Kulisse seine neue Hose an, kommt wieder hervor, betrachtet sich in einem Spiegel und sagt: "Ich habe eine Hose. Die Hose ist blau. Die Hose ist schön. Ich bin froh."

Bei genügendem Sprachverständnis des Kindes kann dann noch die Oma kommen und zu Kasper sagen: "Komm, jetzt gehen wir schnell nach Hause. Du hast viele Aepfel gepflückt. Ich werde einen Apfelkuchen machen." Ende des Spieles.

## 7.10. Das Episkop

Zur Wiederholung der verschiedenen Satzformen und Begriffe können Sie auch das Episkop verwenden. Sie projezieren einfach Bilder von Kleidungsstücken an die Wand und lassen diese benennen. Dann stellen Sie Fragen dazu.

Sie können aber auch eine Geschichte zeichnen oder ein entsprechendes Bilderbuch verwenden und diese Bilder auf die Wand projezieren.

Wenn Sie einen Fotoapparat haben, wäre es zu empfehlen, das richtige Einkaufen zu fotografieren. Die Fotos können dann mit dem Episkop gezeigt werden.

Ich habe Ihnen nun an einigen Beispielen gezeigt, auf welche Arten man die verschiedenen Themen an das Kind heranbringen kann. Es handelt sich nur um Themen, die aus dem Tageslauf entstehen; Themen, an denen das Kind regen Anteil nimmt und bei denen es auch lernt, was es im täglichen Sprachgebrauch benötigt.

Sie werden nun auch weitere Themen mit dem Kind besprechen. Wenn Sie immer die von mir angeführten Punkte durchgehen, werden Sie nach dem gegebenen Schema jedes Thema aufbauen können.

Vielleicht darf ich Ihnen noch einige Themen nennen, um Ihnen zu zeigen, dass auch etwas für Sie nicht besonders Interessantes ein "Thema" geben kann:

Die Hausarbeit.
Die Obsternte auf dem Lande.
Die Krankheit.
Der Doktor.
Die Apotheke.
Der Geburtstag.
Die Gartenarbeit.
Ein Unfall.
Kinderspiele.
Ein Besuch.

Das tägliche Leben bietet viele Themen an und alle sind für das Kind wichtig. Es soll lernen, alles in richtiger Sprache auszudrücken.

Wenn Sie ein Thema vorbereiten, vergessen Sie nicht, darauf zu achten, ob Ihr Kind daran auch wirklich Interesse hat. Sie müssen sich in Ihr Kind einfühlen und über die Dinge sprechen, die es gerade sehr beschäftigen oder die es eben erlebt. Es wäre völlig unsinnig, vom Wald zu sprechen, wenn das Kind keine Beziehung zum Thema hat.

Wenn Sie ein Thema gut vorbereitet haben, das Kind aber absolut nicht mitmachen will, üben Sie keinen Zwang aus. Heben Sie sich das vorbereitete Material für später auf. In einigen Monaten werden Sie alles wieder brauchen. Sie können dann vielleicht schon etwas ausführlicher über das Thema sprechen.

Am Anfang müssen Sie dem Kind vor allem die Möglichkeit geben, die Sprache als Ausdrucksmittel seiner Erlebnisse und Eindrücke, seiner Wünsche und Bedürfnisse, zu gebrauchen.

## 7.11. Das Gespräch (Beispiele)

Damit das Kind seine Wünsche und Bedürfnisse mitteilt, ist es wichtig, dass Sie es zu einem einfachen Gespräch befähigen. Man darf keinesfalls beim blossen Benennen stehenbleiben. Ich sagte schon, wie wichtig der Satz für unsere Kinder ist. Der Satz nützt ihnen nur dann etwas, wenn Sie mit ihm ausdrücken können, was ihren Geist beschäftigt. Dem dient das Gespräch. Das Gespräch kann kurz und für Erwachsene belanglos sein. Aber für Ihr Kind bedeutet es immer ein Sich-Mitteilen, eine sprachliche Kontaktnahme. Dies ist ein erster Schritt zur Eingliederung in eine normal hörende Gesellschaft.

Was verstehe ich unter Gespräch? Dazu ein Beispiel, wie ein solches geführt werden könnte:

Das Kind sieht einen Hund und sagt: "Mama schau, da ist ein Hund."
Nun darf die Mutter nicht einfach mit "ja" antworten, sondern sie muss sich mit dem Kind über den Hund unterhalten.
Das könnte ungefähr so ablaufen:
"Schau, was macht der Hund?"
"Der Hund läuft".
"Pass auf! Bellt der Hund?"
"Der Hund bellt. Wau-wau, wau-wau."
"Glaubst du, beisst der Hund?"
"Nein, der Hund beisst nicht."
"Der Hund ist lieb."
"Hast du auch einen Hund?"
"Nein. Ich will einen Hund."
"Wer hat einen Hund?"
"Der Opa hat einen Hund."

So wurde mit einfachem Satz "Da ist ein Hund" ein ganzes Gespräch eingeleitet. Versäumen Sie keine Gelegenheit, ein solches Gespräch zu führen! Das Kind übt sich dabei nicht nur im sprachlichen Ausdrücken seiner Gedanken und Vorstellungen, seiner Empfindungen und Bedürfnisse, sondern auch im sprachlichen Denken.

Hier ein anderes Gesprächsbeispiel:

Sie haben das Reinigen der Wohnung bereits als "Thema" besprochen, durchgespielt und mit den Signalen die Satzformen eingeübt. Nun tritt folgende Situation ein: Sie müssen das Zimmer, in dem Ihr Kind spielt, verlassen, um im Nebenraum Staub zu saugen. Sie werden vorher mit dem Kind über das, was Sie tun werden, sprechen. Also:

"Ich muss jetzt in das Wohnzimmer gehen."
"Warum?" (Kann das Kind diese Frage noch nicht alleine stellen, so tun Sie dies mit ihm gemeinsam).
Sie antworten: "Weil ich staubsaugen muss."
"Ist der Boden schmutzig?"
"Ja, der Boden ist sehr schmutzig. Auf dem Boden liegt Staub."
Gehen Sie mit dem Kind in das Wohnzimmer und sprechen Sie mit ihm:
"Schau, der Boden ist schmutzig. Hast du den Boden schmutzig gemacht?"
"Nein."
"Der Schmutz ist von den Schuhen."
"Du bleibst in deinem Zimmer! Was machst du?"
"Ich spiele mit den Bausteinen."

Nun weiss Ihr Kind, dass Sie sich im Nebenraum befinden und was Sie dort tun. So lernt es, über etwas zu sprechen, eben ein Gespräch zu führen. Nach einiger Zeit wird es von sich aus ein kurzes Gespräch anstreben.

<u>Sie dürfen während eines solchen Gesprächs ganz ruhig auch Wörter und Redewendungen gebrauchen, die noch nicht eingeübt wurden</u>. Haben Sie keine Angst, dass das Kind überfordert wird. Glauben Sie nicht, dass so ein Chaos im Sprachaufbau entsteht, wie manche Pädagogen befürchten!

### 7.11.1. Das Tischgespräch

Früher galt die Regel, bei Tisch darf ein Kind nur dann sprechen, wenn es gefragt wird. Ich habe die Erfahrung gemacht, dass auch mit unseren Kindern ein Tischgespräch sehr anregend ist. Und dass ein solches Gespräch oft wertvolle Anregungen für das tägliche Leben gibt. Bitte versuchen Sie, ein solches Gespräch mit Ihrem gehörlosen Kind zu führen. Ich weiss, dass es manchmal Schwierigkeiten mit den hörenden Geschwistern gibt. Doch wenn jedes Kind einmal mit dem Erzählen an die Reihe kommt, dann wird sich niemand benachteiligt fühlen. Ihr kleines taubes Kind wird sich ebenfalls an diese Reihenfolge halten. Es wird sehr glücklich sein, weil es auch am Gespräch teilnehmen kann. Natürlich wird es noch nicht alles verstehen, was von den anderen Familienmitgliedern gesprochen wird. Doch auch das muss es lernen; und zwar in der Familie und nicht bei fremden Leuten. Es soll warten lernen, bis es selbst an die Reihe kommt. Jetzt muss ich etwas sagen, das Sie vielleicht schockieren wird, Sie denken vielleicht, das sei grausam. Doch das ist nicht grausam, sondern für die Entwicklung des Kindes wichtig. Sie müssen Ihrem Kind von Anfang an klar machen, dass Sie alle hören und es nicht. Es kommt dabei darauf an, wie Sie das sagen. Wenn Sie seinen Hörschaden als etwas Selbstverständliches hinstellen und ihn mit anderen Gebrechen wie schlechte Augen oder eine Gehbehinderung in Verbindung bringen, dann wird Ihr Kind später keinen Schock erleiden, wenn es die Tragweite des Hörschadens an sich erfährt.

Es wird nach dieser Aufklärung viel leichter begreifen können, warum es nicht alles verstehen kann, was in seiner Umgebung gesprochen wird. Es wird die Schuld daran nicht immer bei den anderen suchen. Es wird sich an Sie wenden und von Ihnen verlangen, den Dolmetscher zu spielen. Verlieren Sie nicht die Geduld, wenn es immer wieder fragt: "Mama, was hat der Papa gesagt? Mama, was hat die Eva gesagt?" usw.

Beantworten Sie so weit wie möglich seine Fragen! Sie dürfen bei einem Familiengespräch aber auch ruhig einmal sagen: "Du musst jetzt warten. Der Papa will etwas vom Büro erzählen. Pass auf, ob du etwas verstehen kannst!"
Von der ganzen Familie muss eine gewisse Anpassung verlangt werden.

## 7.12. Das Einüben von Redewendungen

Sie haben ja neben der Spontansprache auch noch den richtigen Sprachaufbau, der mit Hilfe der Signale während der Uebungsstunde fortgesetzt wird. Wenn Sie mit Ihrem Kind spontan sprechen, dann dürfen Sie ruhig auch ganz fremde Begriffe und Redewendungen einflechten. Wenn Sie Ihr Kind immer mitsprechen lassen, wird es davon nur profitieren, weil zum Beispiel Redewendungen nur in der richtigen Situation verstanden und eingeübt werden können.

Ein Beispiel aus der Praxis:
Erst neulich war ein 4-jähriges taubes Mädchen bei mir. Ich machte mit ihm ein Spiel und versuchte dabei, einen kleinen Ball durch ein Tor zu blasen. Es wollte einfach nicht gelingen. Da sagte das kleine gehörlose Mädchen ganz spontan: "Das geht aber nicht." Die Redewendung "Das geht aber nicht" wurde nie besonders eingeübt, sondern immer nur in der Spontansprache angewandt. Nun wird sie von dem Kind bereits wie selbstverständlich benützt.

Unsere hörgeschädigten Kinder sollten auch wichtige Redewendungen kennen lernen. Das möchte ich durch ein anderes Beispiel belegen. Ich habe in einer Gehörlosenschule einen 13-Jahre alten Buben, der als sehr guter Sprecher galt, nach einem Kinobesuch gefragt: "Wie hat dir der Film gefallen?" Der Bub antwortete mir darauf: "Bin nicht gefallen." Er hat also die Redewendung "es hat mir gefallen" überhaupt nicht verstanden.

Da in unserer Sprache dauernd Redewendungen vorkommen, müssen diese von Anfang an geübt werden. Es ist vollkommen falsch, wenn man sagt: "Das Kind kann diese Redewendung nicht verstehen, also darf ich sie auch nicht anwenden."

Ich behaupte: Weil das Kind diesen Ausdruck noch nicht kennt, muss ich ihn bei jeder Gelegenheit gebrauchen, damit er ihm auch geläufig wird.

### 7.12.1. Gespräch und Gebärde

Wenn ich über das Gespräch schreibe, möchte ich nochmals auf die Gebärde zurückkommen. Sie ist durchaus nicht die "Muttersprache" der Gehörlosen, sondern nur eine Notlösung. Wenn man dem Kind keine Sprache gibt, dann muss es sich irgendwie ausdrücken. Es greift zur Gebärde. Man darf das Gebärden nicht verbieten; man sollte es besser erst gar nicht aufkommen lassen! Wenn Kinder sich schon mit Gebärden verständigen, ist es zu spät. Man kann dann diese nicht einfach durch ein Verbot ausschalten. Das ist dann nicht mehr möglich. Es liegt nur an den Eltern, das Aufkommen von Gebärden zu verhindern.

Wie kann eine Gebärde entstehen? Ein Beispiel:
Das Kind möchte ein Stück Brot. Wenn das Kind nun zum Schrank geht, hinzeigt und die Bewegung des Brotherausnehmens, des Abschneidens und Aufstreichens macht, dann dürfen Sie auf keinen Fall darauf reagieren. Nehmen Sie das Kind statt dessen an der Hand und sprechen: "Bitte Mama, gib mir ein Butterbrot!" Sie müssen das Kind mitsprechen lassen. Wiederholen Sie den Satz "gib mir ein Butterbrot!" mehrmals. Wenn das Kind am nächsten Tag wieder zum Schrank geht, müssen Sie gleich seine Händchen festhalten (damit es gar nicht erst zu zeigen beginnt) und mit ihm sprechen "Bitte,Mama, gib mir ein Butterbrot!" Genau wie Sie es am Tage vorher getan haben, wiederholen Sie den Satz mit dem Kind einige

Male; solange, bis das Kind versucht, den Satz auch allein zu sprechen.
Nur indem Sie dem gehörlosen Kind die sprachlichen Mittel geben, vermeiden Sie, dass das Kind sich mittels einer Gebärde ausdrückt. Hat das Kind einmal begriffen, wie leicht es mittels der Sprache seine Wünsche befriedigen kann, wird es immer mehr zu dieser Sprache drängen. Es wird von sich aus immer mehr sprechen wollen.

Diese Aussage beruht auf Erfahrung und ist keine theoretische Behauptung. Ich habe kürzlich einen Brief von Eltern erhalten, die ihr Kind nach meiner Methode schulen.
Der Vater schreibt mir wörtlich: "Wir sind sehr glücklich, weil unser Kind lernen will. Es drängt uns, ihm alles zu benennen, was um ihn herum geschieht und was es gerne selbst sagen möchte."
So weit können auch Sie, liebe Eltern, Ihr Kind in verhältnismässig kurzer Zeit bringen. Es ist gar nicht so schwierig.

Ich möchte nun die bisher im Unterricht eingeübten Satzformen zusammenfassen.

Da ist der .........
Der ......... hat .........
............ ist schön, rot, gut usw. .........
............ ist auf dem Tisch, in dem Wald usw. .......
Die Mama kauft ein ..........
Die Mama ist in das Geschäft gegangen.
Die Mama hat ein Kleid gekauft.
Ich bin ..........

## 7.13. Die Warum-Frage

Das Einüben der Tätigkeiten bietet auch eine gute Gelegenheit zum Einüben der Frage "warum?". Das normal hörende Kleinkind stellt in einem gewissen Alter diese Frage dauernd. Man spricht vom "Warum-Frage-Alter". Unsere Kinder können diese Frage nicht von sich aus stellen. Sie müssen dies lernen. Doch auch sie sollten mit Hilfe der Sprache ergründen können, warum irgend etwas geschieht. Darum müssen wir ihnen auch diese Frageform geben.

Wenn Sie nun die Geschichte von dem Hund vorspielen, dann fragen Sie auch warum. Ein Beispiel:
Der Bub geht fort, heisst es in der Geschichte. Sie lassen den Buben aus dem Zimmer laufen. Fragen Sie jetzt das Kind: "Warum läuft der Bub fort? Warum? Will der Bub spielen? Muss der Bub auf die Toilette?" Fragen Sie so lange, bis das Kind eine Antwort gibt. Geben Sie ihm eventuell den Buben in die Hand und sagen Sie: "Wohin geht der Bub?" Hat das Kind nun den Buben in das Kinderzimmer oder auf die Toilette gehen lassen, dann sprechen Sie noch einmal mit ihm: "Warum geht der Bub fort? Weil der Bub auf die Toilette muss."

Sie haben die Geschichte aufgezeichnet. Bitte immer bunt ausmalen! Schwarz-weiss Zeichnungen betrachtet das Kleinkind noch nicht gerne. Nun malen Sie die Signale darunter und besprechen mit dem Kind noch einmal die Geschichte. Lassen Sie es nun die Geschichte mit Hilfe der Signale allein erzählen. Ich will Ihnen hier kurz aufzeichnen, wie das aussehen soll:

Da kommt der Bub. | Der Bub hat eine Wurst. | Der Bub legt die Wurst auf den Tisch. | Der Bub geht fort.

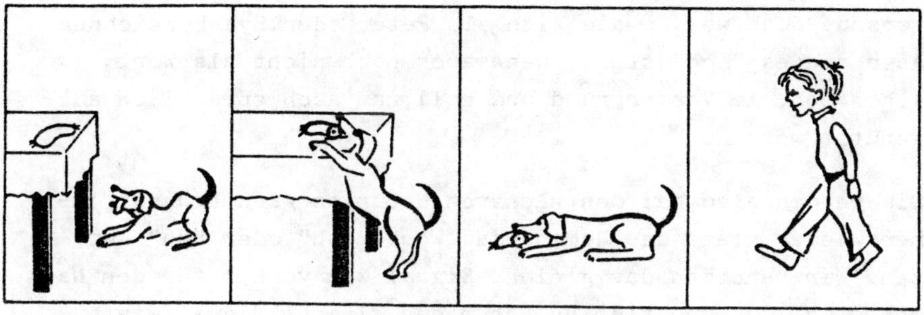

Der Hund kommt. Der Hund nimmt die Wurst. Der Hund frißt die Wurst. Der Bub kommt.

Wo ist die Wurst? Der Bub ist traurig. Die Mama kommt. Die Mama gibt dem Bub eine andere Wurst.

Stecken Sie diese Geschichte in eine Sichtmappe und bewahren sie so in einem Ringbuch auf. So kann sie später leicht wiederholt werden.

Spielen Sie die Geschichte auch mit den Kasperpuppen und zeigen Sie die von Ihnen gezeichneten Bilder auch mit dem Episkop. Bei beiden Uebungen verwenden Sie immer wieder die gleichen Satzformen.

### 7.14. Ergänzung der Sprachformen
ich - du
womit?

Auch bei unseren Kindern erwacht zwischen dem 3. und 4. Lebensjahr das Ich-Bewusstsein, das Bewusstwerden der eigenen

Person. Noch werden sie sich als Peter oder Eva bezeichnen. Aber dieses "ich" steht, wenn auch noch nicht als Wort, schon sehr im Vordergrund und soll nun auch sprachlich ausgenützt werden.

Sie werden also bei den nächsten Uebungen ganz bewusst immer wieder statt des Namens das Wort "ich" oder "du" setzen. Wir benutzen das gleiche Signal wie vorher für den Namen. Ich, du, er, sie, es haben das gleiche Signal wie auch Schrank, Tisch, Stuhl, Orange usw.

Wiederholen Sie alle bisher eingeübten Satzformen und lassen Sie dabei das persönliche Fürwort gebrauchen, also:

"Ich habe eine Banane." "Du hast die Banane gekauft." "Wir sind in das Geschäft gegangen." Achten Sie darauf, dass Sie auch während des Tages diese persönlichen Fürwörter immer wieder gebrauchen.

Als nächste Satzform empfehle ich: "Womit ........ ." Womit spielt jemand? Womit macht er etwas? Diese Satzform sieht so aus:

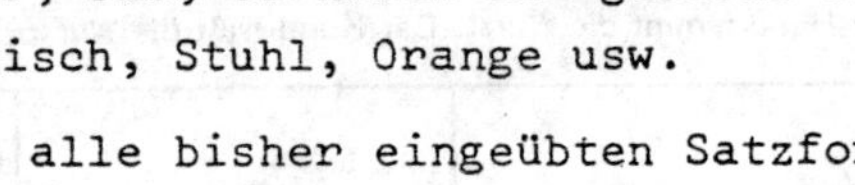


| | | | |
|---|---|---|---|
| Der | Mann | fährt | mit dem Auto. |
| Der | Bub | spielt | mit dem Ball. |
| Die | Mama | kehrt | mit dem Besen. |

Sie sollten auch diese Satzform im Spiel einüben. Wenn das Kind eine Eisenbahn besitzt, können Sie diese Bahn aufstellen. Sprechen Sie: "Hol den Buben!" Es sind damit die Drahtpuppen gemeint, die Sie bereits verwenden. Nun kann der Bub zur Bahn gehen. Sie sprechen mit dem Kind: "Der Bub geht zur Bahn. Trab, trab, trab. Der Bub steigt ein. Die Bahn fährt ab." Wenn die Bahn zu fahren beginnt (die Signale haben Sie bereits aufgelegt), sprechen Sie gemeinsam und zeigen dabei auf die Signale:

"Der Bub fährt mit der Bahn."
Die Bahn fährt einmal herum, dann können Sie rufen: "Halt!" Wenn Ihr Kind vielleicht eine Schaffnergarnitur besitzt, dann sollte es den Signalstab nehmen, die Kappe aufsetzen und nun selbst rufen: "Halt!"
Sie sprechen weiter zusammen: "Die Bahn bleibt stehen. Da kommt die Mama. Trab, trab, trab. Die Mama steigt ein. Die Bahn fährt ab. Achtung! Abfahrt!" Das Kind gibt das Zeichen mit dem Signalstab. Wieder zeigen Sie auf die Signale und sprechen mit dem Kind:
"Die Mama fährt mit der Bahn."
So lassen Sie nach und nach die ganze Puppenfamilie einsteigen. Sitzen alle Puppen im Zug, sprechen Sie mit dem Kind noch einmal den Signalsatz: "Der Bub fährt mit der Bahn. Die Mama fährt mit der Bahn. Der Papa fährt mit der Bahn." usw.

Die gleiche Uebung können Sie mit einem Auto, einem kleinen Motorrad, mit einem Schiff oder einem Boot machen.

Wurde die Satzform wie oben vorgeschlagen eingespielt, dann setzen Sie sich wieder an den Tisch, legen die Signale hin und wiederholen mit Bildern:

Die Mama fährt mit der Bahn.

Der Papa fährt mit der Bahn.

usw.

Am nächsten Tag legen Sie die Bilder aller Fahrzeuge hin. Sie nehmen die Drahtpuppen und sprechen nun mit dem Kind: "Schau, da ist der Papa. Womit fährt der Papa?" Nun soll das Kind ein Fahrzeug aussuchen und dazu sprechen: "Der Papa fährt mit dem Auto." Machen Sie die Uebung dann umgekehrt. Lassen Sie das Kind eine Drahtpuppe nehmen. Das Kind soll Sie fragen: "Schau Mama, da ist das Mädel. Womit fährt das Mädel?" Natürlich müssen Sie am Anfang bei dieser Frage helfen. Das heisst, Sie müssen auch die Frage des Kindes mitsprechen. Vergessen Sie nicht, wie wichtig es ist, dass nicht nur Sie die Fragen stellen, sondern von Anfang an auch das Kind dazu angehalten wird.

## 7.15. Zusammenfassung des systematischen Sprachaufbaus

Ich möchte nun noch einmal den bisherigen Sprachaufbau zusammenfassen. Damit meine ich den Sprachaufbau im Unterricht, nicht die Spontansprache. Sie wissen: Gesprochen wird während des ganzen Tages. Dabei gebrauchen Sie Redewendungen und auch fremde Begriffe. Im Unterricht aber, der nun schon eineinhalb bis zwei Stunden dauern sollte, müssen Sie einen gezielten Sprachaufbau zusammenstellen und auch einhalten. Ich fasse zusammen:

1. Erlernen von zirka 15 Begriffen.
2. Einführen der Satzformen mit Signalen und zwar in folgender Reihenfolge:

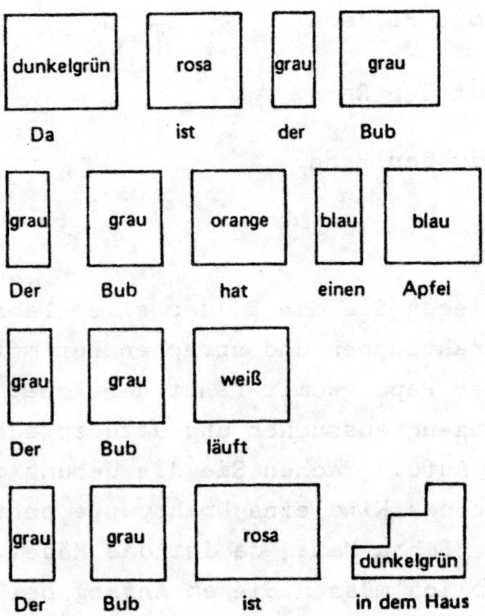

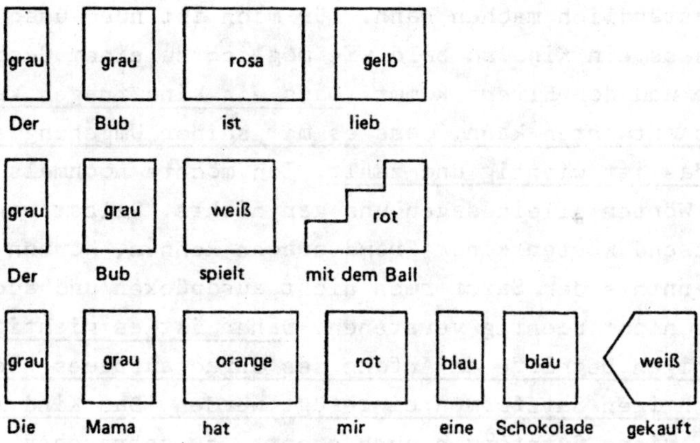


3. Gleichzeitige Erweiterung des Wortschatzes.
   Also neue Begriffe werden dazu gelernt und zwar dem Interesse des Kindes entsprechend.
4. Themen werden ausgesucht und diese mit den bisher erlernten Satzformen erarbeitet.
5. Geschichten werden vorgespielt. Diese nachspielen und nacherzählen lassen!

Wenn Ihr Kind einmal diese Stufe der Ausbildung erreicht hat, werden Sie sicher immer wieder gefragt werden, wie viele Begriffe es bereits hat. Es kommt aber nicht darauf an, wie viele Begriffe ein Kind bereits hat, also wie viele Dinge es benennen kann, sondern es kommt nur darauf an, wie diese Begriffe und Wörter angewendet werden.

## 7.16. Ergänzende methodische Hinweise zur Anwendung der erarbeiteten Sprachformen

Ich werde immer wieder gefragt: "Wie viele Begriffe hat ein von Ihnen geschultes Kind mit drei, vier oder fünf Jahren?" Ich kann dies nie genau sagen, weil ich die Begriffe nicht zähle. Für mich ist nur wichtig, ob ein Kind sich spontan gut verständlich machen kann. Für mich ist nur ausschlaggebend, dass ein Kind so bald wie möglich zu einem Gespräch mit mir und den Eltern kommt. Dass ein Kind fragen kann, dass es antworten kann, dass es mit seiner Umgebung sprechen kann, das ist wichtig und zählt. Ich möchte nochmals wiederholen: Wörter allein sagen uns gar nichts. Selbst wenn wir zweitausend Wörter einer Fremdsprache kennen, können wir uns ohne Kenntnis der Satzformen nicht ausdrücken und auch die Sprache nicht richtig verstehen. Daher ist es wichtig, dass die wenigen Begriffe am Anfang des Sprachaufbaues gleich in die richtigen Satzformen eingefügt werden. Das Kind muss lernen, diese Satzformen auch spontan zu gebrauchen. Es muss ein Maximum an Ausdrucksfähigkeit erreicht werden und nicht ein Maximum an Namen, die nur auf Aufforderung gesprochen werden.

Da jedoch die Frage nach der Anzahl immer wieder auftaucht, habe ich bei einer Kindergartengruppe, die ich zur Zeit betreue, die Anzahl der Begriffe und Redewendungen überprüft. Die Kinder sind jetzt zwischen dem 5. und 6. Lebensjahr und haben zwischen achthundert und neunhundertfünfzig Begriffe. Sie gebrauchen dazu zirka 25 bis 40 Redewendungen und Ausdrücke, Schimpfwörter miteingeschlossen. Ich möchte Ihnen hier eine kleine Auswahl dieser spontan gebrauchten Redewendungen angeben:

### 7.16.1. Redewendungen

Ich bin pudelnass. Es schmeckt mir. Es gefällt mir. Das ist ja furchtbar! Das ist gefährlich. Ich wünsche mir. Du spinnst! Du bist verrückt. Donnerwetter! Sapperlot! Es geht - es geht nicht. Das macht nichts. Du bist aber sehr klug. Du bist eine dumme Kuh. Ich will das nicht mehr hören. So ein Pech! Wir haben Glück! Ich bin so froh! Sei nicht immer so böse! Es gefällt mir - es gefällt mir nicht. Es passt mir. Ich bin hungrig, durstig usw. Ist das wahr? Glaubst du das? Mir ist bange. Ich habe Spass gemacht. Bitte hilf mir! Mein lieber Schatz! Pass auf! Aber das ist wirklich wahr?

Damit auch Ihr Kind so bald wie möglich sich gut verständlich ausdrücken kann, müssen Sie darauf achten, dass es tagsüber immer wieder die Satzformen, die es bereits erlernt hat, anwendet. Es darf nicht vorkommen, dass das Kind sagt: "Brot!" und Sie ihm dieses geben. Das ist falsch. Sie müssen in diesem Fall sofort sagen: "Bitte gib mir Brot", und das Kind muss diesen Satz noch einmal allein wiederholen. Fürchten Sie nicht, dass Sie damit dem Kind schaden oder seine Sprechlust eindämmen. Wenn Sie es geschafft haben, dass Ihr Kind sprechen will, kann eine kleine Korrektur gar nichts schaden.

Wenn das Kind sehr aufgeregt ist und Ihnen schnell etwas erzählen will, müssen Sie es zuerst einmal anhören. Dieses Zuhören ist auch etwas sehr Wichtiges. Wenn das Kind sich dann seine Angst oder seine Aufregung von der Seele geredet hat, dann dürfen Sie auch in diesem Fall sehr verstümmelte Sätze in richtige Satzformen bringen. Das ist übrigens auch sehr gut, um ein Angsterlebnis oder eine Aufregung richtig abzureagieren. Wenn Sie noch einmal die Reihenfolge mit dem Kind durchgehen, sein Erlebnis eventuell aufzeichnen und nun in richtigen Sätzen, wozu Sie die Signale verwenden, noch einmal mit dem Kind besprechen, können Sie vieles klären und dem Kind verständlich machen. Dabei wird Angst abgebaut und Aufregung beruhigt. Damit haben Sie dem Kinde ebenfalls viel geholfen.

### 7.16.2. Wiederholung anhand von Bildmaterial

Sie haben nun schon so viele Begriffe mit dem Kind erarbeitet, dass es nicht mehr möglich ist, all diese Dinge für eine Wiederholung vor dem Kind aufzustellen. Es empfiehlt sich daher, mit Bildern zu wiederholen. Das Kind hat die Begriffe bereits erarbeitet. Sie benötigen nun vor allem kleinere Bilder. Sehr zu empfehlen ist zu dieser Wiederholung die "Hamburger Bilderserie". Sie bietet Ihnen sehr viele Möglichkeiten. Sie sollten diese Bilder richtig nützen und dürfen nicht nur die Wörter so gebrauchen, wie sie auf die Rückseite dieser Bildkarten gedruckt sind. Wenn Sie dazu in der Lage sind, beschaffen Sie sich bitte die Hamburger Bilderserie. Sie finden im Anhang einen Hinweis für die Bestellung.

Legen Sie die Bilder nicht einfach durcheinander in eine Schachtel. Wenn Sie die Hamburger Bilderserie haben, dann zerschneiden Sie die Bögen und ordnen Sie die einzelnen Bildchen nach Oberbegriffen ein. Ich habe ausprobiert, dass sich ein Besteckkasten ausgezeichnet zum Einordnen eignet. Eine Anleitung zur eigenen Herstellung finden Sie im Anhang.

Wie soll wiederholt werden? Sie nehmen zum Beispiel alle Bildchen mit Obstsorten, die Sie bisher durchgenommen haben. Nun legen Sie den Signalsatz "Da ist ..." auf, legen die Bildchen ringsherum und lassen das Kind nun allein benennen. "Da ist der Apfel. Da ist die Orange. Da ist die Banane." usw. Kann das Kind ein Bild nicht benennen, dann legen Sie dieses zur Seite. Ist alles durchgesprochen, nehmen Sie die Bilder her, welche das Kind nicht gut oder überhaupt nicht benannt hat. Ueben Sie diese noch einmal besonders ein! Stellen Sie die Fragen: "Wo ist der Apfel?" "Wer hat einen Apfel?" "Wie ist der Apfel?" "Wo kauft die Mama einen Apfel?" "Wer isst einen Apfel?"
Diese Fragen sind besonders wichtig. So wird wiederholt und gleichzeitig das, was vergessen wurde, neu eingeübt.

### 7.16.3. Das Aufstellen eines Uebungsplans

Ich sagte schon, dass Sie nun eineinhalb bis zwei Stunden täglich üben müssen. Es empfiehlt sich, dabei einen richtigen Uebungsplan aufzustellen. Ich schlage folgenden vor:

Beginnen Sie mit Stimmbildungsübungen an langen Vokalen. Sie sprechen mit Ihrem Kind vor dem Spiegel ein gedehntes aaa- uuu- ooo- eee- iii. So wird auch eine Art Artikulationsunterricht gemacht. Das heisst, dem Kind wird genau gezeigt, wie der Mund geöffnet werden soll, wie die Lippen geöffnet oder geschlossen werden und was die Zunge macht. Sie brauchen noch nicht besonders darauf drängen, dass das Kind ganz genau mitmacht. Das kommt später. Doch machen Sie die Mundbewegungen täglich richtig vor. Sie sitzen also nebeneinander vor dem Spiegel und sprechen zuerst lange Vokale. Dann lallen Sie gemeinsam mit dem Kind: mamamam, papapapa, tatatat, lalalal ..... Sie blasen vor dem Spiegel - denken Sie an die Blasübungen. Das Blasen ist auch jetzt noch sehr wichtig, weil Sie die richtige Atmung einüben müssen.

Es empfiehlt sich sehr, die Lallübungen rhythmisch zu untermalen, indem Sie Musik dazu machen. Legen Sie eine sehr rhythmische Schallplatte auf und singen Sie dazu mamama... lalala... papapa. Als Untermalung zu diesen Uebungen eignen sich besonders gut moderne Tanzplatten.

Nach diesen Lallübungen und Blasübungen wird wiederholt. Auch dabei achten Sie bitte auf den Rhythmus. Nehmen Sie auch ein Tamburin oder eine Trommel und schlagen Sie den Rhythmus dazu. Das Kind wird sich einen Satz, der so eingeübt wurde, auch viel leichter merken, weil der Rhythmus unserer Sprache massgebend unsere Merkfähigkeit unterstützt. Wir können einen Satz nicht nur seinem Inhalt nach erkennen, sondern auch an seinem Rhythmus. Die Sprache wird durch den rhythmisch gesprochenen Satz leichter verständlich.

Nach dem Wiederholen wenden Sie sich den neuen Satzformen oder dem neuen Thema zu, das Sie nun mit dem Kinde durchnehmen wollen.

Ich empfehle, in die "Sprachstunde" eine kleine Rhythmikübung einzubauen. Ich meine damit rhythmische Bewegungen.

Lesen Sie bitte dazu das Kapitel über Rhythmik. Nehmen Sie sich täglich eine kleine Uebung davon heraus, wiederholen Sie auch auf diesem Gebiet und arbeiten Sie rhythmisch mindestens eine 1/4 Stunde täglich. Diese Uebungen lockern das Kind, und der erarbeitete Rhythmus kann gut in die Sprache aufgenommen werden.

### 7.16.4. Das Tagebuch

Nach allen bisher erläuterten Uebungen ist Ihr Kind schon so weit mit der Sprache vertraut, dass Sie mit einem Tagebuch beginnen können. Das Tagebuch hält Ereignisse fest, die den Tageslauf Ihres Kindes bestimmen. Ich empfehle, sich auch dazu eine Ringmappe anzuschaffen.

Wie soll nun so ein Tagebuch gestaltet und dann sinnvoll benutzt werden?
Im Anfang werden Sie aufzeichnen, was geschehen wird, da ihr Kind nicht so sehr am Vergangenen interessiert ist. Dazu braucht man wenig Vorbereitungen; besonders dann nicht, wenn die Sprache wie beschrieben an das Kind heran gebracht wurde.

Wenn Sie richtig gearbeitet haben, dann sind Ihnen diese Vorbereitungen nicht neu. Indem Sie mit Drahtpuppen vorspielten, was geschehen wird, haben Sie das Kind gut auf kommende Erlebnisse vorbereitet.

Bisher wurden Begebenheiten nur vorgespielt und noch nicht zusätzlich auf Papier festgehalten, um sie später sprachlich wiederholen zu können. Daher wird jetzt ein Tagebuch angelegt.

Das Tagebuch wird im Anfang hauptsächlich aus von Ihnen gezeichneten Bildern bestehen. Fotos und Ansichtskarten können diese ergänzen. Unter die Bilder werden Sie die Signale malen. Ausserdem sollten Sie auch schon jetzt unter die-

se Bilder schreiben. Wenn Ihr Kind später lesen kann, ist es ihm so möglich, auch ohne Ihre Hilfe sein Tagebuch zu lesen.
So etwa sollten diese Zeichnungen aussehen:

Morgen mußt du bald aufstehen. Wir werden mit dem Auto fortfahren. Wir werden wandern.

Sie besprechen dieses Tagebuch morgens mit dem Kind. Eine Eintragung kann auch lauten: "Heute muss die Mama die Wäsche bügeln. Die Mama hat das Kleid gewaschen. Die Mama hat die Hose gewaschen. Alles ist sauber."

Oder: "Heute Nachmittag werden wir in den Garten gehen. Wir werden die Blumenzwiebeln stecken. Wir werden umgraben." usw.

Wenn das Kind schon am Morgen etwas Besonderes gesehen hat, werden Sie dies eintragen. Vielleicht hat das Kind einen Vogel gesehen und Sie gerufen. Auch dieses Erlebnis kann sofort im Tagebuch festgehalten werden.

Alltägliche Begebenheiten werden Sie am nächsten Tag nicht wiederholen. Sie geschehen so oft und werden dabei besprochen (waschen, bügeln usw.), dass Sie genug Gelegenheiten haben, diese sprachlich auszuschöpfen.

Doch wenn Sie einen Besuch im Zoo gemacht haben, werden Sie am nächsten Tag die Bilder noch einmal mit dem Kind betrachten und besprechen. Dabei verwenden Sie die Vergangenheitsform und besprechen auch Erlebnisse, die noch nicht aufgezeichnet sind. Ein Beispiel: "Gestern sind wir in den Zoo gefahren. Wir haben die Elefanten gesehen. Die Elefanten haben gebadet. Die Elefanten sind gross."

Ein solches Erlebnis werden Sie selbstverständlich auch noch im Unterricht richtig verarbeiten. Sie haben ein gutes "Thema", das Sie entsprechend der angegebenen Reihenfolge mit dem Kinde erarbeiten werden.

Kann das Kind später lesen - worunter ich verstehe, dass es auch ein ihm fremdes Wort lesen kann - werden Sie das Tagebuch schreiben. Die Signale bleiben dann weg. Sie müssen auch nicht mehr die Reihenfolge zeichnen, sondern nur einzelne Bilder. Aber Fotos und Ansichtskarten sollten Sie auch weiter einkleben.

Das Tagebuch wird dann etwa so aussehen:

Heute Morgen habe ich aus dem Fenster geschaut.
Oh, da war alles weiss.
Ich habe gerufen: "Mama schau!
Es hat geschneit!"
Die Mama ist gekommen. Sie hat
auch aus dem Fenster geschaut.
Die Mama hat gesagt: "Oh, wie schön!
Es hat geschneit. Ich glaube, du kannst
später mit dem Schlitten fahren."
Hurra! Ich bin froh. Ich werde mit dem Schlitten fahren.
Peter wird auch mit dem Schlitten fahren.

Ein so geführtes Tagebuch wird von dem Kind immer wieder gern allein betrachtet und gelesen. Sie zeigen es gerne Besuchern und haben bald begriffen, dass ihnen dieses Buch eine grosse Hilfe ist, wenn sie der Tante oder der Oma erzählen möchten, was sie erlebt haben. Umgekehrt wird auch ein Besucher, der selten mit dem Kinde zusammen kommt und es daher nicht so gut versteht wie die Mutter, keine Mühe haben, die Erzählungen des Kindes zu verstehen und mit ihm über seine Erlebnisse zu sprechen.

Damit aber erfüllt das Tagebuch noch eine wichtige Aufgabe: Es baut eine Brücke zu den aussenstehenden Menschen und gibt dem Kinde das sichere Gefühl, sich auch mit diesen lautsprachlich verständigen zu können. Dadurch wieder wird es zum Gespräch mit Personen, die nicht in der Familie leben, ermuntert. Es strengt sich an, ein solches Gespräch gut zu führen. Da es keinen Misserfolg dabei erlebt, wird es diese Gespräche immer wieder suchen. Für die Eingliederung des Hörgeschädigten in die normal hörende Umwelt ist dies ein ganz besonders richtungsweisendes und ausschlaggebendes Erlebnis.

Ich habe bei meinen Pflegekindern immer wieder erlebt, wie sie mit ihren Tagebüchern bereit standen, wenn wir abends Gäste erwarteten. Erst, wenn sie mit diesen gesprochen und ihnen ihre grössten Erlebnisse erzählt und gezeigt hatten, gingen sie willig zu Bett.

Schlagen auch Sie das Tagebuch einmal zwischendurch auf! Befragen Sie das Kind über ein früheres Erlebnis!

Das Tagebuch bietet sehr viele Fragemöglichkeiten. Nützen Sie diese aus! Ihr Kind soll lernen, sich über alles Gedanken zu machen und Fragen stellen, wenn es etwas nicht weiss oder nicht versteht.

Wenn man den Sprachaufbau in Gehörlosenschulen mit meinem vergleicht, wird man zur Auffassung kommen, es sei zu viel und unmöglich, nach der geschilderten Methode diese Satzformen schon so früh an das Kind heranzubringen. Für das nicht vorgeschulte Schulkind trifft das auch zu. Aber nicht für das gut in die Lautsprache eingeführte Kleinkind! Das Kind wird dabei absolut nicht überfordert.

Unsere Kinder sind für die Sprache aufnahmebereit! Selbstverständlich werden sie die Satzformen nicht ebenso schnell spontan anwenden. Doch sie werden diese verstehen. Die Formen werden programmiert, gespeichert und schliesslich auch spontan angewendet. Denken Sie immer daran: Wenn Sie Ihrem Kind eine Satzform nicht geben, also diese nicht zu ihm sprechen, kann es sie auch nicht anwenden. Je länger Sie damit zögern, dem Kind auch Zukunfts- und Vergangenheitsformen anzubieten, desto länger wird es dauern, bis es diese Formen auch gebrauchen kann. Es darf nie heissen: Diese Satzform kennt mein Kind noch nicht, daher darf ich sie auch nicht anwenden. Es muss vielmehr heissen: Weil mein Kind diese Form noch nicht kennt, muss ich sie so oft anwenden und mit ihm einüben, bis sie ihm geläufig ist.

Es ist daher falsch zu warten bis eine Satzform hundertprozentig beherrscht wird, ehe man die nächste gibt. Man muss so viel wie möglich an das Kind herantragen. Die Kinder wehren sich von selbst, wenn es ihnen zu viel wird. Wenn Sie merken, dass Ihrem Kind eine Uebung unangenehm wird, dann müssen Sie diese abbrechen oder anders gestalten. Sie müssen Spiele erfinden, bei denen die Sprachform und Begriffe eingeübt werden können. Anbieten müssen Sie jedoch dem Kind alle Formen, die in unserer Umgangssprache verwendet werden. Es kommt nur darauf an, wie Sie dies tun. Im Spiel und im lustigen Erleben wird ein Kleinkind niemals überfordert. Nur wenn Sie in einer Lernsituation wie mit einem Schulkind die Sätze einüben wollen, werden Sie das Kind überfordern; sie werden auch wenig Erfolg haben, weil das Kind nicht richtig mitmachen wird.

### 7.16.5. Die "Gute-Nacht Geschichte"

Für ein Kleinkind ist die Gute-Nachtgeschichte, das gemeinsame Beten und das Besprechen von Erlebnissen ein wertvoller Tagesabschluss. Das Kind verspürt Geborgenheit und mütterliche Liebe. Diese abendliche Viertelstunde sollte auch bei hörgeschädigten Kindern nie versäumt werden. Ich weiss, dass es oft Schwierigkeiten gibt, die Zeit dafür frei zu halten. Um diese Zeit fordern auch die hörenden Geschwister ihren Anteil an der Aufmerksamkeit der Mutter. Doch lässt sich auch dies einteilen. Allerdings muss in diesem Falle auch der Vater mitmachen. Ein hörgeschädigtes Kind bringt nun einmal eine Mehrbelastung der Familie mit sich. Darüber besteht kein Zweifel.

Ich habe häufig erlebt, dass auch Väter ausgezeichnet Geschichten erzählen können. Wenn nun Mutter und Vater am Abend gemeinsam die Kinder zu Bett bringen und sich in der Reihenfolge abwechseln, wird es keine Schwierigkeiten geben.

Wenn Sie das 1-jährige Kind zu Bett bringen, sollten Sie noch die Tiere oder Puppen, die in seiner Nähe sind, mit ihm betrachten und dazu sprechen. Später werden Sie einfache Bilderbücher zeigen und diese mit dem Kind besprechen. Bilderbücher von Fahrzeugen zum Beispiel "Schau, da ist die Bahn. Sch, sch, sch. Die Bahn fährt schnell. Der Bub fährt mit der Bahn." Sie betrachten ein Bilderbuch mit Tieren: "Schau, da ist ein Hund. Wau, wau, wau macht der Hund. Schau, da ist ein Schaf. Das Schaf steht auf der Wiese. Bäh, bäh macht das Schaf."

So wird schon ein Kleinkind mit einem Buch vertraut gemacht. Langsam sollte das Kind mit Hilfe dieser Erzählungen zum Buch und zum selbstständigen Lesen einer Geschichte hingeführt werden. Ich bin nicht der Ansicht, dass das Lesen im Bett schädlich ist. Ganz im Gegenteil! Natürlich muss richtiges Licht vorhanden sein. Die Kinder müssen auch beizeiten lernen, dass sie auch wieder aufhören müssen.

Bei wachsendem Sprachverständnis werden auch die Gutenachtgeschichten ausführlicher werden. Sie nehmen nun Bilderbücher, die schon kleine Geschichten darstellen. Es gibt mehrere sehr gute Tierbilderbücher, sowie Geschichten aus dem Alltag der Kinder. Im Anhang finden Sie einige Titel aufgezählt.

Wurde das Erzählen in der richtigen Reihenfolge bereits gut geübt, kann man weiter gehen und längere Geschichten erzählen. Sie können diese Geschichten vielleicht selbst zeichnen und dabei auch Erlebnisse aus dem täglichen Leben Ihres Kindes verwenden.

Wenn Ihr Kind richtig lesen kann, sollten Sie auch die Gutenachtgeschichte mit ihm lesen; das heisst, das Kind sollte sie selbst lesen. Sie besprechen nur noch, was es eventuell nicht versteht. Hier beginnen allerdings gewisse Schwierigkeiten. Der Text, der in den Kinderbüchern steht, ist für unsere Kinder meist schwierig. Wenn viele Wörter und Redewendungen hintereinander nicht verstanden werden, verlieren die Kinder auch die Lust am Lesen. Der Zusammenhang der Geschichte geht verloren. Sie müssen daher Bücher, die vom Thema her für Ihr Kind geeignet wären, deren Text aber noch schwer ist, sprachlich umarbeiten. Kleben Sie einfach ein Blatt Papier mit einem Klebeband ein und schreiben Sie darauf den Text, den Ihr Kind schon mühelos verstehen kann.
Später, wenn das Kind die Sprache besser beherrscht, können Sie diesen Zettel entfernen. Die Gutenachtgeschichte soll Entspannung bringen und keine weitere Uebungsstunde darstellen. Daher muss auch der Text dem Wort- und Formenschatz des Kindes angepasst werden.

Schwieriger wird es, wenn Sie Märchen erzählen wollen. Auch unsere Kinder haben das Bedürfnis nach Märchen. Es fehlt aber an Märchen, die für unsere Kinder verständlich gezeichnet und geschrieben sind. Es ist selbstverständlich, dass ein hörgeschädigtes Kind viele erklärende Bilder benötigt. Der Text muss so einfach sein, dass das Kind diesen ohne Mühe verstehen kann.

Ich habe bereits in der Mappe "Bildgeschichten" unter anderem Märchen dargestellt. Diese können auch mit Hilfe der Signale erzählt werden. Für die Kinder, welche bereits lesen können, habe ich verschiedene kleine Geschichten und Märchen gezeichnet und geschrieben. Sie werden von den Kindern sehr geliebt und auch immer wieder allein gelesen.

Das hörende Kind hat seine Lieblingsgeschichten und will diese immer wieder mit den gleichen Worten erzählt bekommen. Bei unseren Kindern ist das nicht anders. Sie müssen also gar nicht so sehr viele Bücher anschaffen. Es braucht nicht täglich eine neue Geschichte erzählt zu werden. Eine besonders beliebte kann häufiger erzählt oder gelesen werden.

Für das kleinere Kind werden Sie nur eine ganz kurze Geschichte auswählen, die Sie auf einmal erzählen können. Das fünfjährige Kind kann auch schon eine Fortsetzungsgeschichte verstehen. Sie sollten immer kurz zusammenfassen, was bisher geschehen ist und das Kind dabei die Bilder noch einmal betrachten lassen.

Bei selbst erfundenen Geschichten gingen wir in der Praxis so vor: Die mit Filzstiften gezeichneten und geschriebenen Geschichten sammelten wir in einem Ringbuch. Sehr oft nahmen die Kinder dieses Buch auch allein zur Hand und lasen darin.

Auch in einem Internat sollte eine Gutenachtgeschichte nicht fehlen. Nur wird dort die Geschichte für mehrere Kinder gleichzeitig erzählt.

## 7.16.6. Das Abendgebet

Wer sein Kind zum Gebet erziehen möchte, sollte dies so tun, dass der Sinn des Betens vom Kind verstanden wird. Je nach dem Sprachstand des Kindes rate ich in ganz einfachen Sätzen mit ihm zu beten. Das Gebet sollte seinem Verständnis angepasst sein. Vertrautmachen mit dem Glauben könnte durch sinnvolle Gebete angebahnt werden.

Das erste Gebet des Kindes könnte etwa lauten: "Lieber Gott beschütze mich." Es kann dann ausgebaut werden zu "........ beschütze meine Eltern, Geschwister und mich."

Auch für das Gebet gilt das gleiche wie für das Erlernen aller Begriffe: Jeder Begriff muss erarbeitet werden; es darf nicht beim Nennen von Wörtern bleiben!

# 8. Das Lesen

Das Lesen ist für hörgeschädigte Kinder von besonderer Wichtigkeit. Man sollte früh damit beginnen. Es hat aber keinen Sinn, ein 2-jähriges Kind zum Zuordnen von Schriftbildern zu Bildern zu bewegen. Leider wird dies fast überall gemacht. Vier Jahre lang haben wir mit einem Team von Psychologen und Pädagogen Versuche durchgeführt. Wir sind zu der Ueberzeugung gekommen, dass die Kinder nichts von diesem Zuordnen profitieren. Sie werden in ihrer Spontansprache eher gehemmt.

Die Gefahr, dass der Sprachaufbau viel zu unnatürlich erfolgt, ist gross. Die Erfahrung hat gezeigt, dass Kinder, die erst dann mit dem Lesen beginnen, wenn sie wirklich daran Interesse zeigen, zum Teil sogar schneller lesen lernen, als andere, die schon lange vorher zugeordnet haben.

Für das Kleinkind hat das Lesen nur dann Sinn und Anreiz, wenn es das Gelesene versteht. Das Schulkind kann Schrift und Sprache gleichzeitig erlernen. Für das Kleinkind gilt die natürliche Reihenfolge: Zuerst die gesprochene Sprache, dann die Schrift.

## 8.1. Das Bilderbuch als Vorstufe zum Lesebuch

Die Vorstufe zum Lesebuch ist das Bilderbuch. Man kann feststellen, dass Kinder, die schon sehr früh mit dem Bilderbuch vertraut gemacht wurden, viel früher Interesse am Lesen zeigen als andere. Leider treffe ich auch heute noch viele Eltern, die den Wert eines Bilderbuches nicht erkannt haben. Das hängt sehr mit der Einstellung der Eltern zum Buch überhaupt zusammen. Wenn man selbst selten ein Buch liest, hat man auch keine Beziehung zu diesem. Ich empfehle daher den Eltern, die bisher nicht so gerne gelesen haben, sich doch mehr mit Büchern zu beschäftigen. Gerade jetzt, wo Sie mit Ihrem Kinde die Sprache erlernen müssen, ist das Lesen wichtig. Unsere Umgangssprache ist sehr primitiv. Wir verwenden immer wieder die gleichen Ausdrücke und die gleichen Satzformen. Wenn wir unseren Kindern nur diese Umgangssprache mitgeben, dann sind sie später nicht in der Lage, selbständig ein Buch oder eine Zeitung zu lesen. Welche Informationsquellen stehen unseren Hörgeschädigten denn sonst zur Verfügung? Der Rundfunk fällt aus. Das Fernsehen bringt noch keine Sendungen für Hörgeschädigte. Nur über Geschriebenes können sich Hörgeschädigte informieren. Sie brauchen keine fremde Hilfe. Es ist wichtig, dass die Gehörlosen nicht ständig auf die Hilfe anderer angewiesen sind. Abhängigkeit wird von jedem Menschen als Einschränkung seiner persönlichen Freiheit und als Minderwertigkeit empfunden. Und leider müssen viele Gehörlose unter Bevormundung leben, weil sie sich nicht ausreichend informieren können. Bei einer Behörde brauchen Gehörlose oft einen Dolmetscher.

## 8.2. Die Bedeutung der Früherziehung für das spätere Lesevermögen und -interesse

Viele Gehörlose verlassen die Schule, ohne eine Zeitung oder ein Buch selbständig lesen zu können. Warum können diese Kinder nicht richtig lesen? Warum können diese Gehörlosen, obwohl sie viele Jahre lang lesen und schreiben gelernt haben, keine Zeitung und kein Buch lesen und verstehen?

Die Lehrer haben getan, was sie konnten. <u>Aber auch der beste Lehrer kann die Zeit nicht zurückdrehen und das, was beim</u>

Kleinkind versäumt wurde, aufholen. Wer daher glaubt, er müsse mit seinem Kleinkind noch nicht so viel arbeiten und denkt, die Schule würde später schon tun was nötig sei, schädigt sein Kind für das ganze Leben.

In der Schule kommt zur Sprachanbahnung auch noch der zu bewältigende Lehrstoff dazu. Man hat nicht genügend Zeit, um mit den Kindern die Sprache so zu pflegen, wie dies im Kleinkindalter getan werden kann. Das Kind ist jetzt auch für die Aufnahme der Lautsprache nicht mehr so bereit. Nur wenige besonders begabte Kinder können bei spätem Spracheinstieg noch das Ziel der Gehörlosenschule erreichen. Alle normal begabten tauben Kinder könnten bei intensiver Früherziehung so weit kommen, dass sie allein lesen und das Gelesene gut verstehen können. Bei richtiger Vorbildung bereitet es ihnen später keine Mühe, sich durch eine Zeitung zu informieren, amtliche Fragebögen zu beantworten und durch ein Buch neue Erkenntnisse zu gewinnen.

Vorbedingung ist, dass man schon mit den Kleinkindern richtig in die Lautsprache einsteigt. Man sollte das Kind schon vor der Schulzeit so weit schulen, dass es sich lautsprachlich gut ausdrücken kann und dieses Ausdrucksmittel selbstverständlich anwendet. Ebenso soll das Kind in der Vorschulzeit schon so mit dem Lesen vertraut gemacht werden, dass es auch unbekannte Wörter lesen kann. Es sollte in dieser Zeit auch zum Benützen eines Kinderlexikons angeregt werden. Nur wenn die genannten Ziele der Vorschulerziehung erreicht werden, kann die Schule auch ihr Ziel erreichen. Nämlich: Gut verständliche Lautsprache, fehlerloses, flüssiges Schreiben, Lesen und Verstehen von schwierigen Texten.

Natürlich müssen sich die Eltern auch während der Schulzeit intensiv für das Kind einsetzen. Wenn das Kind aus der Schule nach Hause kommt, müssen die Eltern lautsprachlich mit ihm weiterarbeiten. Sie müssen sein Interesse am Lesen vermehrt wecken, indem sie ihm immer wieder Bücher anbieten und diese auch mit dem Kind lesen.

Im Elternhaus oder im Internat muss besonders darauf geachtet werden, dass die Kinder Bücher bekommen, die sie interessieren. Man darf den Kindern die Bücher nicht einfach in die Hand geben, sondern muss sie in den ersten Schuljahren noch mit ihnen zusammen lesen, damit man nicht Verstandenes erklären kann.

Ein Kind, welches im Elternhaus lebt, ist gegenüber dem im Internat lebenden im Vorteil. Wenn es irgend möglich ist, sollte daher ein hörgeschädigtes Kind bei seinen Eltern und nicht in einem Internat leben.

## 8.3. Erste Leseübungen

Nun zurück zu den Leseübungen bei Kleinkindern: Sie haben Ihr Kind über das Bilderbuch gut auf dieses Lesen vorbereitet. Es hat bereits verschiedene Satzformen erlernt, die es spontan gebraucht. Es verfügt über einen gewissen Wortschatz. Nun beginnen Sie mit den ersten Leseübungen. Sie müssen dabei gross schreiben, damit das Kind die Wörter leichter erfassen kann.

Welche Schrift sollen Sie dabei verwenden? Das ist eine Streitfrage unter Fachleuten. Viele behaupten, für das hörgeschädigte Kind sei es besser, mit der Schreibschrift zu beginnen, damit es die Wörter gebunden liest. Ich habe die Erfahrung gemacht, dass die Kinder ebenso gut Druckbuchstaben zusammenhängend lesen können.

Ich rate Ihnen, mit Druckbuchstaben zu beginnen. Ueberall von den Plakatwänden, aus der Zeitung, aus jedem Buche usw. kommen dem Kinde die Druckbuchstaben entgegen und regen seine Neugierde an. Kann es nur ein wenig lesen, dann wird es auch schon auf der Strasse und zu Hause zu lesen versuchen, was auf den Plakaten, auf Waschpulverpaketen usw. steht. Es wird sich freuen, wenn ihm dies gelingt und Antrieb zu neuen Versuchen bekommen.

Auch beim Einstieg in das Lesen helfen uns die Signale. Ich mache das so: Zuerst lege ich den ersten Signalsatz vor dem Kind auf. Dann male ich diesen auf ein Blatt Papier und schreibe zum Beispiel "Da ist der Baum." darunter. Dazu zeichne ich einen kleinen Baum. Das sieht so aus:

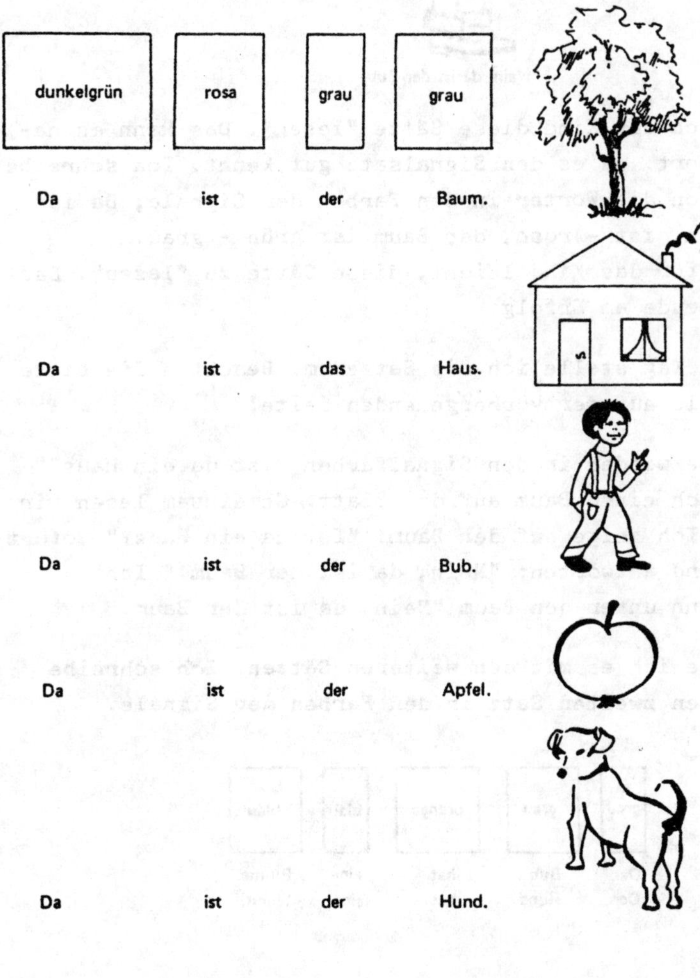

Ist da ein Haus?

Nein, da ist der Bub.

Nun lasse ich das Kind diese Sätze "lesen". Das kann es natürlich sofort, da es den Signalsatz gut kennt. Ich schreibe übrigens auch die Wörter in den Farben der Signale; Da ist - dunkelgrün, ist - rosa, der Baum ist grün - grau.
Nun ist es für das Kind leicht, diese Sätze zu "lesen". Das Kind hat Freude am Erfolg.

Am nächsten Tag stelle ich die Sätze um. Beachten Sie bitte die Beispiele auf der vorhergehenden Seite!

Ich schreibe wieder in den Signalfarben "Ist da ein Haus?" Dann male ich einen Baum auf das Blatt. Gemeinsam lesen wir die Frage. Ich zeige auf den Baum: "Ist da ein Haus?" Sofort wird das Kind antworten: "Nein, da ist der Baum!" Ich schreibe dann unter den Baum "Nein, da ist der Baum."

Ebenso mache ich es mit den weiteren Sätzen. Ich schreibe auch noch den zweiten Satz in den Farben der Signale.

| grau | grau | orange | blau | blau |
|---|---|---|---|---|
| Der | Bub | hat | eine | Blume. |
| Der | Hund | hat | eine | Wurst. |

Hat der Bub eine Blume?

Ja, der Bub hat eine Blume.

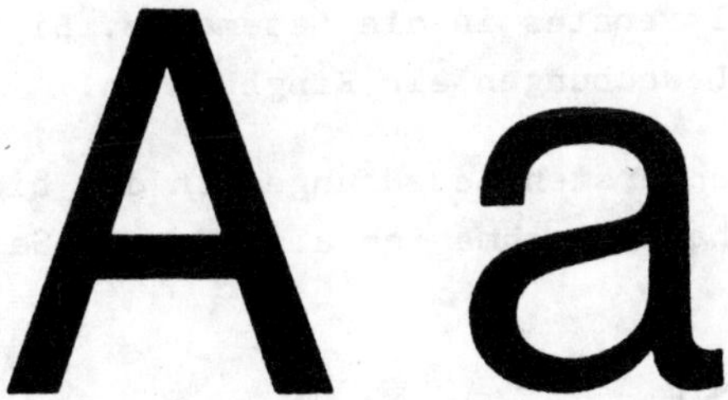

Nun wird gefragt: "Hat der Bub einen Apfel?" Bitte betrachten Sie die Beispiele auf den vorhergehenden Seiten.

Die nächste Uebung ist bereits ein Zusammenziehen der beiden Sätze. Sie werden nicht mehr in den Signalfarben geschrieben wie bisher, sondern mit einem dicken, schwarzen Filzstift.

Ich schreibe also:

"Da ist der Bub.

Der Bub hat einen Apfel."

Kann das Kind ein Wort nicht gleich erkennen, nehme ich die schon "gelesenen" Blätter und lasse das Kind das Wort suchen.

Da die Kinder möglichst bald zum selbständigen Erlesen eines fremden Wortes kommen sollen, müssen sie auch mit dem einzelnen Buchstaben bekannt gemacht werden. Man darf damit nicht zu lange warten. Die Ganzwortmethode ist für den Beginn des Lesens geeignet, weil sie sofort den gewünschten Erfolg bringt. Damit wird die Lust an dieser Uebung geweckt. Richtig lesen aber kann ein Kind erst dann, wenn es auch alle Buchstaben kennt und auch ein unbekanntes Wort lesen kann.

Es hat sich gezeigt, dass richtiges Lesen am schnellsten dann erreicht wird, wenn neben dem ganzheitlichen Lesen auch gleich mit dem Buchstabieren begonnen wird.

Ich male daher nach den beiden ersten Sätzen ein grosses und ein kleines "a" (vgl. S. 167) auf ein Blatt Papier und spreche diesen Laut mit dem Kind vor dem Spiegel. Dieses Blatt reihe ich als erstes in die Lesemappe. Bitte schaffen Sie auch für die Leseübungen ein Ringbuch an!

Da ich mich bei den ersten Leseübungen an den bisher erfolgten Sprachaufbau halte, nehme ich als nächste Satzform die Wo-Frage.

Wo ist der Bub?

Der Bub ist in dem Haus.

Der Bub ist in dem Garten.

Der Bub ist in dem Bett.

Lassen Sie das Kind die gelesenen Sätze wiederholen. Fragen Sie auch gleich: "Wo ist die Oma? Wo ist das Auto? usw.", damit das Kind sofort das Gelesene mit den schon erlernten Begriffen in Verbindung bringt.

Ich habe hier nur wenige Beispiele gezeigt. Inzwischen dürfte es Ihnen nicht mehr schwerfallen, weitere zu finden.

Ich kann im Rahmen dieses Buches natürlich kein Lesebuch zusammenstellen. Es wäre gänzlich falsch, ein Lesebuch für hörgeschädigte Kleinkinder herauszugeben. Man muss die Kinder viel mehr durch gezielte Vorübungen - und um solche handelt es sich hier - zum Gebrauch eines Lesebuches für normal hörende Kinder bringen. Diese Vorübungen werden viel vorteilhafter für jedes Kind gesondert geschrieben und gezeichnet, weil den Erziehern so die Möglichkeit gegeben wird, auch beim Leseunterricht auf die Interessen des Kindes einzugehen. Man darf nie vergessen, dass man es trotz Leseübungen mit Vorschulkindern zu tun hat!

Jetzt ist auch die Zeit gekommen, in der das Kind Freude und Interesse an verschiedenen Lesespielen und an ersten Lesebüchern zeigt. Im Kapitel über Spielsachen und Bücher finden Sie entsprechende Vorschläge.

Doch nun noch einige Beispiele für weitere Leseübungen. Alle diese Uebungen wurden bereits mit den Signalen gemacht. Sowohl die Satzformen als auch die Begriffe sind also dem Kinde gut bekannt und werden auch schon zum grössten Teil spontan von ihm gebraucht.

Schau, da ist der Bub.
Was hat der Bub?

Der Bub hat ein Auto.
Was macht der Bub?
Der Bub spielt mit dem Auto.

brrrrr . . .

Schau, da ist der Bub.
Der Bub hat eine Wurst.

Wer kommt da?
Da kommt der Hund.
Wau-wau, wau-wau.
Der Bub gibt dem Hund die Wurst.

Wiederholen Sie die Buchstaben täglich mit dem Kind vor dem Spiegel. Das ist eine gute Uebung, die schon in den Bereich des Artikulierens fällt.

Sie werden nun feststellen, dass Ihr Kind auf einmal damit beginnt, aus den verschiedenen Wörtern die Buchstaben, die es schon kennt, herauszusuchen. Wenn Sie mit ihm auf der Strasse gehen und es irgendwo ein A sieht, wird es sofort hinzeigen und dazu A rufen. Es wird auch wissen wollen, wie die anderen Buchstaben heissen.

Lassen Sie sich nicht drängen! Gehen Sie nicht zu schnell vor, sondern fahren Sie in der begonnenen Weise mit dem Lesenlernen fort.

Versuchen Sie nun auch schon kleine Geschichten zu schreiben. (Beispiel: Vom Hund und der Wurst) Führen Sie auch beim Tagebuch die Schrift ein. Wenn Ihr Kind ein Wort noch nicht lesen kann, weil es noch nicht alle Buchstaben kennt, sprechen Sie dieses mit ihm und lassen Sie es dieses nochmals wiederholen.

Ehe ich mit den Leseübungen fortfahre, noch ein Wort zum weiteren Sprachaufbau: Sie haben beim Puppenhaus mit den Drahtpuppen, den Fahrzeugen, Tieren und anderen Spielsachen bereits kleine Szenen dargestellt. Teilweise haben Sie selbst dem Kind diese Szenen vorgespielt, teilweise diese nach Ihren mündlichen Anleitungen vom Kinde spielen lassen.

## 8.4. Die Gleichzeitigkeit von Lesen, weiterem Sprachaufbau und Sprechen

Diese Uebungen müssen ständig ausgebaut werden.
Um ein richtiges Gespräch zu führen, muss man Frage und Antwort beherrschen.

Auch wenn man ein Buch lesen will, - das beginnt bereits bei einfachen Kinderbüchern - muss man aus Rede- und Gegenrede eine Handlung herauslesen können.

Dies müssen auch hörgeschädigte Kinder lernen; nicht erst in der Schule, sondern schon während der Hausspracherziehung.

Wenn ein Kind eine Geschichte lesen will und diese verstehen soll, muss es unter anderem auch einen "Weil-Satz" verstehen. Daher muss auch diese Satzform im Spiel eingeübt werden.

Ein Beispiel soll Ihnen zeigen, wie ich mir eine Geschichte, bei der Rede- und Gegenrede sowie der Weil-Satz eingeübt werden, vorstelle.
Gehen Sie mit dem Kind zum Puppenhaus und lassen Sie es dort die Figur auswählen, die es darstellen möchte. Fragen Sie: "Wer bist du? Bist du der Papa? Bist du die Mama? Bist du Peter?" (Inzwischen haben Sie den Puppenkindern Namen gegeben).

Hat das Kind eine Figur gewählt und damit seine "Rolle" bestimmt, nehmen auch Sie eine der Drahtpuppen und sprechen ebenfalls:
"ich bin .....".
Nehmen wir einmal an, das Kind hätte den Bub gewählt und Sie die Mutter, dann könnte das Spiel so ablaufen:
Peter liegt im Bett. Die Mama kommt. "Guten Morgen Peter. Du musst aufstehen".
Peter:"O nein. Ich will nicht aufstehen.
Mama :"Warum willst du nicht aufstehen?"
Peter:"Weil ich noch so müde bin und weil mir der Kopf weh tut.
Mama: "O weh, ich glaube, du hast dich gestern erkältet, weil du so lange geschwommen bist."

Stellen Sie anschliessend gleich Fragen:

Warum geht die Mama zu Peter?
Weil Peter aufstehen soll.

Warum will Peter im Bett bleiben?
Weil er müde ist.

Warum hat sich Peter erkältet?
Weil er zu lange geschwommen ist.

Natürlich wird Ihr Kind auf dieser Stufe der Ausbildung noch nicht alle Fragen und Antworten allein sprechen können. Sie müssen ihm dabei helfen, indem Sie diese mit ihm sprechen oder seine Sätze verbessern.

Auch die Signale können Sie zu dieser Uebung verwenden. Ein solches Spiel ersetzt die tägliche Uebungsstunde. Dabei kann sowohl wiederholt als auch Neues eingeübt werden.

In den ersten Wochen wird ein solches Spiel etwas mühevoll sein. Mühevoll für Sie, weil Sie die Handlung leiten und dazu auf die Ideen Ihres Kindes eingehen müssen. Selbstverständlich werden Sie in erster Linie das Spiel so führen, wie es das Kind sich ausdenkt. Nur wenn es die Handlung nicht selbständig weiterführen kann, werden Sie Ihre Ideen beisteuern.

Machen Sie die Uebungen jeden zweiten Tag. Sie werden staunen, wie schnell Ihr Kind ganze Geschichten erfindet und wie gut sich die dabei geführten Gespräche auch bald in der Spontansprache des Kindes bemerkbar machen.

Bisher sprachen Sie bei den Uebungen meist wie folgt: "Der Baum ist in dem Garten. Der Bub ist in dem Bett".
Nun sollen auch die Begriffe "liegen" und "stehen" besonders eingeübt werden. Auch dies kann beim Spiel mit der Puppenfamilie ohne Schwierigkeiten geschehen.

Ab sofort werden Sie das Hilfszeitwort "sein" nicht mehr benützen, wenn Sie statt dessen ein Zeitwort einsetzen können. Es wird also nicht mehr heissen: "Das Auto ist auf der Strasse", sondern: "Das Auto f ä h r t auf der Strasse". "Der Bub steht im Zimmer". "Das Papier liegt auf dem Tisch".

Auch das sind Vorübungen zum Lesen. Sie helfen dem Kind ein Buch zu verstehen, ohne dass der Erzieher während des Lesens dauernd erklären muss.

Geschichten mit Rede und Gegenrede, Frage und Antwort lassen sich natürlich besonders gut im Kaspertheater darstellen. Sie können hier Szenen aus dem Alltag spielen.

Geschichten, die zum momentan durchgenommenen Thema passen, können "aufgeführt" werden, wobei neue Begriffe und Satzformen ebenso eingeübt werden wie Fragen und Antworten.

Zeichnen Sie das Kasperstück ebenso auf wie das Spiel mit der Puppenfamilie. Malen Sie jetzt nicht mehr die Signale darunter, sondern schreiben Sie den Text. Lassen Sie das Kind die Geschichte lesen und besprechen Sie diese anschliessend noch einmal mit vielen Fragen.

Sie werden nun überlegen, ob die Signale auf dieser Stufe der Sprachausbildung und des Lesens nicht völlig wegbleiben sollten. Signale können Sie noch lange nicht entbehren. Auch dann noch nicht, wenn das Kind schon richtig lesen kann. Die erlernten Satzformen müssen immer wiederholt werden. Dazu benötigen Sie die Signale weiter. Die Uebungen werden allerdings anders gestaltet.
Ein Beispiel:
Sie legen drei oder vier Signalsätze hintereinander auf. Dann fordern Sie das Kind auf, zu diesen Signalen zu sprechen. Es muss dabei überlegen, was man in diese Satzformen einsetzen kann und eine kleine Geschichte erfinden. Etwa so:

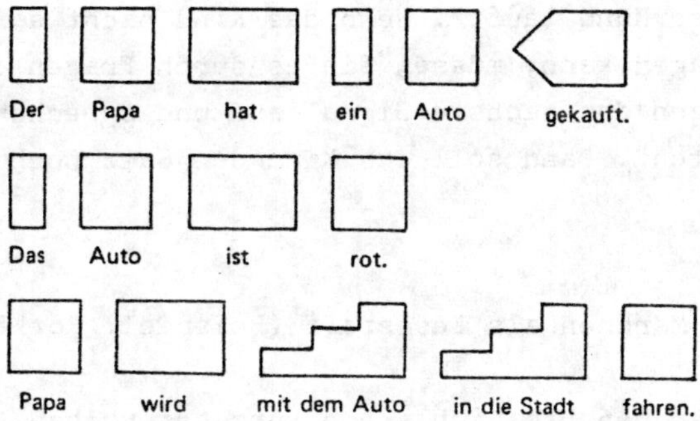


Natürlich dürfen Sie Ihrem Kind auch bei dieser Uebung helfen. Sie ermuntern das Kind durch Fragen zur selbständigen Bildung eines Satzes. Sie zeigen auf die ersten Signale und fragen: "Wer ist da?" Beantwortet das Kind diese Frage nicht gleich, holen Sie die Drahtpuppen und Tiere, legen sie vor dem Kind auf und fragen wieder: "Wer ist da?"

Ich nehme an, dass das Kind nun sagt: "Da ist die Mama". Fragen Sie weiter, indem Sie auf das letzte Signal zeigen: "Was hat die Mama gemacht?" Wenn das Kind gleich eine Tätigkeit nennt, lassen Sie es die Geschichte weitererzählen. Nennt es keine Tätigkeit, müssen Sie es wieder durch Fragen dazu bringen, dies zu tun. "Was hat die Mama gemacht? Hat die Mama geschlafen? Ist die Mama gegangen? Ist die Mama gelaufen?"

Was haben alle diese Uebungen mit dem Lesenlernen zu tun? Der Fortschritt im Lesen muss eine Parallele im Spracherwerb haben, nur dann ist er sinnvoll. Nur wenn die Sprache besser beherrscht wird, können auch schwierigere Lesestücke - in unserem Fall Kinderbücher - an das Kind herangebracht werden.

Um das Ausdenken von Sätzen noch besser zu üben, kann man mit dem Kind auch eine Art Domino spielen. Ein Beispiel: Sie legen die ersten beiden Signale hin und sprechen dazu: "Der Hund". Nun legt das Kind das nächste Signal dazu und spricht: "Der Hund läuft". Wenn das Kind nicht sofort eine Tätigkeit sagen kann, müssen Sie es durch Fragen dazu bringen. Sie legen das nächste Signal auf und sprechen dazu: "In den Garten". Dann soll das Kind den Satz noch einmal wiederholen.

## 8.5. Das Märchen als Lesestoff (Beispiel: Rotkäppchen)

Ueber das Märchen habe ich schon kurz gesprochen. Ich möchte dies an dieser Stelle ausführlicher tun, weil unsere Kinder schon im Vorschulalter soweit kommen sollen, auch Märchen zu lesen.

Um das vierte Lebensjahr herum sind auch hörgeschädige Kinder an Märchen interessiert. Rechtzeitig in die Lautsprache eingeführte Kinder kommen im richtigen Alter dazu, ein Märchen zu verstehen. Ganz anders ist es bei Kindern, welche keine Früherziehung hatten und die erst gegen das zehnte Lebensjahr so viel Sprache erworben haben, dass sie Märchen verstehen können. Mit zehn Jahren sind sie am Märchen nicht mehr interessiert.

Ihnen entgeht ein wichtiger Teil der Literatur. Dazu wird ihre Phantasie weniger angeregt. Das Anregen der Phantasie ist ebenso wichtig wie das Anregen des Denkens.

Das Kind muss unterscheiden lernen, was wahr ist und was nicht.

Wie bringen Sie ein Märchen an das Kind heran? Zunächst einmal müssen Sie die Geschichte vorspielen; nicht nur einmal, sondern mehrmals auf verschiedene Arten. Ich nehme als Beispiel die Geschichte vom Rotkäppchen:

Sie haben bereits ein Modell vom Wald gebaut. Stellen Sie ein Haus mitten in den Wald; stellen Sie ein Bett in das Haus, in dem die Oma liegt. Bauen Sie ausserhalb des Waldes

ein Dorf auf. In einem der Häuser wohnen die Mutter und das Rotkäppchen. Die Drahtpuppen lassen sich dazu gut verwenden. Nun spielen Sie dem Kind die Geschichte vor.
Vergessen Sie nicht, dass das Kind jedes Wort mitsprechen soll! Spielen Sie die Geschichte einmal ganz durch. Stellen Sie dabei keine Fragen.

Am nächsten Tag fragen Sie das Kind, welche Rolle es übernehmen will: "Wer bist du?" Gemeinsam spielen Sie die Geschichte noch einmal mit verteilten Rollen. Anschliessend stellen Sie in der Geschichte verschiedene Fragen. Besonders wichtig ist dabei die Warum-Frage. "Warum ruft die Mama das Rotkäppchen? Warum heisst das Mädel Rotkäppchen? Warum geht das Mädel in den Wald?" usw.

Lassen Sie zwei bis drei Tage vergehen und spielen Sie die Geschichte dann im Kaspertheater.

Die nächste Uebung ist wieder ein Rollenspiel. Das Kind soll sich verkleiden und die von ihm gewünschte Figur darstellen. Sie, und wenn irgend möglich auch die Geschwister, übernehmen die anderen Rollen und verkleiden sich ebenfalls. So wird die Geschichte noch einmal gespielt und dabei selbstverständlich auch wieder Rede und Gegenrede, Frage und Antwort eingeübt.

Wenn Sie ein Episkop haben, dann zeigen Sie die Geschichte auch noch mit diesem.

Wurde die Geschichte so erarbeitet, dann kann sie auch ohne Schwierigkeiten von dem Kinde gelesen werden.

Lassen Sie Satz für Satz lesen und stellen Sie dazwischen immer wieder Fragen. Lassen Sie auch nicht geläufige Wörter und Satzformen wiederholen. Die neuen Begriffe haben Sie schon vor dem Lesen mit dem Kind geübt.

Noch können Sie Ihrem Kind nicht ein beliebiges Buch in die

Hand geben. Seine Sprache reicht dafür noch nicht aus, und es würde die Lust am Lesen verlieren. Ich sagte schon, dass ich einige Märchen selbst gezeichnet und geschrieben habe, weil ich keine geeigneten für hörgeschädigte Kinder fand. Versuchen Sie dies doch auch einmal selbst! Die Märchen-Figuren können Sie dabei gut abzeichnen.

## 8.6. Anschaffung der ersten Bücher

Hat Ihr Kind einmal eine gewisse Fertigkeit im Lesen erreicht, kann es auch fremde Wörter ohne Schwierigkeiten lesen. Dann sollten Sie ihm nicht nur Bilderbücher sondern auch andere Lesebücher geben. Ich habe einige Bücher schon erwähnt, und Sie finden auch Anleitungen im Anhang.

Wenn Sie ein neues Buch kaufen wollen, nehmen Sie bitte Ihr Kind mit. Es gibt Kinderbuchläden oder sehr kinderfreundliche Buchhandlungen, in denen die Kinder ihre Bücher nicht nur selbst aussuchen, sondern auch jedes Buch anschauen dürfen. Lassen Sie das Kind sein Buch selbst aussuchen und lehnen Sie den Wunsch nur dann ab, wenn das Kind noch viel zu jung für dieses Buch ist. Erklären Sie ihm dann: "Das kaufen wir später, wenn du zehn Jahre alt bist. Heute kaufen wir ein anderes Buch".

Auch beim Buchkauf müssen Sie dem Kind erklären, warum etwas geschieht oder warum nicht.

Haben Sie das Buch gekauft, dann schauen Sie es erst einmal zu Hause mit Ihrem Kind an. Besprechen Sie die Bilder des Buches mit ihm. Dann lesen Sie allein den Text durch und schreiben sich die Begriffe, Satzformen und Redewendungen auf, die dem Kind noch nicht bekannt oder wenig geläufig sind. Diese müssen Sie mit dem Kind zuerst einüben. Sie können dazu die Signale verwenden, Drahtpuppen und Bilder helfen ebenfalls zum besseren Verstehen. Spielen Sie auch schwerer verständliche Szenen im Kaspertheater vor. Hier ist wieder das "warum?" besonders wichtig.

Beim Lesen des Buches sitzen Sie selbstverständlich neben dem Kind,während es laut liest. Stellen Sie nach jedem Absatz Fragen, damit Sie feststellen können, ob das Kind wirklich alles verstanden hat.

Wenn man den Kindern die Lust am Lesen erhalten will, muss man neue Begriffe vor dem Lesen erklären.

Denken Sie an eine Fremdsprache. Wenn man zu oft zum Wörterbuch greifen muss, verliert man den "Faden" der Handlung.

Wurde ein Buch wie beschrieben erarbeitet und gelesen, kann die Geschichte auch mit dem Kind gespielt werden.

Sie gehen also den umgekehrten Weg wie beim Märchen.

Bei den ersten Lesebüchern kennt das Kind zwar alle in der Geschichte vorkommenden Begriffe. Die Handlung erfährt es erst während des Lesens. Das ist ein ganz wichtiger Schritt auf dem Wege zum selbständigen Lesen.

Bitte stellen Sie die Bücher immer so auf, dass sie jederzeit griffbereit sind. Sie sollen zum Anschauen und Lesen reizen. Ein Kind sollte frühzeitig mit Büchern vertraut gemacht werden. Das beginnt schon beim Bilderbuch. Bei einem Buch werden keine Ecken umgebogen oder als Lesezeichen ein schmutziges Papier eingelegt. Ein Buch wird nicht einfach hingeworfen, sondern ordentlich in ein Regal gestellt. Das muss schon Ihr kleines Kind mit seinen ersten Büchern lernen.

## 8.7. Das Verhältnis von Lesen- und Schreibenlernen

Wenn man mit dem Lesen beginnt, ist der Gedanke naheliegend, das Schreiben ebenfalls zu fördern. Soll das Kind eigentlich auch gleich zu schreiben beginnen, wenn es mit dem Lesen anfängt? Nein. Es wird vielfach so gehalten, dass man auch das Kleinkind gleichzeitig mit dem Lesen in das Schreiben einführt. Ich bin nicht dafür. Wir haben es noch mit sehr kleinen Kindern zu tun. Nicht jedes Händchen ist schon so geschickt, dass es wirklich schreiben kann. Die Kinder haben im Anfang des Lesenlernens oft noch gar keine Lust zum Schreiben. Warten Sie, bis das Kind von sich aus zu schreiben beginnt!

Es wird damit nichts an Zeit und Uebung verloren. Ihr Kind hat bis dahin schon fleissig gemalt und gezeichnet. Darüber erfahren Sie mehr im Kapitel über die Förderung schöpferischer Kräfte beim Kleinkind. Man darf ein Kleinkind nicht zum Schreiben zwingen. Es wird ganz allein die Erwachsenen oder älteren Geschwister nachzuahmen beginnen und eines Tages Bleistift und Papier nehmen und mit dem Schreiben anfangen.

Ihre Hauptaufgabe ist noch immer das Erlernen und Einüben der Lautsprache. Was hierbei im Kleinkindalter versäumt wurde, kann nie mehr nachgeholt werden. Das Schreiben aber kann das Schulkind noch perfekt erlernen. Darum müssen diese Uebungen in den Hintergrund treten.

Um das "Erlesen" einer Geschichte zu fördern, sollten Sie nun mit dem Kind auch folgende Uebungen machen: Schreiben Sie ihm kurze Befehle auf einen Zettel. "Steh auf und hole ein Auto!" Reichen Sie Ihrem Kind diesen Satz. Es soll ihn allein lesen. Sprechen Sie selbst nicht dazu. Sollte das Kind nicht verstehen, dass es den schriftlichen "Befehl" ausführen soll, dann dürfen Sie diesen noch einmal mit ihm lesen. Sprechen Sie den Text vor und lassen Sie das Kind wiederholen. Dann soll das Kind ausführen, was Sie ihm aufgeschrieben haben. Machen Sie diese Uebung täglich. Vergessen Sie dabei nicht den Spass! Es könnte auch einmal auf dem Zettel stehen: "Klettere auf den Schrank!". Oder: "Hol ein bisschen Wasser und spritz den Papa nass!".

Später stellen Sie auch schriftlich Fragen. Schreiben Sie z. B.: "Wo ist dein Papa?" Das Kind soll Ihnen nun mündlich die Antwort geben: "Mein Papa ist in dem Büro". Oder: "Was habe ich heute eingekauft?" Das Kind soll antworten: "Heute hast du Milch, Brot, Fleisch und Kartoffeln gekauft".

So wird das Kind langsam lernen, das geschriebene Wort mit dem gesprochenen gleich zu setzen. Es wird seine Fähigkeiten im Lesen und Verstehen des Gelesenen ständig steigern.

Damit möchte ich das Kapitel über den Sprachaufbau, zu dem auch das Lesen gehört, abschliessen. Ich habe Ihnen viele Möglichkeiten gezeigt, die Sie ausnützen können, um Ihr Kind in die Lautsprache einzuführen. Nur wenn Sie intensiv und konsequent nach den gegebenen Anleitungen arbeiten, wird auch Ihr Kind beim Eintritt in die Schule sich lautsprachlich ausdrücken und einfache Lesestücke allein lesen können.

Bedenken Sie auch, dass alle Uebungen sich über einen langen Zeitraum erstrecken. Der vorgelegte Plan ist für mehrere Jahre gedacht.

Ich habe ganz bewusst nicht geschrieben: Im ersten Monat üben Sie das und im zweiten jenes und so fort. Jedes Kind entwickelt sich anders und hat andere Fähigkeiten und Inter essen. Eines wird schneller sprechen als das andere. Für Kleinkinder kann man noch keinen "Stunden- oder Zeitplan" aufstellen.

Werden Sie nicht ungeduldig! Drängen Sie nicht! Sie können nicht schon alles im ersten Jahr erarbeiten. Sie können diesen Stoff ganz sicher auch mit Ihrem Kind noch vor der Schule erfolgreich erarbeiten.

# 9. Der Artikulationsunterricht

Was versteht man unter Artikulationsunterricht? Es handelt sich um das Bewusstmachen eines Lautes und dessen Einüben bis zum fehlerlosen Sprechen; Also dem Kind bewusst und anschaulich machen, dass bei einem "A" der Mund weit geöffnet wird, die Zunge flach im Mund liegt und die Luft durch den Mund ausgestossen wird; bei einem "M" dagegen, die Lippen leicht zusammen gepresst werden, die Luft durch die Nase entweicht, die Zunge ebenfalls flach im Mund liegt.

Artikulationsübungen sind notwendig, doch darf man sie nicht mit dem Kleinkind machen. Sinnvolle Artikulationsübungen setzen eine gewisse Reife des Kindes voraus. Erst das Schulkind ist auch bereit, diese Uebungen, die durchaus nicht immer angenehm sind, mitzumachen. In diesem Alter kann man dem Kind auch schon erklären, warum solche Uebungen gemacht werden müssen.

Wenn man mit den Kindern so gearbeitet hat, wie ich es beschrieben habe, braucht man nicht mehr viele Artikulationsübungen zu machen. Durch das tägliche Ueben vor dem Spiegel und das dauernde Mitsprechen der Kinder sind fast alle Laute schon richtig eingeübt worden. Die Mundstellungen und der Sprechablauf sind bereits im Gehirn gespeichert. Trotzdem kann es zu Fehlbildungen einzelner Laute kommen. Besonders das "R" das "S" und das "SCH" können manchmal auch gegen das sechste Lebensjahr hin noch nicht richtig gesprochen werden. Diese Fehlbildungen der Laute müssen im gezielten Artikulationsunterricht behoben werden.

Ich kann Ihnen nicht empfehlen, diese Uebungen allein zu machen. Sie sollten dies unter Anleitung einer Fachkraft tun. Sollte Ihr Kind zu diesem Zeitpunkt noch keinen Sonderkindergarten besuchen, dann überlassen Sie es der Fachkraft in der Pädoaudiologischen Beratungsstelle, diese Artikulationsübungen zu machen. Im Kindergarten wird es die Lehrkraft tun, welche den Sprachunterricht leitet.

Sie können also nur die Uebungen machen, die Ihnen von Fachleuten angeraten werden. Ohne besondere Anleitung können Sie folgendes machen: Wenn Ihr Kind einen Laut falsch spricht, wenn es zum Beispiel immer "T" statt "S" spricht, dann setzen Sie sich mit dem Kind vor den Spiegel, ahmen Sie seinen Fehler nach und zeigen Sie ihm dann, wie die Zunge bei Ihnen liegt. Beachten Sie bitte die nebenstehende Zeichnung!

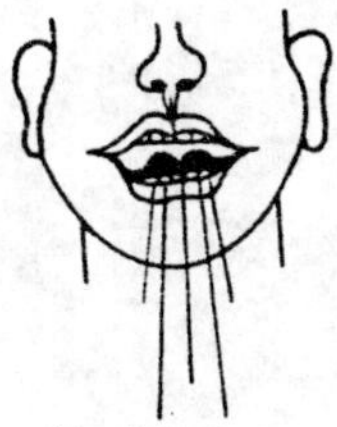

Die Zunge bildet eine leichte Rinne

Der Luftstrom muß hier fühlbar sein

Lassen Sie es den Luftstrom abtasten, der aus Ihrem Munde kommt. Halten Sie dem Kind auf Ihrer flachen Hand liegende Watte vor den Mund, damit es diese mit dem Luftstrom, der beim "S" seinem Munde entweicht, wegblasen kann.

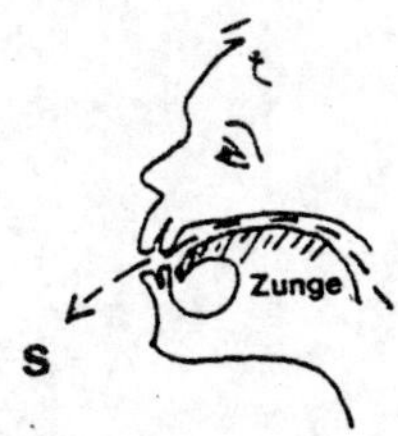


So können Sie korrigieren, was falsch gemacht wurde: Sie selbst ahmen den Fehler des Kindes vor dem Spiegel nach. Dann führen Sie Ihre Zunge zum richtigen Standort und lassen Ihr Kind dabei mitmachen. Es soll mit seiner Zunge die gleichen Bewegungen ausführen wie Sie.

So lässt sich fast jede Fehlbildung eines Lautes korrigieren.

Sollten Sie keinen Erfolg haben, dann probieren Sie nicht allein weiter, sondern fragen Sie die Fachkraft um Rat.

Trotz aller Hörhilfen kann auf den Artikulationsunterricht nicht verzichtet werden. Einmal muss dem Kind jeder Laut bewusst gemacht werden. Wenn später kein Hörender neben ihm ist und es kontrolliert, sollte es sich selbst ein wenig kontrollieren können. Artikulationsunterricht ist im wesentlichen Arbeit mit dem schulpflichtigen Kinde. Darum sollten die wenigen Anmerkungen zu diesem Thema ausreichen.

# 10. Die Förderung der schöpferischen Kräfte

Wir dürfen in unseren Kindern nicht einfach nur Kinder ohne Gehör sehen, die zwar die Sprache nur langsam erwerben, sich sonst aber altersgemäss entwickeln. Das ist nicht so. Das Fehlen des Gehörs bringt auch eine verzögerte geistige Entwicklung mit sich. Mit einer guten Sprachanbahnung kann die geistige Entwicklung gefördert werden. Die Erziehung des Kindes wäre aber sehr einseitig, würden wir nur die Sprache beachten. Wir müssen die Kinder immer in ihrer ganzen Persönlichkeit sehen.

Sehr leicht vergessen Eltern über dem Sprachaufbau völlig, dass in ihrem Kind auch noch andere Fähigkeiten geweckt und gefördert werden müssen.

## 10.1. Rhythmik

Zunächst einmal möchte ich mich mit der Rhythmik beschäftigen, die eng mit der Sprachanbahnung verbunden ist. Ohne Rhythmik ist eine gute Sprachanbahnung überhaupt nicht möglich.

Mein Musikprofessor sagte einmal: "Rhythmus ist Leben, Takt ist Geist". Unser ganzes Leben, jede Bewegung die wir ausführen, alles was wir tun, geschieht in einem bestimmten Rhythmus. Ebenso wird unsere Sprache vom Rhythmus be-

herrscht. Eine Sprache ohne Rhythmus ist nicht denkbar. Eine Bewegung ohne Rhythmus wirkt krankhaft. In allen Bewegungen können wir einen gewissen Rhythmus feststellen. Der Regen, der an die Scheiben prasselt, der Baum, der sich im Winde bewegt, alles hat seinen Rhythmus.

Darum ist es auch wichtig, in unseren Kindern das Gefühl für Rhythmus zu wecken und zu fördern. Nur dann kann später ein rhythmisches Sprechen entstehen.

Das Hören ist eng mit dem Rhythmus verbunden. Wir nehmen den Rhythmus über unser Ohr auf. Nun werden Sie denken: "Aber da gerade mangelt es bei unseren Kindern. Sie können den Rhythmus nicht mit dem Ohr aufnehmen. Diese Uebungen sind für sie sinnlos". Das stimmt nicht. Den Rhythmus kann man auch fühlen. Ausserdem können unsere Kinder mit einem Hörgerät den Rhythmus ausgezeichnet aufnehmen. Sie erleben dabei eine Erweiterung ihres Wahrnehmungsfeldes.

Damit bin ich auch schon bei den ersten rhythmischen Uebungen. Zuerst ist als Instrument die Trommel zu empfehlen, da diese für das Kind am besten wahrnehmbar ist. Das Kind muss zuerst lernen, einen Rhythmus aufzunehmen und diesen in Bewegungen auszudrücken.

Schlagen Sie langsam im Rhythmus des Gehens auf die Trommel. Zeigen Sie dem Kind, dass es zum Trommelschlag gehen soll. Sie müssen ihm vorführen, dass es bei jedem Trommelschlag einen Schritt machen muss. Bitte machen Sie auch diese Uebung nicht ohne Sprache! Sprechen Sie zu jedem Trommelschlag: "pah - pah - pah - pah ....." Schlagen Sie dann fest auf die Trommel, sprechen Sie "bum" und setzen Sie sich mit dem Kind auf den Boden.

Wenn Sie diese Uebung einige Male durchgeführt haben, bleiben Sie hinter ihrem Kind stehen. Es darf nicht auf die Trommel schauen. Lassen Sie das Kind nun allein gehen. Es soll auch jetzt zu jedem Schritt - und damit zu jedem Trommelschlag - pah - pah - pah sprechen. Aber es darf nicht zu Ihnen schauen. Wenn Sie fest auf die Trommel schlagen, soll sich das Kind wieder auf den Boden setzen und dabei "bum" sprechen.

Haben Sie diesen Rhythmus erarbeitet, können Sie einen zweiten dazu nehmen. Das wird zunächst einmal ein schnellerer sein. Sie schlagen wieder den Rhythmus auf der Trommel und sprechen zu dem Kinde: "Komm, wir laufen!" Machen Sie die Uebung zuerst auch wieder mit. Heben Sie die Hände hoch - das kann man auch mit der Trommel und laufen sie mit "lalalala" durch das Zimmer. Richtig weit durch das Zimmer laufen und dabei den ganzen Raum ausnützen!

Das hat seinen Grund. Unsere Kinder neigen dazu, sich auf einem ganz kleinen Fleckchen zu bewegen. Sie nützen einen grossen Raum nicht aus. Das hängt mit ihrem begrenzten Wahrnehmungsfeld zusammen.

Halten Sie Ihr Kind von Anfang an dazu an, den ganzen Raum auszunutzen und sich in diesem zu bewegen. Machen Sie die rhythmischen Uebungen im grössten Raum ihrer Wohnung. Schaffen Sie genügend Platz, indem Sie einige Möbelstücke aus dem Raum entfernen.

Entfernen Sie sich mit der Trommel immer weiter von Ihrem Kind, damit es lernt, die Schwingungen, die von dieser ausgehen, auch auf grössere Entfernung wahrzunehmen und sich dieser Wahrnehmung anzuvertrauen.

Sie haben nun "schnell" und "langsam" erarbeitet und sollen diese beiden Rhythmen nun verbinden. Schlagen Sie also auf der Trommel einmal den langsamen Rhythmus - das Kind soll wieder dazu gehen und sprechen: "pah - pah - pah" - gleich darauf schlagen Sie den Rhythmus des Laufens: "lalalalala" und dann "bum" wobei sich das Kind wieder auf den Boden setzen soll.

Lassen Sie das Kind dann diesen Rhythmus auch einmal nur sprechen. Also: pah - pah - pah - pah - lalalalalala - bum - pah - pah - pah - lalalalalala - bum.

Nun kommt auch das Hüpfen an die Reihe. Zuerst schlagen Sie

dem Kind den Rhythmus auf der Trommel vor. Es soll neben Ihnen stehen, und gemeinsam sprechen Sie zum Trommelschlag: di-hopp. Lassen Sie dann das Kind zuerst am Platz dazu hüpfen und sprechen, dann durch das ganze Zimmer.

Verbinden Sie nun die drei Rhythmen miteinander: Gehen, laufen, hüpfen und dazwischen immer wieder bei "bum" auf den Boden setzen.

Sie können nun den schon erarbeiteten Rhythmus in die Sprache einbauen. Ein Beispiel: Sie legen folgende Satzform mit den Signalen auf: "Der Bub ist in dem Garten". "Die Bahn fährt sch-- sch-- sch, sch, sch, sch.....-." Der Bub hüpft hopp-di-hopp-di-hopp." Nun sprechen Sie mit dem Kind und schlagen gleichzeitig die Trommel.

Alle Satzformen können Sie so mit dem Kind durchsprechen. Dabei bauen Sie den Rhythmus langsam in die Sprache ein.

Lassen Sie Ihr Kind auch selbst die Trommel schlagen. Erfinden Sie mit ihm neue Verbindungen der Rhythmen, die Sie dann auch sprachlich ausdrücken.

Nun sollen Sie aber nicht nur bei der Trommel bleiben. Sie sollen auch die Musik in die Rhythmikstunde miteinbeziehen. Für den Anfang eignen sich dazu ausgezeichnet Kreis-, Tanz- u. Bewegungsspiele.

Wenn Sie selbst ein Instrument spielen, vielleicht eine Ziehharmonika oder ein Klavier, dann würde ich Ihnen empfehlen, Ihrem Kind selbst vorzuspielen.

Können Sie selbst kein Instrument spielen, dann kaufen Sie Schallplatten mit Kinderliedern. Sie können auch geeignete Kindermusik auf Tonband aufnehmen.

Alle Kreis- und Bewegungsspiele mit leicht verständlichem Text, leicht erkennbarem Rhythmus sind geeignet.

Da ist einmal das bekannte "Ringa-Ringa-Reia". Fast jede Mutter kennt dieses Kreisspiel. Wenn Sie ein Instrument spielen, spielen Sie dem Kind die Melodie zuerst einmal vor und lassen es dazu sich bewegen,wie es will. Dann nehmen Sie die Melodie im Beisein des Kindes auf Tonband auf. Nun lernen Sie mit ihm den Text:

"Ring-ga, Ring-ga, Reia
sind der Kinder dreia.
Sitzen unterm Hollerbusch,
machen alle husch-husch-husch".

Versuchen Sie das Lied mit ihrem Kind zu "singen". Auch wenn es taub ist und dies eigentlich nicht kann. Jetzt fassen Sie sich an den Händen, - (wenn möglich,sollten auch die Geschwister mitmachen) - und gehen mit dem Kind im Kreis herum. Wenn Sie selbst mitgehen, was ich empfehle, sollten Sie jetzt das Tonband dazu einschalten.

Sie müssen darauf achten, dass das Kind wirklich im Rhythmus mitgeht. Bei jeder Silbe wird ein Schritt gemacht. Nach "sitzen unterm Hollerbusch" bleiben alle stehen und bei jedem "husch - husch - husch" geht man ein Stückchen tiefer in die Kniebeuge bis man fast am Boden sitzt. Sprache und Bewegung richten sich nach dem wahrnehmbaren Rhythmus.

Sehr gut eignet sich auch das "Singspiel" von der Eisenbahn. Der Text:
"Eisenbahn, Eisenbahn, fahre nicht so schnell davon
nimm mich mit, nimm mich mit, nimm mich mit".

Das Kind ahmt die Lokomotive nach und geht dabei im Kreis herum. Dazu spricht es:
"Eisenbahn, Eisenbahn,fahre nicht so schnell davon".

Wieder wird auf jede Silbe ein Schritt gemacht. Bei "nimm mich mit" schlägt das Kind einem anderen Mitspieler oder Ihnen auf die Schulter und fordert damit zum Mitkommen auf.

Der aufgeforderte Mitspieler legt seine Hände auf die Schultern des Kindes, geht so mit ihm weiter, und das Spiel wiederholt sich.

Die Melodie zu diesem Singspiel steht in vielen Kinder-Liederbüchern. Kaufen Sie sich einmal ein solches Liederbuch. Auch Sie können dieses Lied und vor allem die angegebenen Kreis- und Tanzspiele sehr gut für Ihr Kind gebrauchen.

Diese Spiele sind dazu geeignet, um Kontakte zu hörenden Nachbarskindern anzuknüpfen. Laden Sie andere Kinder zu sich ein und spielen Sie mit den Kindern.
Ihr hörgeschädigtes Kleinkind wird so leichter Anschluss und Verständnis finden.

Vielleicht fallen Ihnen auch noch aus Ihrer eigenen Kinderzeit ähnliche Spiele ein. Ich möchte Ihnen hier noch drei nennen:
Text:
"Ei wie langsam, ei wie langsam
kommt der Schneck von seinem Fleck
sieben lange Jahre braucht er,
von dem Eck zum andern Eck.
Ei, da wollt ich schneller laufen
wenn ich so ein Schnecklein wär".
Ausführung:
Alle Mitspieler fassen sich an den Händen und gehen in einer "Schlange" im Zimmer herum. Wieder im Rhythmus zum "Singen" gehen! Bei der Stelle "ei, da wollt ich schneller laufen ... ..." beginnen alle zu laufen und der Anführer dieser Kette führt die Kinder so, dass alle eine Schnecke bilden.

Ein weiteres Bewegungsspiel:
Die Kinder stehen sich paarweise gegenüber. Sie "sprechen" ("singen") folgenden Text und bewegen sich dazu entsprechend:
Auseinander tralalalala (die Kinder gehen auseinander und

bei tralalalala klatschen sie in die Hände).
Zueinander tralalalala (wieder zueinander gehen und auf tralala in die Hände klatschen).
Auseinander (die Bewegung ausführen).
Zueinander (wieder Bewegung ausführen).
Miteinander tralala (sich wieder an den Händen fassen und miteinander tanzen).

Das Tanzspiel "Schwesterlein, komm tanz mit mir" kennen Sie sicher noch aus Ihrer Kindheit. Auch bei diesem Spiel stehen sich die Kinder einander gegenüber. Die Bewegungen werden entsprechend zum Text gemacht.
"Schwesterlein, komm tanz mit mir (hier verbeugen sich die Kinder voreinander)
beide Hände reich ich dir (die Kinder reichen sich die Händchen)
einmal hin
einmal her (einen Schritt links und einen Schritt nach rechts)
rundherum das ist nicht schwer" (herumgehen und sich dabei an den Händen halten).

Ein Spiel, das von den Kindern auch sehr gerne gemacht wird, und bei dem man das rhythmische Sprechen sehr gut üben kann, ist folgendes:
Man legt einen Signalsatz auf.
Nun zeigt man eine Reihe von Bildern verschiedener Personen und verschiedener Dinge. Dann klopft man den Rhythmus dieses Satzes auf der Trommel oder auf dem Tisch.

Das Kind wird gefragt: "Was glaubst du, was heisst das?"
Mit Hilfe der Bilder wird das Kind den Satz leicht erraten und sprechen. Wenn es richtig geraten hat, sollte es einen kleinen "Preis" erhalten.

Auf diese Art können Sie alle bisher erlernten und mit den Signalen dargestellten Sätze auch als rhythmisches Spiel durchnehmen. Machen Sie dies oft. Sie werden erleben, wieviel klangvoller, wieviel rhythmischer die Sprache Ihres Kindes durch diese Uebungen wird.

Die Uebungen mit der Trommel können während der ganzen Vorschulerziehung immer wieder gemacht werden.
Sie müssen natürlich verschieden gestaltet werden. Bälle, Reifen, Schlaghölzer, bunte Tücher, Luftballons, Bänder und Stühle helfen dabei.

1. Uebungen mit dem Ball: Das Kind sitzt mit gespreizten Beinen auf dem Boden. Es hält den Ball mit beiden Händen hoch. Sie stehen mit der Trommel so, dass das Kind Sie nicht sehen kann. Auf den Trommelschlag "di-hopp" lässt das Kind den Ball auf den Boden fallen und fängt ihn sofort wieder auf. Es soll auch dazu sprechen: "di-hopp". Natürlich müssen Sie alle Uebungen vorher erklären und vormachen.

2. Das Kind kniet auf dem Boden. Es hält den Ball mit der linken Hand am Boden fest. Auf Trommelschlag rollt es den Ball zur rechten Hand und auf neuerlichen Trommelschlag wieder zurück. Auch dazu sprechen lassen: "pah - pah -".

3. Das Kind läuft im Rhythmus des Trommelschlags im Zimmer herum. Den Ball hält es dabei hoch über seinem Kopf. Dazu spricht es wieder: "lalalalalalala ......". Auf einen festen Trommelschlag wirft es den Ball hoch und fängt ihn wieder auf.

Sicher werden Ihnen noch andere Möglichkeiten zur Verwendung des Balles einfallen.

Uebungen mit dem Reifen:

1. Wenn das Kind bei der Rhythmikstunde allein ist, kann es folgende Uebung machen:

Der Reifen liegt am Boden. Sie schlagen den Rhythmus des Laufens, und das Kind läuft um den Reifen herum. Bei einem festen Trommelschlag setzt es sich in den Reifen.

2. Der Reifen liegt auf dem Boden. Das Kind kniet am Aussenrand des Reifens. Ein Ball liegt im Reifen. Immer wenn Sie auf die Trommel schlagen, soll das Kind dem Ball einen kleinen Stoss geben, so dass dieser im Reifen herumrollt. Hier kann man gleich eine kleine Bauchmuskelübung einbauen. Solche Uebungen sind der richtigen Atmung sehr dienlich. Lassen Sie das Kind ausserhalb des Kreises sitzen, mit seinen Händen auf dem Boden aufstützen und nun beide Füsse geschlossen hochheben und so auf Trommelschlag den Ball mit den Füssen weiterstupsen.

3. Halten Sie den Reifen so, dass das Kind durch ihn durchlaufen kann. Schlagen Sie auf der Trommel einen Rhythmus. Beginnen Sie vielleicht mit dem Hüpfen, ändern Sie den Rhythmus dann zum Laufen und zum Gehen. Auf einen festen Trommelschlag soll das Kind dann durch den Reifen steigen.

Mit den Schlaghölzern kann Ihr Kind den von Ihnen angegebenen Rhythmus nachschlagen oder selbst einen "erfinden", zu dem es sich bewegt.
Man kann auch ein Schlaghölzchen mit dem anderen vor sich herstossen.

Das Kind kann mit den Schlaghölzchen auf den Boden, auf den Tisch oder einen Topf klopfen und erleben, dass der Klang einmal sehr laut und gut wahrnehmbar, dann aber wieder nur leise und kaum wahrnehmbar sein kann.

Mit bunten Tüchern kann das Kind sich drehen. Es kann diese zum Trommelschlag in der Luft schwenken, hochwerfen und auffangen.

Auf die gleiche Art lassen sich bunte Bänder verwenden. Luftballons können ähnlich wie Bälle verwendet werden. Sie übertragen nebenbei auch die Schallschwingungen der Trommel auf die Hände der Kinder. Die Möglichkeit des Rhythmusabtastens auf dem Luftballon erleichtert den Kindern die Durchführung rhythmischer Bewegungen.

Auch verschiedene Stühle können eine Rhythmikstunde auflockern und Abwechslung schaffen. Das Kind kann bei einem Trommelzeichen auf den Stuhl steigen, unter diesem durchkriechen oder um ihn herumhüpfen.

Wie für alle Uebungen gilt auch für die Rhythmikstunde der Grundsatz: Sie muss abwechslungsreich und fröhlich gestaltet werden.

Wenn Ihr Kind bei den Tanzspielen gut mitmacht und sich auch zur Trommel frei im Raum bewegt, sollten Sie vermehrt mit Musik arbeiten. Das Kind soll lernen, den Rhythmus der dargebotenen Musik aufzunehmen und in Bewegung umzusetzen.

Ein Marsch eignet sich sehr gut zum Gehen.
Nach einer Polka kann das Kind hüpfen.
Zu einem can-can lässt sich gut laufen.
Nach Walzer-Musik kann sich das Kind allein oder mit einem Partner im Kreis drehen.

Als wichtiges Hilfsmittel schlage ich das Tonband vor. Nach Möglichkeit sollten sogar zwei Lautsprecher die Musik in den Raum strahlen.

Bitte betrachten Sie diese rhythmischen Uebungen nicht als nebensächlichen Spass. Führen Sie täglich eine rhythmische Uebung durch! Man kann auch während der Sprachlektion eine rhythmische Uebung einbauen. Die Kinder werden gelockert und vor neuen Uebungen entspannt. Ich möchte noch einmal betonen, wie wichtig das Aufnehmen eines Rhythmus und seine Wiedergabe für die Sprache der Kinder ist: Rhythmisches Sprechen bedeutet besser verstanden werden.

## 10.2. Das Gestalten

Ich sprach davon, dass beim Kind alle schöpferischen Kräfte geweckt werden müssen. Wo könnte ein Kind schöpferischer wirken als gerade beim Gestalten?

### 10.2.1. Das Bauen

Man findet heute fast in jeder Familie Lego-Bausteine. Diese sind ein ausgezeichnetes Spielmaterial für jedes Kind, bieten sie doch viele Möglichkeiten, vom einfachen Bauen bis zum richtigen Konstruieren. Trotzdem ist es wichtig, dass die Kinder auch andere Bausteine haben. Ich denke dabei an grosse Holzbausteine, mit denen sie ganz nach eigener Phantasie Schlösser und Häuser bauen. Es gibt auch mittelgrosse bunte Bausteine, zu denen Holzbäume, Holzautos und Hauselemente gehören; ein sogenanntes "Weltspiel".

Sie dürfen nie dem Kind vorbauen. Ob Ihnen das gefällt, was Ihr Kind baut, ist ganz unwichtig. Wichtig allein ist, dass Ihr Kind frei von sich aus gestalten kann.

Unsere Kinder sind sehr von uns abhängig. Die Gehörlosigkeit bedingt eine grössere Abhängigkeit von den Mitmenschen.
Nun müssen unsere Kinder beim täglichen Unterricht, beim Gespräch während des Tages, dauernd nachahmen, was wir ihnen vormachen. Das ist für ihre Entwicklung nicht gut. Wenn wir nun nicht darauf achten, dass sie genügend zur Selbsttätigkeit angeregt werden, wird die Abhängigkeit zu gross, und jedes schöpferische Tun im Kinde erstickt.

Sie dürfen daher Ihrem Kinde niemals vorzeichnen, vormalen, vormodellieren, vorbauen, vorkonstruieren. Zeigen Sie ihm nur, wie man das angebotene Material verwendet; wie man den Pinsel in die Farbe taucht, eine Knetmasse zuerst gut durchknetet und Schrauben bei einem Konstruktionsspiel verwendet.

Bei Bausteinen dürfen Sie nichts vormachen. Das Material spricht für sich. Das Kind kann allein damit gestalten.

Ermuntern Sie Ihr Kind zu einer Tätigkeit und loben Sie, wenn es etwas gebaut hat, auch wenn Sie selbst finden, so ein Haus müsste eigentlich anders aussehen. Fragen Sie: "Was hast du da gebaut?" Sie werden erstaunt sein, was alles sich Ihr Kind unter dem Gebauten vorstellt!

Im Gegensatz zum Lernspiel, das von Ihnen während des Unterrichtes geleitet wird, sollen die Kinder beim freien Spiel völlig allein gestalten und ihr Spielzeug selbst wählen.

Die Spielsachen müssen zum Hantieren und Gestalten verlokken. Das Spielmaterial soll dem Kind eine Aufgabe stellen. Es gibt viele Spielsachen, die dieser Anforderung gerecht werden.

Wir haben dieses Spielmaterial "selbsttätiges Spielzeug" genannt. Diese Bezeichnung scheint nur sehr treffend. Es handelt sich dabei um Einsatz-, Sortier-, Zusammensetz- und Ergänzungsspiele.

Dieses Spielmaterial bedarf keiner Erklärungen. Man bietet es dem Kind an. Es wird nun selbst versuchen, die verschieden geformten Hölzchen in das richtige Loch zu schieben, die Rollen auf die dazu gehörenden Stöpsel zu stecken usw.

Die Anregung zum freien Spiel soll also bereits mit dem Material gegeben sein. Das Kind kann nun seine schöpferischen Kräfte entfalten.

### 10.2.2. Das Malen

Besonders wichtig ist für unsere Kinder das Malen und Zeichnen. Auch wenn sie noch über eine geringe sprachliche Ausdrucksmöglichkeit verfügen, können sie beim Malen und Zeichnen alles, was sie beschäftigt, ausdrücken. Dem aufmerksamen Erzieher werden diese Zeichnungen viel über die Gedanken seines Kindes erzählen. Er wird aus ihnen heraus lesen können, ob das Kind glücklich und gelöst, traurig oder ängstlich ist.

Für das Malen und Zeichnen gilt: Sie dürfen niemals vormalen!
Lassen Sie Ihr Kind zuerst einmal nur mit der Farbe "schmieren". Es muss nicht gleich ein Haus oder einen Baum malen. Austoben darf es sich mit den Farben; selbst wenn es dabei von oben bis unten beschmiert ist. Das Kind wird ganz allein zum gegenständlichen Malen kommen. Es wird seine eigene "Richtung" dabei entwickeln, die für Ihr Auge vielleicht nicht immer schön ist.

Für Sie ist ein Baum grün und braun. Für Ihr Kind ist dieser Baum vielleicht rot, gelb oder violett. Warum soll es nicht einen roten oder violetten Baum malen? Das ist sein gutes Recht. Sie dürfen ihm dieses nicht nehmen.

Geben Sie Ihrem Kind grosses Papier zum Malen. Packpapier oder Tapeten eignen sich am besten zum grossflächigen Malen mit Pinsel und Farbe.

Ideal ist es, wenn man eine Staffelei aufstellen kann. Auf Schultafeln, wie man sie für Kinder zu kaufen bekommt, kann man sehr gut auch Papier spannen und hat so die schönste Staffelei. Montieren Sie an die Tafel eine Plastikwanne, in die dann die Becher mit der Farbe gestellt werden können.

Für jede Farbe braucht man einen Becher (Joghurtbecher eignen sich sehr gut) und einen Pinsel, da die Kinder noch nicht den Pinsel nach jeder Farbe auswaschen können. Nehmen Sie bitte 5 mm breite, harte Borstenpinsel. (Man bekommt sie in jeder Drogerie).

Sie zeigen Ihrem Kind nun, wie man den Pinsel hält, wie man

ihn eintaucht und die Farbe abstreift. Dann lassen Sie es malen, wie es will. Auch wenn es wochenlang nur das Blatt ganz mit Farbe verschmiert, ist dies für das Kind bereits schöpferisches Tun. Es muss sich ja erst in der Technik üben, muss die Farben und ihre Verwendung kennenlernen, ehe es "Bilder" zustande bringt.

Werfen Sie bitte diese Bilder nicht einfach fort. Sammeln Sie sie in einer Mappe. So können Sie die Entwicklung Ihres Kindes besser verfolgen.

Hängen Sie aber auch besonders gut gelungene Malereien und Zeichnungen auf. Eine Kinderzeichnung schmückt jede Wohnung. Wenn Sie ein Kinderzimmer haben, dann sollte dort an der Wand auch für die Malereien und Zeichnungen Ihres Kindes Platz sein.

Zum Zeichnen geben Sie bitte grosses Papier. Sie können auch dafür Rotationspapier verwenden. Geben Sie bitte Ihrem Kleinkind noch keine dünnen Farbstifte, sondern dicke Wachs- oder Oelkreiden. Diese sind für seine noch ungeschickten Hände besser geeignet. Dünne Farbstifte eignen sich erst für das Schulkind.

Das Mal- und Zeichenmaterial muss für das Kind immer griffbereit sein. Es muss dann malen und zeichnen können, wenn es dazu Lust hat; nicht wenn Sie es dazu auffordern. Beide Tätigkeiten sind für das Kind keine Ueberbrückungen eines Leerlaufes im Tagesprogramm, also Lückenfüller, sondern notwendige Ausdrucksmittel und wertvolle Hilfen in seiner Entwicklung.

Dies gilt ebenso für Kindergartenkinder. Leider findet man noch oft Kindergärten, in denen Mal- und Zeichenmaterial nur dann ausgegeben wird; wenn die Kindergärtnerin dies bestimmt. Das ist völlig falsch und kann niemals zu einem wirklich schöpferischen Malen und Zeichnen führen.

### 10.2.3. Das Modellieren und Basteln

Ebenso wie Mal- und Zeichengeräte sollte dem Kinde immer eine Knetmasse zur Verfügung stehen. Ton und Plastilin sind besonders zu empfehlen. Sie zeigen, wie man den Ton oder das Plastilin knetet und dass man damit formen kann. Sie lassen Ihr Kind dann allein mit diesem Material arbeiten.

Ich weiss, dass man immer wieder sagt, Mütter sollten mit ihren Kindern viel basteln. Ich sehe bei dieser Tätigkeit für unsere hörgeschädigten Kinder eine gewisse Gefahr.

Ich sagte schon, dass unsere Kinder bereits viel zu viel nachahmen müssen. Beim Basteln müssen sie dies wieder tun. Soll eine Arbeit schön werden - das ist doch auch der Stolz der Mutter - muss sie ihrem Kind zeigen, wie es diese Arbeit machen soll. Es wird also nur ein Nachahmen und kein schöpferisches Arbeiten.

Trotzdem müssen Sie manchmal mit Ihrem Kind basteln, damit es auch eine gewisse handwerkliche Geschicklichkeit erlernt. Ich schlage vor, dieses Basteln gleich für die Sprachlektion zu verwenden.
Ein Beispiel: Sie möchten von der Stadt sprechen. Da können Sie gut mit dem Kind - auch die hörenden Geschwister können mitmachen - eine solche Stadt basteln. Sie können verschiedene Häuser aus Schachteln bauen. Das ergibt eine recht lustige Stadt, mit ganz verschiedenen Häusern. Nun basteln Sie mit dem Kind auch noch aus Schachteln, Dosen und Kunststoffabfällen Fahrzeuge. Menschen entstehen aus Kabeldraht, Holzperlen, Kastanien, Papier oder Wolle. Bald ist eine Stadt fertig, mit der man spielen kann und die Ihnen beim Sprachunterricht viele Möglichkeiten bietet.

So wird das Basteln für uns sehr sinnvoll, und dabei lernen die Kinder noch etwas: Das Basteln mit wertlosem Material. Geben Sie Ihrem Kind doch eine Schachtel mit folgendem·

Material: Alten Schachteln, Korken, Kabeldraht, Zwirnspulen, Klopapierrollen usw. Lassen Sie es damit nach eigener Phantasie gestalten. Es kann seine Geschicklichkeit üben und seine schöpferischen Kräfte entfalten.

Ihr Kind muss auch schneiden lernen. Warum ich das betone? Nun, weil ich auch schon öfters erlebt habe, dass Eltern ihrem tauben Kinde keine Schere geben wollten, weil sie Angst hatten, es könne sich damit verletzen. Doch es gibt abgerundete Kinderscheren. Auch unsere Kinder sollen lernen, dass man im Umgang mit verschiedenen Instrumenten besonders aufpassen muss. Sie müssen sich darin üben. Auch eine Schere und Buntpapier sollten für das Kind immer griffbereit sein.

Damit es sich im Schneiden üben kann, kann man ihm Kataloge aus Spielwarengeschäften geben. Aus denen kann es die dort abgebildeten Spielsachen ausschneiden. Man kann das Kind auch anregen, diese Spielsachen alle aufzukleben und so ein kleines Buch herzustellen.

## 10.3. Phantasiespiele

Damit meine ich Rollenspiele, wie sie Kinder z.B. mit ihrer Puppe spielen. Wie ist das beim hörenden Kind? Es spielt ganze Geschichten mit seinen Puppen, Tieren und Fahrzeugen. Alles, was es erlebt, spielt es. So werden im Rollenspiel Eindrücke und Erlebnisse psychisch verarbeitet.

Sehr oft höre ich von Müttern gehörloser Kinder die Klage: "Es kann sich gar nicht lange mit einem Spielzeug beschäftigen. Es nimmt dauernd etwas anderes. Es vertieft sich nie in ein Spiel".
Warum ist das so? Sind taube Kinder unruhiger, unkonzentierter? Nein. Aber um eine "Rolle" spielen zu können, bedarf es der Sprache. Unsere Kinder denken, ehe sie die Lautsprache beherrschen, nur in Bildern. Diese Bilder aber sind nicht

immer miteinander verbunden. Sie passen oft nicht zusammen, stellen jedes für sich eine Handlung dar, ohne durch "Warum-weil" verbunden zu sein.

Unsere Kinder sind Augenmenschen. Die Augen können immer nur einen kleinen Teil des Geschehens rings um uns aufnehmen. Das normalhörende Kind verarbeitet alle seine Wahrnehmungen im Spiel. Das taube Kind auch. Doch das normalhörende Kind hat das grössere Wahrnehmungsfeld und bringt dies in seinem Spiel zum Ausdruck.

Das taube Kind dagegen führt in seinem Spiel meist nur die Tätigkeiten aus, die sich vor seinem Auge abspielen. Es wird also die Tätigkeiten der Mutter im Haushalt beim Spiel mit seiner Puppe nachahmen. Ein richtiges Rollenspiel, bei dem die Sprache eine wichtige Rolle spielt, wird aber erst dann möglich, wenn das gehörlose Kind über genügend Sprache verfügt.

Das Kind muss lernen, dass sich eine Handlung sehr oft erst aus einem Gespräch ergibt. Daher ist es wichtig, dass Sie mit Ihrem Kind das Rollenspiel in der Puppenecke, im Puppenhaus, mit dem Kaspertheater, mit Tieren und Fahrzeugen einüben.

Sind unsere Kinder sprachlich gut vorbereitet, beginnen auch sie immer intensiver zu spielen und übernehmen dabei auch Rollen. Nun sollten sie auch die Möglichkeit haben, wann immer sie wollen, diese Spiele richtig auszuspielen.

### 10.3.1. Die Phantasiekiste

Zum Rollenspiel gehört auch die Verkleidung. Ein alter Rock der Mutter, eine abgelegte Handtasche, ein alter Hut, ein Schleier oder ein Tuch lassen schon sehr viele Möglichkeiten zu. Das Kind verwandelt sich in eine andere Person und spielt und spricht als solche.

Dieses Verwandeln ist für unsere Kinder besonders wichtig. Noch haben sie grosse Mühe, sich lautsprachlich gut auszudrücken. Wenn sie aber einen langen Rock anziehen und eine andere Person darstellen, dann muss diese sich beim Sprechen anstrengen und nicht das Kind. Die andere Person wird auch verbessert. Jeder Mensch kann in einer "Rolle" leichter aus sich herausgehen und verschiedene Schwierigkeiten besser meistern. Denken Sie einmal an einen Büroangestellten, der das ganze Jahr im korrekten Anzug hinter seinem Schreibtisch sitzt und für still und zurückhaltend gehalten wird. Diesen treffen Sie dann an einem Urlaubsort mit einem knallig bunten Hemd, fröhlich und übermütig, dass Sie ihn kaum wieder erkennen. Denken Sie an die Karnevalszeit! Wie verwandelt ein Kostüm oft einen Menschen! Jeder möchte manchmal aus seiner Haut schlüpfen.
So ergeht es auch unseren Kindern. Auch sie können sich durch ihre Verkleidung besser in eine Rolle einleben und diese ausspielen. Dabei sind sie gelöster und können auch leichter sprechen.

### 10.3.2. Kochlöffelkasper

Aus dem gleichen Grund möchte ich Ihnen empfehlen, für Ihr Kind eigene Kasperfiguren herzustellen; Kasperle aus Kochlöffeln, da das Kleinkind mit diesen besser spielen kann. Lassen Sie das Kind mit diesen Figuren "Aufführungen" machen, und schauen Sie diesen auch zu. Auch die grösseren Geschwister sollten dabei zuschauen. Wenn möglich, sollten diese manchmal zusammen mit dem gehörlosen Geschwisterchen ein Kasperlestück spielen. Auch dabei übernimmt das Kind wieder eine "Rolle", es spricht als andere Person.

### 10.3.3. Theaterspielen

Noch eine Anregung für das Rollenspiel: Das Theaterspielen. Wenn es möglich ist, laden Sie bitte häufiger Nachbarskinder zum Spiel mit Ihrem Kind ein und veranstalten Sie mit Ihren hörenden Kindern, den Nachbarskindern und Ihrem gehörgeschädigten Kind kleine Märchenspiele, zu denen Sie natürlich auch Zuschauer einladen.

Ich habe dies auch mit meinen Pflegekindern oft gemacht. Ich habe die Nachbarskinder vorher eingeladen und ihnen und meinem gehörlosen Pflegekind ein Märchen mit dem Kaspertheater vorgespielt. Dann haben wir besprochen, wie man diese Geschichte spielen könnte. Ich habe immer das gehörlose Kind seine Rolle zuerst auswählen lassen.

Die Kinder spielten das Stück dann einmal durch. Ich schrieb auf, was sie dabei sprachen. Nachher verbesserte ich mit den Kindern gemeinsam nicht gut Gesprochenes und übte mit dem tauben Kind noch einige schwierige Sätze besonders ein.

Als eigener "Textdichter" war es mir möglich, den momentanen Sprachzustand jeweils zu berücksichtigen, so dass auch das hörgeschädigte Kind seine Rolle sprachlich gut meistern konnte.

Die Kostüme waren immer schnell fertig. Alte Kleider von mir und meinem Mann waren immer zur Stelle,und so konnte bald gespielt werden.

Wie sehr gerade taube Kinder bei diesem Spiel aus sich herausgehen und wie sie sich auch sprachlich ausdrücken können, ist erstaunlich und ein grosses Erlebnis für jeden Erzieher.

Dass man in einem Kindergarten so viel wie möglich Theater spielt, halte ich für selbstverständlich. Doch leider wird dies kaum gemacht. Wenn einmal Theater gespielt wird, dann stellen die Kinder noch oft ihre Rollen stumm dar. Wie falsch und wie schade für die Kinder, welche so um ein lautsprachliches Erlebnis und damit um einen grossen Erfolg gebracht werden! Wie schade auch für die Zeit, in der die Sprache so lustbetont hätte geübt werden können!

## 10.4. Anleitung zur Selbständigkeit

Zur Förderung aller Kräfte gehört auch notwendige Hilfe beim Selbständigwerden der Kinder. Ich erlebe häufig, dass Eltern ihr hörgeschädigtes Kind mehr behüten wollen als ihre hörenden Kinder. Die Angst, das Kind könnte in Gefahr geraten, ist nur zu verständlich. Ich weiss aus Erfahrung, wie oft ich Herzklopfen hatte, wenn ich eines meiner tauben Pflegekinder nicht sehen konnte und nicht wusste, wie es einen Auftrag ausführen oder wie es sich allein beim Spiel mit hörenden Kindern benehmen würde.

Doch wir müssen unsere eigenen Aengste überwinden. Hörgeschädigte Kinder müssen ebenso lernen, selbstständig zu werden wie alle anderen auch. Da sie anhänglicher sind als hörende Kinder, müssen wir uns noch mehr bemühen, sie von unserem "Schürzenband" abzulösen.

Die Selbständigkeit beginnt schon mit dem An- und Ausziehen. Ein Kind mit vier Jahren muss dies allein können. Doch mir fallen viele Kinder dieses Alters auf, die noch nicht einmal allein in einen Schuh schlüpfen können. Ein vierjähriges Kind muss auch schon allein auf die Toilette gehen. Es muss seine Spielsachen allein einräumen. Die Mutter ist dafür nicht zuständig.

Es wäre grausam und dem schöpferischen Tun des Kindes nicht förderlich, wenn dieses eine Stunde lang eifrigst gebaut hat, das Bauwerk nun vollendet auf dem Boden steht und die Mutter jetzt sagt: "So, du bist fertig, räume auf".
Ein solches Bauwerk muss stehen bleiben können. Selbst wenn das Kind an diesem Tage nicht mehr damit spielt, wird es dies am nächsten wieder tun. Es wird umbauen und ergänzen.

Aufgeräumt muss erst werden, wenn das Kind sich nicht mehr mit einem Bauwerk beschäftigt oder selbst findet, jetzt könne es wieder mit anderen Dingen spielen und den Bau zerstören.

Ich weiss, jetzt wird manche Mutter sagen: "Aber da ist ja meine Wohnung immer in schrecklicher Unordnung!" Für fremde Leute mag dies manchmal so scheinen. Doch ist deren Meinung wirklich so wichtig? Ihr Kind und seine Entwicklung geht immer vor.

Zur Selbständigkeit gehört auch, dass ein Kind lernt, sich sein Essen selbst auf den Teller zu schöpfen. Ich weiss, dass noch in vielen Familien die Mutter das Essen für alle Familienmitglieder auf den Teller schöpft. Doch ich bin nicht der Meinung, dass dies immer alle so wollen. Auch ein Kleinkind sollte sich schon selbst herausschöpfen dürfen. Es wird sehr bald lernen, wie viel es essen kann. Man braucht nicht zu befürchten, dass es zu wenig nimmt. Dafür sorgt schon der "Futterneid".

So bald Ihr Kind sich verständlich ausdrücken kann, sollten Sie es auch einkaufen schicken. Leider gibt es immer mehr Supermärkte. Doch vielleicht haben Sie noch eine kleine Metzgerei, einen Milchladen oder eine Bäckerei in Ihrer Nähe. Dann schicken Sie Ihr Kind allein in eines dieser Geschäfte und lassen Sie es ein bis zwei Dinge kaufen. Schreiben Sie diese nicht auf einen Zettel! Ueben Sie vor dem Einkauf mit dem Kind ein, was es im Geschäft sagen soll! Wenn Sie zu Hause vorher das Einkaufen gespielt haben, schicken Sie das Kind allein los.

Bereits als Kleinkind muss Ihr hörgeschädigtes Kind lernen, sich mit seiner hörenden Umwelt zu verständigen. Dann wird es auch später keine Scheu vor einem Gespräch mit Hörenden haben. Das Gefühl, dass es mit seinem Sprechen auch von anderen Menschen verstanden wird, muss schon jetzt geweckt werden. Das Kind darf keine Hemmungen haben, wenn es mit fremden Leuten sprechen will.

Lassen Sie Ihr Kind auch ein Spielzeug, das es besonders gerne hätte, allein kaufen. Sie gehen zwar mit ihm in das Geschäft, doch fordern Sie es auf, der Verkäuferin allein zu sagen, was es gerne möchte. Sie können sich nicht vorstellen, wie glücklich die Kinder sind, wenn sie auch einmal allein etwas kaufen können.

Ich werde ein Pflegekind nie vergessen, das sich erstmals ein Auto in einem Spielwarengeschäft allein kaufen durfte. Als wir nach dem Einkauf wieder nach Hause kamen, stürzte es in die Wohnung und schrie: "Onkel schau, ich habe das Auto allein gekauft, und die Frau hat mich gut verstanden!" Es war an diesem Tag glücklicher als am Weihnachtsabend.

Lassen Sie Ihr Kind auch im Rahmen seiner Möglichkeiten die gleichen kleinen häuslichen Dienste verrichten, wie dies auch die hörenden Geschwister tun. Sagen Sie nie: "Es kann das nicht". Ihr Kind wird sich sonst ausgeschlossen fühlen, auch wenn Sie es an Zärtlichkeiten nicht fehlen lassen.

Wenn Sie ein Kind mit einem Auftrag zu Ihrem Mann schicken wollen, der sich in einem anderen Raum befindet, dann rufen Sie nicht ein hörendes Geschwister, wenn Ihr hörgeschädigtes Kind in der Nähe ist. Wenn es schon über genügend Lautsprache verfügt, dass es sie verstehen und sich auch selbständig ausdrücken kann, übergeben Sie ihm den Auftrag. Tun Sie dies immer wieder, auch wenn es diesen vielleicht einmal falsch ausrichtet. Sagen Sie zu ihm: "Geh zum Papa. Der Papa ist in dem Keller. Sage, Papa komm! Wir wollen essen". Lassen Sie selbständig das Kind den Auftrag wiederholen.

# 11. Die Eingliederung des hörgeschädigten Kindes in die Familie

Vor noch nicht langer Zeit sagte ein Ohrenarzt zur Mutter eines meiner kleinen Schützlinge: "Ihr Bub ist taub. Sie schaffen sich am besten gleich ein zweites Kind an, denn das erste müssen Sie abschreiben. Ihr Junge kommt in eine Anstalt, wenn er vier Jahre alt ist. Sie können mit diesem Kind nichts tun".

Das ist leider ein Tatsachenbericht und keine Erfindung. Als mir die Mutter dies unter Tränen berichtete, kam mir zuerst der Gedanke: "Hat da ein Mensch über einen Menschen gesprochen?" So traurig es ist: Dies waren in meiner langen Praxis nicht die einzigen Eltern, die mir solches berichteten. Heute ist dieser kleine Bub 6 Jahre alt und im Stande,sich lautsprachlich vollkommen zu verständigen. Er lebt noch immer glücklich in seiner Familie.

Es gibt auch viele Nachbarn, die schnell mit dem "guten Rat" zur Hand sind: "Geben Sie das Kind doch fort! Geben Sie es in ein Heim! Es stört ja die Familie".
Die Familie sollte sich also von dem behinderten Kind lossagen. Sie sollte es abschieben und seine Förderung fremden Leuten überlassen. Sie sollte dieses Kind ausstossen.

Wie ist es dann später? Wer wird dem gehörlosen, jungen Menschen dann, wenn er nicht mehr in einer Schule oder in einem Heim wohnen kann, sondern in die eigene Familie zurückkehrt, die Hand reichen, um ihn in die hörende Gemeinschaft aufzunehmen? Soll er wie ein Aussätziger auf eine Insel verbannt werden, damit er nur niemanden stört? Hat er sich sein Gebrechen ausgesucht? Ist er denn Schuld daran, dass seine Sinne nicht vollkommen sind?

Es sei an dieser Stelle erlaubt, einmal Taubheit und Blindheit zu vergleichen. Der Blinde hat durch das Bindeglied "Sprache" die Möglichkeit, sich mit seiner Umwelt in Verbindung zu setzen, ohne dass auf ihn Rücksicht genommen werden muss.

Wenn sich ein Blinder im gleichen Raum mit zehn Sehenden aufhält, dann kann er ohne Schwierigkeiten am Gespräch teilnehmen. Der Blinde wird selbstverständlich von den Sehenden in das Gespräch einbezogen.
Wie ist die gleiche Situation, wenn der Behinderte nicht blind, sondern taub ist? In diesem Fall müssten erstens alle Personen eine dialektfreie Umgangssprache sprechen, damit der Hörgeschädigte sie verstehen kann. Sie müssten ausserdem so sitzen, dass er allen Gesprächsteilnehmern vom Mund absehen kann. Tun sie das nicht, bleibt der Hörgeschädigte von ihrem Gespräch ausgeschlossen und damit auch aus ihrer Gemeinschaft.

Wie viele Menschen aber gibt es, die bereit sind, wegen eines einzigen "Aussenseiters" so kleine winzige "Opfer" wie Hochsprache und antlitzzugewandtes Sprechen auf sich zu nehmen? Wer nicht "normal" die Sprache versteht, wird von allzuvielen Leuten noch immer als "nicht normal ist gleich dumm" eingestuft. Weiter denken sie überhaupt nicht!

Schuld daran ist nicht allein die schlechte Beziehung zum Mitmenschen, sondern hauptsächlich die Unwissenheit der meisten Leute. Sie wissen nicht, dass man sich mit Hörgeschädigten lautsprachlich unterhalten kann. Die Meinung, dass diese Menschen nur über eine Zeichensprache verfügen, geistert noch immer herum.

Ich bin der Meinung, dass in erster Linie die Familie des Hörgeschädigten die Pflicht hat, diesen in ihre Gemeinschaft aufzunehmen und ihm zu helfen, in dieser Gemeinschaft ein vollwertiges Mitglied zu werden. Ist dies einmal gelungen, dann hat der Hörgeschädigte einen guten Start bei der Eingliederung in die hörende Gesellschaft. Mit seiner Familie als Stütze wird er sich in der hörenden Umwelt leichter zurechtfinden und ohne Schwierigkeiten mit dieser in Kontakt treten. Er wird ein vollwertiges Mitglied unserer Gesellschaft werden.

Natürlich gibt es Umstellungen und Schwierigkeiten, wenn in einer Familie plötzlich ein hörgeschädigtes Kind erzogen werden soll. Doch diese Schwierigkeiten lassen sich überwinden. Sie verschwinden nicht, wenn man das Kind in ein Heim gibt, sondern sie werden nur grösser, weil die Eltern dann ganz den Kontakt zu ihrem Kind verlieren.

Um ein hörgeschädigtes Kind richtig in die Familie einzugliedern, müssen die Eltern zunächst einmal dieses Kind so annehmen wie es ist. Der Zustand ändert sich nicht, wenn man jammert: "Dass gerade in unserer Familie so etwas passieren musste!"

Ich sagte schon zu Beginn: "Sie haben eine grosse Aufgabe erhalten; nicht nur eine unangenehme Pflicht! Sie müssen sich auf diese Aufgabe vorbereiten. Behandeln Sie Ihr gehörloses Kleinkind daher genau so wie auch seine hörenden Geschwister. Verwöhnen Sie es nicht, lassen Sie es aber auch nicht zurückstehen.

Gewöhnen Sie sich frühzeitig daran, eine dialektfreie Umgangssprache zu sprechen, auch wenn das Kind noch gar nicht an einem Gespräch teilnehmen kann. Das ist für Sie und Ihr hörgeschädigtes Kind nur von Vorteil. Auch die hörenden Geschwister werden einen Gewinn davon haben.

Das heisst nun nicht, dass Sie überhaupt nicht mehr Dialekt sprechen sollen. Aber wenn Ihr hörgeschädigtes Kind in Ihrer Nähe ist, sollten Sie sich unbedingt der Hochsprache bedienen. Sie werden das nach einer kleinen Weile schon so automatisch tun, dass es Ihnen gar nicht mehr bewusst wird.

Wenn Sie einen Besuch machen, zu dem Sie die hörenden Geschwister mitnehmen, dann nehmen Sie bitte auch das hörgeschädigte Kind mit. Das Kind muss von Anfang an zur Familie gehören. Wenn die Familie also etwas gemeinsam unternimmt, muss auch das hörgeschädigte Kind mit dabei sein.
Sollten grössere Geschwister vorhanden sein, dann werden diese natürlich öfters etwas machen können, was für das hörgeschädigte Kind seinem Alter nach einfach noch nicht geeignet ist. Das können Sie ihm aber dann auch erklären: "Peter ist schon gross. Peter ist schon zehn Jahre alt. Wenn du zehn Jahre alt bist, darfst du auch in das Kino gehen".

Wenn alle Familienmitglieder zusammensitzen und ein Gespräch geführt wird, muss dies unbedingt in der Hochsprache geschehen, wenn das hörgeschädigte Kind bereits ein wenig die Sprache versteht. Sie müssen sich auch die Zeit und die Geduld nehmen, das hörgeschädigte Kind anzuhören, wenn es ebenfalls sprechen will. Sie müssen auch den Geschwistern klar machen, dass jeder in der Familie das Recht zu sprechen hat, auch wenn es den anderen vielleicht nicht so ganz passt. Sie müssen aber auch dem hörgeschädigten Kind verständlich machen, dass es manchmal warten muss, bis die anderen fertig gesprochen haben.

Ich möchte zusammenfassen: Das hörgeschädigte Kind muss die gleiche Nestwärme verspüren, wie jedes andere Kind auch. Dazu muss es von seinen Eltern und Geschwistern als gleichwertig angenommen werden. Das gehörlose Kind ist kein geistig unterentwickelter Aussenseiter.

Es muss am Familienleben ebenso beteiligt werden wie alle anderen auch. Es muss sich aber auch den Familiengewohnheiten ebenso anpassen und darf keine Vergünstigungen, aber auch keine Benachteiligung erleben.

Es muss die gleichen Pflichten, aber auch die gleichen Rechte haben wie die hörenden Geschwister.

Jedes Zusammenleben bringt eine gewisse Umstellung mit sich. Schliesslich müssen Sie sich, auch wenn Sie aus grosser Liebe geheiratet haben, erst in der Ehe an Ihren Partner gewöhnen. Sie müssen seine Eigenarten verstehen und mit ihnen leben lernen.

Wenn Sie dann Kinder haben, werden diese nicht immer so sein, wie Sie es sich in Ihren Zukunftsträumen vorgestellt haben. Die Kinder werden Eigenschaften entwickeln, die Ihnen vielleicht fremd oder sogar unangenehm sind. Aber Sie werden lernen, mit diesen Eigenschaften und mit irgendwelchen Angewohnheiten zu leben. Sie werden sich anpassen.

In jeder Gemeinschaft muss man dies tun. Anpassung bedeutet nicht Aufgabe seiner eigenen Persönlichkeit. Man muss sich allerdings einschränken und auch den anderen sehen.
Besonders bei der Entwicklung kleiner Kinder ist das Beobachten der Entfaltung ihrer Persönlichkeit etwas sehr Positives, etwas, das einem auch zum Nachdenken über die Lebensäusserungen dieser kleinen, werdenden Persönlichkeiten anregt. Eigene Lebensgewohnheiten erscheinen manchmal in einem ganz anderen Licht.

Man muss über sein eigenes Handeln nachdenken. Das ist in jeder Beziehung dem Zusammenleben aller förderlich. Natürlich wird die eigene Bequemlichkeit sehr oft strapaziert. Wenn jemand dazu neigt, immer im gleichen täglichen Trott dahinzuleben, dann wird ihn natürlich ein etwas komplizierterer Mitbewohner stören. Das gilt nicht nur für das hörgeschädigte Kind. Ebenso ist es auch bei allen anderen Familienangehörigen. Die Eingliederung eines Behinderten in die Familie beginnt daher mit der Selbsterziehung der Eltern.

Meine Mutter schrieb mir anlässlich meines zwölften Geburtstages in das damals heissgewünschte "Stammbuch": "den besten Teil seiner Erziehung gibt der Mensch sich selbst". - Fördern Sie diesen Erziehungsabschnitt!

## 11.1. Die Vorteile früher Spracherziehung für die Eingliederung in die Familie

Leider halten viele schlecht informierte Mitbürger noch sehr an dem altmodischen Ausdruck "Taubstumm" fest. Taubstumm ist auch heute noch oft gleichgesetzt mit dumm. Diese Einstellung, von Generationen her übernommen, macht es vielen Eltern manchmal unmöglich, ihr Kind vorurteilslos zu betrachten.

Sie sehen nur das grosse Handikap der Sprachlosigkeit, die vermehrte Mühe, um die Mauer, die das Nichthören um das Kind errichtet, zu durchbrechen. Sie können sich nicht vorstellen, dass dies alles bei entsprechendem persönlichem Einsatz überwunden werden kann.

In den letzten Tagen sprach ich mit einer Mutter über ihr taubes Kind, das im Augenblick bei mir in der Kindergartengruppe ist. Ich erzählte der Mutter, wie natürlich und aufgeschlossen sich das Kind bereits über die verschiedensten Probleme unterhalten könne. Das Kind und ich führen zusammen oft lange Gespräche.

Die Mutter sagte mir im Laufe der Unterhaltung etwas für mich sehr Bedeutendes: "Wissen Sie, ich glaube unser Kind ist allem gegenüber so aufgeschlossen, weil es in unserer

Familie einfach kein taubes Kind gibt. Von Anfang an hat sie zu uns gehört wie auch ihr kleinerer Bruder. Immer haben wir uns mit ihr unterhalten, als wäre sie hörend wie dieser. Sie wurde noch nie von irgend etwas ausgeschlossen. Wir hatten noch nie das Gefühl, diesem Kind könnten wir ja dies und jenes nicht erklären. Ich glaube, dass sie sich dadurch auch ganz unauffällig benimmt". Sehen Sie, liebe Eltern, das ist die richtige Einstellung, die auch Sie gewinnen sollten. Denken sie daran, dass jedes ihrer Kinder seine Probleme hat. Ueberbewerten sie nicht die Probleme mit Ihrem hörgeschädigten Kind! Schieben Sie auch nicht alle Erziehungsschwierigkeiten auf die Taubheit!
Natürlich gibt es Erziehungsschwierigkeiten als Folge der Gehörlosigkeit. Doch je früher wir mit der Sprachanbahnung beginnen, desto geringer werden auch diese Schwierigkeiten, desto weniger merken wir besondere Störungen infolge der Taubheit.

Wenn das Kind die Sprache verstehen kann, kann man ihm ebenso wie seinen hörenden Geschwistern erklären, warum etwas geschehen muss oder nicht gemacht werden kann.

Die gleiche Mutter, von der ich oben berichtete, sagte mir auch einmal folgendes: "Wissen Sie, ich wüsste nicht, was ich täte, wenn dieses Kind nicht schon so viel Sprache hätte. Sie ist so darauf bedacht, alles selbst zu machen und würde niemals einen Auftrag ohne vorherige Erklärung erledigen. Wie könnte ich da ohne Sprache zurecht kommen! So aber kann ich sie bereits mittels eines Gesprächs von der Notwendigkeit einer von mir getroffenen Massnahme überzeugen. Sie kann mir auch ihren Standpunkt bereits sprachlich klar machen. So gibt es bei uns sehr wenig Schwierigkeiten, die sicher vorhanden wären, wenn das Kind nicht schon jetzt so viel Sprache hätte". (Das Mädchen ist jetzt sieben Jahre alt). Es heisst oft: Hörgeschädigte Kinder sind jähzornig. Sie sind es nur dann, wenn sie nicht über genügend Sprache verfügen, um sich zu verständigen oder um zu verstehen, was von ihnen verlangt wird. Daher gilt: Sobald wie möglich mit der Lautsprache beginnen und diese so an das Kind heranzubringen, dass es sie schon zwischen dem zweiten und dritten Lebensjahr richtig und sinnvoll anwenden kann! Dadurch fallen viele Erziehungsschwierigkeiten, die sonst typisch für hörgeschädigte Kinder sind, weg.

## 11.2. Hinweise auf bei hörgeschädigten Kindern häufiger auftretende Erziehungsschwierigkeiten

### 11.2.1. Geringes Schlafbedürfnis

Ich möchte nicht sagen, dass es nicht trotzdem noch einige Schwierigkeiten mit hörgeschädigten Kindern gibt. Ich habe im Laufe meiner Tätigkeit immer wieder festgestellt, dass hörgeschädigte Kinder anscheinend weniger Schlaf brauchen als normalhörende. Das wäre auch begreiflich. Das normalhörende Kind wird ununterbrochen irgendwie angesprochen. Dadurch, dass es hört, nimmt es während des ganzen Tages ohne Pause auf und versucht, das Gehörte zu verarbeiten. Geräuschkulissen jeder Art und Lautstärke begleiten und ermüden es während des Tages.
Das ist beim hörgeschädigten Kind anders. Wenn es allein spielt, dann wird es durch nichts von diesem Spielen abgelenkt. Keine anderen Eindrücke kommen an es heran, fordern es auf zum Denken, zum Aufnehmen und zum Lernen.

Das gehörlose Kind hat während des Tages dadurch Ruhepausen. Selbst wenn sich alle Familienangehörigen bemühen, während des Tages viel mit dem Kind zu sprechen, wird es doch viele Stunden ohne jegliche Ansprache ganz für sich allein spielen. In diesen Pausen hat es Zeit, sich auszuruhen.

Natürlich denkt und überlegt das hörgeschädigte Kind bei

seinem Spiel ebenso wie das hörende, aber doch nicht in dem gleichen Ausmass. Alles, was um das Kind herum vorgeht, die ermüdende Geräuschkulisse, nimmt es nicht wahr. Das taube Kind beschäftigt sich nur mit seinem Spielzeug. Es drängt sich ihm nichts anderes auf.
Das ist ein Grund für das geringere Schlafbedürfnis. Auf weitere Ursachen des gestörten Schlafes komme ich noch zu sprechen.

Dieses geringe Schlafbedürfnis bringt sehr grosse Störungen für die gesamte Familie mit sich. Die Kinder stehen immer wieder auf, hüpfen aus ihren Betten, wollen womöglich zu den Eltern in das Bett und stören dabei auch die hörenden Geschwister.

Was kann man dagegen tun? Zunächst einmal achten Sie bitte darauf, dass Ihr Kind das leicht verdauliche Abendessen nicht zu spät zu sich nimmt.

Lassen Sie Ihr Kind nach dem Abendessen nicht noch lange vor dem Fernsehapparat sitzen! Fernsehen sollte auch dem normalhörenden Kleinkind selten gestattet werden. Für taube Kinder muss dabei die Regel gelten: Nur wenn der Erzieher dabei ist und sprachlich erklären kann, darf das Kind altersgemäss Sendungen sehen. Das sind in erster Linie Tierfilme über Zootiere usw. Nicht aber etwa Serien wie "Lassie".
Leider ist der Fernsehapparat in fast allen Familien anzutreffen. Sicher bringt das Fernsehen auch manche Bereicherung. Doch ein Fernsehapparat ist kein Babysitter! Für taube Kinder bringt das Programm oft mehr Verwirrung als Freude!

Ihr Kind muss auch genügend körperliche Bewegung haben. Sehr oft haben hörgeschädigte Kinder einen übersteigerten Bewegungsdrang. Sie können kaum still sitzen, wackeln mit Händen und Füssen und wollen laufen, laufen und nochmals laufen. Diesem Bewegungsdrang muss man unbedingt Rechnung tragen. Wenn Sie der glückliche Besitzer eines Gartens sind, dann ist es kein Problem, Ihrem Kind Bewegung zu verschaffen. Haben Sie keinen Garten zur Verfügung, dann bleibt leider nichts anderes übrig, als weite Spaziergänge zu unternehmen. Ideal ist es natürlich, wenn man einen Wald oder eine Wiese in der Nähe hat. Das Klettern auf Bäumen, das Werfen von Zapfen, das Herumspringen zwischen den Bäumen macht den Kindern Spass und lässt sie ihre überschüssigen Kräfte austoben.

Ich rate allen Eltern hörgeschädigter Kinder dringend, ihr Kind schon sehr früh schwimmen lernen zu lassen. Beim Schwimmunterricht können sich die Kinder nicht nur austoben, sie werden auch sehr gelockert, und gleichzeitig wird beim Schwimmen die richtige Atmung trainiert, was dem Sprechen wieder zugute kommt. Das richtige Atmen ist eine Voraussetzung für zusammenhängendes Sprechen. Richtiges Atmen ist aber auch eine Voraussetzung für guten Schlaf.

Sie sollten ebenso wie bei normal hörenden Kindern eine "Schlafstimmung" schaffen. Wenn man vor dem Zubettgehen noch viel Spass macht, herumhüpft und das Kind "aufzieht", findet es auch lange keine Ruhe und wird immer wieder aufstehen.

Beginnen Sie täglich das Schlafengehen mit einer lauwarmen Dusche. Dieses Duschen beruhigt die Kinder sehr. Setzen Sie sich dann zu Ihrem Kinde an das Bett und erzählen Sie ihm eine leicht verständliche Geschichte, (wie schon besprochen) die nicht gerade dramatisch ist.

Sind jüngere hörende Geschwister vorhanden, dann werden auch diese die gleiche Geschichte gerne hören.

Nehmen Sie dazu auch Bilderbücher. Das Lesen vor dem Einschlafen ist durchaus keine Unsitte, wie es oftmals verschrien wird. Auch hörgeschädigte Kinder können schon auf dieser Alterstufe mit einem Buch zum Ausklang des Tages vertraut gemacht werden.

Verlangen Sie von Ihrem hörgeschädigten Kind nicht, dass es im vollkommen dunklen Zimmer schläft. Sicher gibt es Kinder, die ohne weiteres in das dunkle Zimmer gehen und dort allein einschlafen. Das sind Ausnahmen. Viele unserer Kinder haben Angst. Hörgeschädigte Kinder haben oft mehr Aengste auszustehen als hörende.

Warum? Nun, deshalb, weil unsere Kinder viele Eindrücke aufnehmen, die sie noch nicht richtig verarbeiten können. Solange sie noch nicht vollkommen die Sprache beherrschen, können sie uns auch noch nicht so gut erklären, wovor sie sich fürchten. Sie können ja auch noch nicht sagen, dass sie sich fürchten. Sie können sehr oft Traum und Wirklichkeit nicht unterscheiden. Unsere Kinder träumen ebenso viel wie Hörende auch. Erst wenn sie begriffen haben, was Traum und Wirklichkeit ist, können sie auch die Aengste überwinden lernen.

### 11.2.2. Angst

Wenn taube Kinder sich ängstigen, dann wollen sie meistens auch nicht in ihrem Bett bleiben. Sie wollen womöglich zu den Eltern ins Bett kriechen. Wie sollen Sie sich da verhalten?
Ich rate den Eltern immer dringend, Ihr Kind nicht in ihr Bett zu nehmen. Wenn Ihr Kind Angst hat und vor Angst schreit, dann gehen Sie bitte zu ihm und schauen Sie sich mit ihm gemeinsam im ganzen Zimmer um. Fragen Sie es, was es sieht: "Was ist da? Was siehst du?" Schauen Sie mit ihm unter sein Bett, hinter den Schrank, hinter die Vorhänge und zeigen Sie ihm, dass da gar nichts zu sehen ist.

Setzen Sie sich dann zu ihrem Kind ans Bett, nehmen Sie ein schönes Bilderbuch, eines, das es vielleicht auch besonders liebt, schauen Sie mit ihm die Bilder an und beruhigen Sie es so in seinem eigenen Bett. Nehmen Sie das Kind nicht heraus und nehmen Sie es schon gar nicht zu sich ins Bett! Ihr Kind muss lernen, seine Angst in seinem eigenen Bett zu überwinden.

Ich weiss nicht, ob Sie schon einmal darüber nachgedacht haben, ob Sie selbst wirklich frei von jeder Angst sind. Es gibt wenige Menschen, die wirklich frei von Angst sind. Fast alle haben wir unsere Aengste. Wir müssen lernen, mit diesen Aengsten zu leben oder sie zu überwinden. Das muss auch unser taubes Kind schon sehr bald lernen.

Sie können Schlafstörungen des Kindes weitgehend vermeiden, wenn Sie von vornherein darauf achten, dass Ihr Kind nicht Fernsehsendungen, die es noch nicht verarbeiten kann, zu sehen bekommt. Andere Erlebnisse die es noch nicht verarbeiten kann, wirken sich auch schädlich aus.

### 11.2.3. Probleme mit hörenden Geschwistern

Ich möchte mich nun besonders den Problemen mit hörenden Geschwistern zuwenden, die durch die Taubheit des einen Kindes entstehen.

Sicherlich ist es für die Eltern leichter, sich dem hörgeschädigten Kind anzupassen, auf seine Eigenart einzugehen und es somit in den Familienverband aufzunehmen, als für die hörenden Geschwister.
Trotzdem habe ich die Ueberzeugung gewonnen, dass die hörenden Geschwister meist eine viel natürlichere und daher für das hörgeschädigte Kind vorteilhaftere Einstellung haben als die Eltern.

Bei den Eltern spielt noch viel das Mitleid mit dem Kind eine Rolle. Dazu kommt der Gedanke: "Dass gerade uns das passieren musste!" Mitleid und Selbstmitleid treten bei Eltern häufiger auf.

Bei Geschwistern ist dies ganz anders. Ich höre immer wieder, dass die hörenden Geschwister sagen: "Was? Eva soll benachteiligt sein? Der geht es ja besser als mir! Die hat das und jenes, und es wird mit ihr dieses und jenes gemacht. Darum soll sie nun auch einmal das machen oder jenes tun". Das ist eine vollkommen gesunde Einstellung. Das hörgeschädigte Kind soll und darf nicht anders behandelt werden, als seine normalhörenden Geschwister.

Für Eltern hörgeschädigter Kleinkinder gibt es zwei grosse Schwierigkeiten zu überwinden. Da ist einmal das Einbauen des täglichen Unterrichtes in das Spiel.

Dadurch, dass der Unterricht und die notwendige Beschäftigung mit dem Kleinkind so in den Tageslauf eingebaut werden sollten, dass sich niemand davon benachteiligt fühlt, entsteht die zweite Schwierigkeit.

Das sieht zunächst sehr kompliziert und fast undurchführbar aus. Doch wie alle Schwierigkeiten lassen sich auch diese mit viel gutem Willen und mit guter Verständigung überwinden.

Voraussetzung ist natürlich immer ein gut funktionierendes Familienleben. Funktioniert die Familie schon ohne hörgeschädigtes Kind nicht gut, dann werden sich die Schwierigkeiten bei der Erziehung eines solchen Kindes natürlich verdoppeln und verdreifachen.

Wir wollen uns hier einmal mit einer normal funktionierenden Familie beschäftigen. Sind keine Geschwister vorhanden, handelt es sich bei dem hörgeschädigten Kinde also um ein Einzelkind. Dann fallen diese Probleme ohnehin weg. Dann besteht nur die grosse Gefahr, dass die Eltern dieses Kind zu sehr verwöhnen und ihm alle Schwierigkeiten des täglichen Lebens aus dem Wege räumen. Nehmen wir einmal an, es sind bereits zwei hörende Kinder vorhanden. Wenn die Eltern nun erfahren, dass das drittgeborene Kind hörgeschädigt ist, müssen sie sofort mit den beiden grösseren hörenden Kindern ein Gespräch über diese Behinderung führen.

Sie dürfen nicht nur einfach erklären: "Schaut, euer Geschwisterchen kann nicht hören. Es ist sehr arm, und wir müssen ihm helfen. Wir müssen alle versuchen, dass es sprechen lernt usw.".

Damit können Sie keine besondere Zuneigung und Bereitschaft erreichen. Mitleid erwecken ist besonders in diesem Falle das Schlechteste, was Sie tun können.

Sie müssen den grösseren Kindern vielmehr erklären, was es mit dieser Gehörlosigkeit auf sich hat. Beschaffen Sie sich bitte Material, das anschaulich macht, wie das Hören überhaupt funktioniert. Die grossen Hörgerätehersteller haben grosse Posters herausgegeben, die die Funktion des menschlichen Gehörs verständlich darstellen.

Um den Kindern selbst einmal das Empfinden für "nicht hören" zu geben, empfehle ich Ihnen folgendes: Schalten Sie in einer von Ihren Kindern sehr beliebten Fernsehsendung den Ton ab. Erklären Sie dann den Kindern: "Seht Ihr, so wie ihr jetzt vor den Bildern sitzt und nicht verstehen könnt, warum die Leute dies oder jenes machen, so erlebt euer hörgeschädigtes Geschwisterchen uns und seine Umgebung. Wenn wir uns unterhalten, dann ist das für euer Geschwisterchen genau so wie jetzt für euch, wo ihr vor dem Bildschirm sitzt und nur Bilder seht, aber nicht verstehen könnt, was gesprochen wird. Dabei seid ihr noch immer im Vorteil. Ihr könnt euch ungefähr vorstellen, was die Leute in dieser oder jener Situation sprechen würden. Euer hörgeschädigtes Geschwisterchen aber kennt die Sprache überhaupt noch nicht, und es kann sich daher auch nicht vorstellen, was diese Leute oder wir sprechen. Es sieht nur die Bilder. So ergeht es ihm während des ganzen Tages. Seht ihr nun ein, warum ich mich in Zukunft viel öfter euerm Geschwisterchen zuwenden muss als euch? Das heisst nicht, dass ich euch deswegen weniger liebe.

Ihr könnt immer verstehen, wenn Vater und ich uns unterhalten. Dann könnt ihr uns fragen. Wir können euch erklären, was ihr eventuell an unserem Gespräch nicht verstanden habt.

Nicht so ist es bei eurem hörgeschädigten Geschwisterchen. Es kann nur das verstehen, was es von meinem oder von eurem Munde absehen kann. Das ist jetzt noch sehr wenig. Darum schreit es auch oft, wenn wir uns unterhalten. Es kann noch gar nicht verstehen, was wir da tun, weil es unsere Stimmen nicht hört.

Später allerdings, wenn wir alle fleissig mit ihm gesprochen haben, wird es uns besser verstehen. Wenn wir uns dann miteinander bei Tisch unterhalten, wird es auch an unserem Gespräch teilnehmen können.

Bis dahin aber werden noch viele Jahre vergehen. Darum muss ich mich sehr oft eurem Geschwisterchen zuwenden und ihm erklären, was wir sprechen. Nur so kann es die Sprache erlernen und später auch an unseren Gesprächen teilnehmen.

Das ist ja auch für euch sehr wichtig. Denn nur, wenn euer Geschwisterchen auch richtig sprechen und verstehen kann, könnt ihr ihm erklären, wie es mit euch spielen soll oder was es nicht machen darf.

Um die Geschwister weiter mit den Problemen des hörgeschädigten Kindes vertraut zu machen und ihnen somit zu erklären, dass nicht eine grössere Zuneigung der Grund einer öfteren Zuwendung zum hörgeschädigten Kinde ist, sondern einfach eine dringende Notwendigkeit, empfehle ich den Eltern auch immer, die hörenden Geschwister so oft wie möglich mit in die Beratungsstelle zu bringen.

Wenn sie erleben, wie der Audiopädagoge mit ihrem Geschwisterchen arbeitet, wie die Eltern Anleitungen und Aufgaben bekommen und selbst lernen müssen, erwacht fast immer in ihnen der Wunsch, auch mit diesem nicht hörenden Geschwisterchen zu arbeiten.

Hier tritt wieder das ein, was ich schon erwähnte: Die hörenden Geschwister haben eine unbefangenere Einstellung zum hörgeschädigten Kind als die Eltern. Wenn sie mit dem Kind arbeiten oder spielen, dann behandeln sie es wie andere Geschwister oder Spielgefährten. Sie lassen ihm nichts durchgehen. Sie verlangen von dem hörgeschädigten Kind, dass es sich ihnen anpasst und behandeln es als gleichwertig.
In den seltensten Fällen wird das hörgeschädigte Kind abgelehnt. Man darf ein Ausschliessen des hörgeschädigten Kindes aus einem Spiel der Hörenden auch nicht gleich als Ablehnung wegen des Gebrechens verstehen. So ein Ausschluss kommt auch unter hörenden Geschwistern vor. Besonders dann, wenn das Kind um einige Jahre jünger ist. Auch wenn das jüngste Kind normalhörend ist, wird es von seinen älteren Geschwistern oft mit den Worten "Geh fort! Du störst!" abgewiesen. Ist das hörgeschädigte Kind älter als seine hörenden Geschwister, ist das gemeinsame Spiel problemloser.

Wenn ein zweijähriges Kind mit einem siebenjährigen spielen will, dann stört es dieses; ob es nun taub oder hörend ist. Es ist nur natürlich und auch richtig, wenn die Siebenjährigen sagen: "Wir wollen jetzt allein spielen". Man darf in solchen Fällen niemals sagen: "Ihr müsst jetzt dieses Kind mit euch spielen lassen! Habt doch Verständnis, es kann ja nicht hören und daher müsst ihr Rücksicht auf es nehmen!" Das wäre vollkommen falsch und würde nur Widerstand und Abneigung der hörenden Geschwister gegen das nichthörende wecken. Sie würden sich bald beklagen: "Nur weil unser Geschwisterchen nicht hören kann, wird es bevorzugt!"

Wenn die grösseren Geschwister einmal allein spielen wollen, dann müssen Sie sich mit Ihrem hörgeschädigten Kind beschäftigen. Sie müssen es ablenken und zu einem anderen Spiel ermuntern, das seinem Alter entspricht.

Ausserdem muss auch das taube Kleinkind von früh an lernen, dass es manche Dinge gibt, die man nicht machen kann. Es muss lernen, dass seine grösseren Geschwister einmal etwas tun, von dem es noch ausgeschlossen ist.

Es muss auch nicht gerade ein Spiel sein, von dem das Kind ausgeschlossen wird. Ruhebedürfnis kann ein Geschwister ebenso veranlassen, es aus dem Zimmer zu schicken. Das hat nichts mit Abneigung zu tun.

Ein hörgeschädigtes Kind muss lernen, dass sich manchmal ein Mitglied der Familie zurückzieht und dann ungestört sein will.

Uebrigens sind dies für Sie ausgezeichnete Gelegenheiten, mit dem hörgeschädigten Kind besondere Uebungen oder Spiele zu machen, ohne dabei die hörenden Geschwister zu benachteiligen. Diese haben ja jetzt ihr Spiel oder ihren Lesestoff und wollen dabei nicht gestört werden. Sie aber können sich dem hörgeschädigten Kind widmen und mit ihm ungestört üben.

Es gibt aber auch viele Spiele der grösseren Kinder, bei denen das hörgeschädigte Kind bereits mitmachen kann. Ich denke zum Beispiel an Versteck- und Fangspiele, an die verschiedenen Lottos, bei denen die ganze Familie mitmachen kann und die gleichzeitig für das hörgeschädigte Kind ein sehr gutes Sprachtraining sind.

Ganz nebenbei kann bei diesen Spielen das Sprechen der hörenden Geschwister mit dem hörgeschädigten Kind geübt werden.
Die hörenden Geschwister werden dabei niemals das Gefühl haben, dass sie nun zurückgesetzt werden.

Dass solche Spiele, besonders, wenn auch der Vater einmal

mitmacht, sich positiv auf das ganze Familienleben auswirken, sollte unbedingt bedacht werden. Es verbreitet Gemütlichkeit, wenn die Familie um einen grossen Tisch herum sitzt und gemeinsam spielt. Es gibt allen das Gefühl der Zusammengehörigkeit. Für das hörgeschädigte Kind ist dies ein ganz besonders wichtiges Gefühl, ebenso wie das Dabeisein und Mitmachen können.

Viele Möglichkeiten zum gemeinsamen Spiel und gemeinsamen Erleben bieten auch Feste und Feiern in der Familie. Da wären einmal die verschiedenen Geburtstage. Hat eines der hörenden Geschwister Geburtstag, dann sollte es auch seine Freunde einladen dürfen. Dies werden natürlich Gleichaltrige sein. Sind die Kinder schon älter, wird das hörgeschädigte Kleinkind den Spielen der Grossen nicht folgen können. Trotzdem darf es nicht ganz von dieser Feier ausgeschlossen werden. Es soll seinem Bruder oder seiner Schwester wie alle anderen gratulieren und mit den Kindern auch am Geburtstagsessen teilnehmen.

Selbstverständlich muss eine solche Feier mit dem hörgeschädigten Kind vorher sehr genau besprochen werden.

Nach dem Essen würde ich, wenn der Altersunterschied zwischen dem hörenden und dem gehörlosen Kind mehr als drei Jahre beträgt, das hörgeschädigte Kind einer Oma oder Tante anvertrauen, die mit ihm einen Spaziergang, Zoobesuch oder ähnliches macht.
Das würde ich auch mit einem normalhörenden Kleinkind tun. Der persönliche Geburtstag soll auch ein persönliches Fest sein, bei dem man auch die Mutter ganz für sich beanspruchen darf. In diesem Fall könnte gerade das hörgeschädigte Kind sehr stören. Die Geschwister bekämen dann das Gefühl: "Uns wird alles kaputt gemacht, nur weil dieses Kind taub ist".

Solchen Gefahren muss man vorbeugen. Das hörgeschädigte Kleinkind von 2 oder 3 Jahren versteht noch nicht genau, worum es beim Geburtstag überhaupt geht. Vollkommen ausgeschlossen wurde es ja nicht, weil es bei dem ersten Teil der Feier dabei sein durfte. Es ist für seine charakterliche Entwicklung auch recht gut, wenn es merkt, dass bei solchen Festen immer ein anderes Familienmitglied im Mittelpunkt steht und es selbst warten muss, bis auch sein "grosser Tag" einmal gekommen ist.

Das Kind wird den restlichen Nachmittag mit der Oma oder Tante ebenfalls sehr geniessen.

Wenn der Altersunterschied nicht zu gross ist, sollte das hörgeschädigte Kleinkind an Festen und Feiern wie alle anderen teilnehmen. Dabei darf auf keinen Fall auf das hörgeschädigte Kind Rücksicht genommen werden, ausser es feiert seinen eigenen Geburtstag.

Wie ist dies nun bei anderen Festen? Wird da das hörgeschädigte Kind seine Geschwister stören? Wird es am Ende gar ein richtiges Feiern verhindern?

Nehmen wir einmal Weihnachten. Da haben viele Eltern Bedenken, dass das hörgeschädigte Kind von musikalischen Darbietungen, von Gesang und so weiter vollkommen ausgeschlossen ist und daher stören wird.

Das stimmt heute nicht mehr ganz. Die moderne Technik hat es uns ermöglicht, den Kindern Hörgeräte zu geben, welche auch bei ganz geringen Hörresten noch ein klein wenig den Eindruck des Hörens vermitteln. Verstehen Sie mich richtig, nur den Eindruck des Hörens! Immerhin können Kinder mit diesen Hörgeräten unterscheiden, was z.B. Sprache und was Musik ist. Im Hörtraining haben Sie dies ja auch bereits fleissig geübt.

Ich habe in meiner Praxis immer wieder festgestellt, dass die Kinder auch über diese geringen Höreindrücke sehr glücklich sind und sehr gerne "singen" - was natürlich als rhythmisches Sprechen zu verstehen ist.

Wenn ich an die Kindergartengruppe denke, die ich im Augenblick leite, dann bin ich erstaunt, mit welcher Begeisterung die Kinder "singen". Natürlich können sie die Melodie nicht erfassen und schon gar nicht wiedergeben. Doch sie nehmen den Rhythmus auf. Sie können die meisten Instrumente nur mit dem Ohr voneinander unterscheiden.

In der Vorweihnachtszeit bringe ich auch die Weihnachtslieder, welche in den Familien gesungen werden, an die Kinder heran.

Zuerst spiele ich den Kindern ein solches Lied auf der Ziehharmonika vor und singe dazu, wobei die Kinder mitsprechen. Anschliessend schreibe ich ihnen die Noten an die Tafel. Sie spielen alle auf einer Clarina, die wegen ihrer bunten Tasten auch von hörgeschädigten Kindern leicht gespielt werden kann.

Während dieses Spiels erleben die Kinder den Rhythmus des Liedes ganz intensiv. Ausserdem ist dieses Blasen auch eine ausgezeichnete Atemübung. Haben die Kinder das Lied zwei bis dreimal durchgespielt, schreibe ich den Text unter die Noten und lasse die Kinder dann das Lied "singen".

Vom Flötenspiel wird dann eine Tonbandaufnahme gemacht, der Text wird auswendig gelernt und zuletzt das Lied zum eigenen Flötenspiel (ab Tonband) "gesungen".

Die Kinder sind über dieses Singen und Spielen sehr sehr glücklich. Aber was noch viel wichtiger ist: Am Weihnachtsabend, wenn die ganze Familie zum Beispiel "Stille Nacht" singt, können diese Kinder auch "mitsingen".

Am vergangenen Weihnachtsabend hat auch jedes Kind aus meiner Kindergartengruppe auf seiner Flöte der Familie ein

Weihnachtslied vorgespielt. In einigen Familien geschah dies sogar mit den hörenden Geschwistern zusammen, die auch eine Flöte hatten.

Warum ich Ihnen dies berichte? Das alles sind Möglichkeiten, die Kinder in die gemeinsame Weihnachtsfeier miteinzubeziehen. Sie werden natürlich schon vor der Weihnachtsfeier mit dem hörgeschädigten Kind besprechen, was sich da tun wird. Sie werden mit ihm allein die verschiedenen Lieder lernen und ihm deren Text auch mit Bildern verständlich machen. Sie können allen Kindern gemeinsam die Weihnachtsgeschichte mit dem Kaspertheater vorspielen.

Ich habe sehr oft für hörende und hörgeschädigte Kinder gleichzeitig Kaspertheater gespielt. Zuerst befürchtete ich, dass die hörenden Kinder es als sehr störend empfinden würden, wenn mein Gesicht ständig zwischen den Figuren hervorschaut. Doch die hörenden Kinder wurden von der Handlung genau so gepackt und mitgerissen wie die gehörlosen. Das gehörlose Kind soll während der Handlung mitsprechen. Die hörenden Kinder stört dies überhaupt nicht.

Nach einer solchen Vorbereitung kann auch das hörgeschädigte Kind eine Weihnachtsfeier gut verfolgen. Es wird dadurch niemals stören. Wichtig ist eine gute Vorbereitung für alle Kinder.

So wie auf das Weihnachtsfest, kann man das Kind auf jedes grössere Familienfest vorbereiten. Ein Kind, das verstanden hat, worum es geht, wird ein Fest nicht stören. Je besser das hörgeschädigte Kind auf ein Fest vorbereitet wurde, desto weniger werden Sie sich während der Feier mit ihm beschäftigen müssen. Nun können Sie allen Kindern die gleiche Aufmerksamkeit schenken. Die hörenden Geschwister werden sich nicht benachteiligt fühlen.

Um sowohl den hörenden Geschwistern, wie auch dem hörgeschädigten Kind soweit wie möglich gerecht zu werden, muss sich der Vater noch mehr als in anderen Familien mit den Kindern beschäftigen. Es gibt immer wieder Momente, in denen sich ein Elternteil besonders dem hörgeschädigten Kind zuwenden muss. Es bedarf vieler Erklärungen, vieler spezieller Uebungen, die besonders die Mutter mit ihm machen wird, weil sie ja tagsüber in den meisten Familien zu Hause ist. Trotz allem Bemühen seitens der Mutter, auch den hörenden Geschwistern dabei gerecht zu werden und niemanden zu benachteiligen, wird sie aus rein zeitlichen Gründen doch nicht allen Bedürfnissen nachkommen können. Hier muss der Vater helfen.

Es beweist eine falsche Einstellung der Familie gegenüber, wenn ein Vater sagt, er habe keine Zeit und könne auch nicht mit Kleinkindern umgehen.

Für eine Mutter ist es auf die Dauer untragbar, wenn ein Ehemann am Abend nach Hause kommt und fragt: "Sind die Kinder im Bett? Ich möchte jetzt meine Ruhe haben".

### 11.2.4. Bedeutung eines harmonischen Familienlebens für die Entwicklung des hörgeschädigten Kindes

Ich weiss, dass wir in einer Zeit der Hetze, der Managerkrankheit und des Stress leben. Das Bestreben jung und fit zu sein, seine Leistungen höher zu schrauben und seiner Familie einen höheren Lebensstandart zu bieten, drängt das eigentliche Familienleben oft in den Hintergrund.

Es liegt an jedem einzelnen, sich ein wenig Ruhe zu suchen und zu bewahren. Man muss die Möglichkeit schaffen, sich, wenn auch nur für Stunden, dieser Hetze zu entziehen. Für die Familie und damit für das eigene Leben bringt dies nur Vorteile.

"Was will man denn noch von mir?", höre ich manchmal Väter sagen. "Ich arbeite für die Familie, ich rackere mich für die Familie ab, ich verdiene für die Familie, ich biete ihnen Ferien, ich leiste für die Familie das und jenes". Stimmt! Das tun Sie, lieber Vater! Doch, was geben Sie Ihrer Familie an menschlichen Werten? Glauben Sie mir, Kinder können sehr gut ohne Ferien am Meer auskommen! Sie verbringen Ferien in einem Bauernhaus genau so glücklich und ich möchte sagen noch glücklicher, wenn sie dafür den Vater mehr für sich haben. Der Vater sollte wenigstens am Abend Zeit finden, sich auch noch für ihre kleinen Gespräche zu interessieren, ihre Sorgen und Nöte anzuhören.

Ihre Frau hat einen ebenso anstrengenden Arbeitstag hinter sich wie Sie. Die Ansicht ist falsch, im Haushalt gebe es nicht viele Probleme zu lösen. Wenn eine Frau Kinder hat und zu diesen noch ein behindertes Kind, dann ist sie mehr ausgelastet als jeder Mann in einem Büro. Dann hat auch sie einen Terminkalender und eine ständige Hetze. Sie muss sich ununterbrochen den Kopf zerbrechen, wie sie mit allem zurecht kommt und jedem gleich gerecht wird. Ich möchte Ihren Beruf in keiner Weise herabsetzen, doch die Arbeit Ihrer Frau ist der Ihren mindestens gleichwertig.
Ueberlegen Sie doch, welch grosse Aufgabe sie zu bewältigen hat! Sie muss aus dem hilflosen hörgeschädigten Kleinkind einen denkenden, fühlenden, mitempfindenden, sich anpassenden und einfühlenden Menschen machen. Fachkräfte benötigen dazu eine viele Jahre dauernde Ausbildung. Ihre Frau dagegen muss alles in unerhört schneller Zeit erlernen. Daneben muss sie auch noch den Haushalt führen, muss auch ihre hörenden Kinder ordentlich versorgen und darf Sie nicht zu kurz kommen lassen. Eine solche Aufgabe kann eine Frau ohne genügendes Verständnis und tatkräftige Hilfe des Partners niemals auf Jahre hinaus ausführen. Versuchen Sie doch, auch wenn Sie noch so abgekämpft nach Hause kommen, sich ein wenig zu Ihren Kindern zu setzen. Nehmen Sie doch an ihren kleinen Freuden teil und überzeugen Sie sich von den Fortschritten, die Ihr hörgeschädigtes Kind an diesem Tag wieder gemacht hat!

Sie werden erleben, wie plötzlich Ihre Abgespanntheit von Ihnen abfällt, ja,wie der Aerger aus dem Büro plötzlich ganz klein wird. Sie werden selbst durch diese "Kinderstunde" bereichert. Sie werden nämlich wieder einmal erleben können, wie schön es ist, wenn das Denken bei einem kleinen Menschen beginnt und wie man dieses Denken mitfördern kann. Sie bringen sich um viel schöpferische Arbeit, wenn Sie diese Zeit versäumen. Sie verlieren die Kontaktmöglichkeiten zu Ihren Kindern und Sie vergeben die Möglichkeiten, deren Vertrauen für immer zu erhalten.

Ich kann hier keine Rezepte geben. Es werden sich in jeder Familie viele Möglichkeiten für den Vater ergeben. Wie immer auch die Familie zusammenarbeitet, wie immer auch die Einteilung ist, eines steht fest: Die Arbeit in der Erziehung muss auf Vater und Mutter sinnvoll verteilt werden.

Wie ist es, wenn die Geschwister untereinander Streit bekommen? Soll und darf die Mutter eingreifen? Soll sich der Vater einmischen? Sollen die hörenden Kinder darauf aufmerksam gemacht werden, dass das hörgeschädigte eben dies und jenes nicht versteht? Sollen Sie immer Rücksicht nehmen und sollen Sie dem hörgeschädigten Kinde nachgeben?

Nein, liebe Eltern. Ich rate: Mischen Sie sich bei Streitigkeiten unter den Geschwistern nach Möglichkeit gar nicht ein! Auch wenn es für Sie im Augenblick furchterregend aussieht, wie die Kinder aufeinander losgehen; auch wenn es grosses Geschrei und Gezänke gibt, versuchen Sie sich nach Möglichkeit nicht einzumischen.

Es ist alles halb so schlimm. Geschwister, die oft furchtbar miteinander streiten, haben im Handumdrehen vergessen, dass sie eben einen grossen Streit zusammen hatten. Meist stiften die eingreifenden Eltern mehr Verwirrung, als dass sie den Streit schlichten.

Natürlich wird es hin und wieder notwendig sein, einzugreifen. Besonders, wenn die hörenden Geschwister über das Hörgeschädigte sehr empört sind, weil es ihr Spiel stört oder nicht machen will, was sie ihm gerade erklärt haben. In solchen Momenten müssen Sie mit sehr viel Geschick und ohne mit den Hörenden zu schimpfen eingreifen und erklären, was das hörgeschädigte Kind nicht verstanden hat und ihm zeigen, dass es etwas kaputt gemacht hat. Dabei können Sie den hörenden Geschwistern sagen: "Seht ihr, so müsst ihr mit ihm sprechen, so kann es euch verstehen".

Ergreifen Sie auf keinen Fall die Partei des hörgeschädigten Kindes nur deswegen, weil es nicht hören kann! Sie müssen erst genau feststellen, wer nun im Recht und wer im Unrecht ist. Sie können erklären, warum das hörgeschädigte Kind dies oder jenes getan hat, wenn es sich tatsächlich um ein Missverständnis infolge seines Nichthörens handelt. Aber Sie dürfen niemals sagen: "Weil es nicht hört, müsst ihr mehr Rücksicht nehmen!" Sagen Sie vielleicht folgendes: "Ich glaube, ihr habt dies nicht ganz genau erklärt. Wartet einmal, ich will dies noch einmal tun. Ich will eurem Geschwisterchen noch einmal erklären, was ihr von ihm wollt". So wird es mit der Zeit zu einem friedlichen Spiel zwischen den Geschwistern kommen. Eine Auseinandersetzung, auch wenn sie manchmal ein bisschen handgreiflich wird, gehört auch zum Sich-bewähren-lernen im Leben.

Zu diesem Thema möchte ich Ihnen noch einen guten Rat geben: Lehren Sie ihr hörgeschädigtes Kleinkind auch schimpfen!

Ich darf Ihnen vielleicht bei dieser Gelegenheit wieder ein kleines Beispiel aus der Praxis berichten: Im Kindergarten hatten die Kinder ein wunderschönes Schloss gebaut. Es kam Besuch und einer der Lehrer achtete nicht gut genug auf das Bauwerk, stiess daran und warf es um. Empört sprangen die Kinder auf und riefen: "Sapperlot, du bist ja so blöd, kannst du nicht schauen? Du hast ja alles kaputt gemacht!"

Jener Lehrer war sprachlos. Nach einer Weile fragte er dann: "Ja, wer hat denn den Kindern das Schimpfen beigebracht?" Ich antwortete ihm: Ich natürlich. Auch hörgeschädigte Kinder brauchen ein Ventil, um ihrer Wut Luft zu machen".

Es ist notwendig, dass man auch schimpfen kann. Es wird oft behauptet, hörgeschädigte Kinder seien sehr jähzornig. Ueberlegen Sie einmal, wie Ihnen zu Mute wäre, wenn Sie sich über etwas sehr geärgert hätten und Sie könnten diesem Aerger nicht mit Worten Luft machen. Sie würden sich entweder auch "tätlich" abreagieren oder den Aerger schlucken, was auf die Dauer zu ernsthaften gesundheitlichen Schäden führt. Jeder Mensch braucht ein solches Ventil. Wenn Sie Ihrem hörgeschädigten Kleinkind keine Schimpfwörter geben, wird es sich eben mit Beissen und Schlagen abreagieren.

Es müssen ja keine Kraftausdrücke sein. "Sapperlot" und auch einmal "Du bist blöd" sind für unsere Kinder schon kräftige Ausdrücke. Sie wirken ungemein befreiend.

Wer zurückschimpfen kann, wenn er beschimpft wird, der wird als vollwertig aufgenommen.

Ich sprach bisher hauptsächlich von Problemen, die dann auftreten, wenn die hörenden Geschwister älter sind als das hörgeschädigte. Ich sprach darüber besonders ausführlich, weil sie die weit grösseren und häufigeren sind als im umgekehrten Falle.

Wenn in einer Familie ein Baby in die bereits bestehende Gemeinschaft kommt, gibt es Probleme. Auch wenn dieses Kind ganz normal ist und sich die Mutter nicht noch besonders ihm zuwenden muss, erfordert sein noch hilfloses Wesen die verstärkte Aufmerksamkeit und Zuwendung der Mutter. Ein Baby beansprucht die Mutter zeitlich mehr, als ein Kleinkind von 3 oder 4 Jahren.

Die Erstgeborenen leiden unter dieser neuen Teilung der Mutter. Ist das Baby auch noch hörgeschädigt, muss sich die Mutter diesem noch längere Zeit zuwenden. Die Probleme mit den grösseren Kindern verstärken sich dann ebenfalls.

Das hörgeschädigte Kleinkind reagiert meist sehr gut auf jüngere Geschwister. Man muss das hörgeschädigte Kleinkind auf die bevorstehende Geburt vorbereiten.

Ich konnte beobachten, dass die Kinder bei guter Vorbereitung mit grosser Liebe an dem Neugeborenen hingen. Sie empfanden auch den körperlichen Kontakt der Mutter mit diesem Baby nicht so störend wie hörende Kinder, weil ihnen selbst die Nähe und Kontaktnahme mit der Mutter noch nicht entzogen war. Bei den täglichen Uebungen und jedem Gespräch während des Tages war der Kontakt mit der Mutter da.

Wenn die Mutter nun gestattet, dass das Kind mithilft, wenn das Baby gebadet und gewickelt wird, dass sie ihm erlaubt, dem Kleinen auch manchmal die Flasche zu geben und es kleine Handreichungen machen lässt, reagieren die Kinder auf dieses Baby gut. Sie werden schnell mit ihm vertraut und nehmen es als einen gleichwertigen Spielkameraden an.

Auch in sprachlicher Hinsicht ergeben sich weniger Probleme als mit grösseren hörenden Geschwistern. Kommt plötzlich ein hörgeschädigtes Kind in die Familie, so werden auch die hörenden Geschwister vermehrt zur dialektfreien Umgangssprache gezwungen.

Den hörenden Kindern ist diese Ausdrucksform nicht so geläufig wie der Dialekt. Das Problem der Sprache ist also bei den grösseren, hörenden Kindern vorhanden.

Anders ist es beim hörenden Kleinkind, das erst nach dem gehörlosen Kind geboren wurde.
Die Mutter sollte dieses Kind beim Unterricht immer daneben haben. Es kann dem Unterricht des hörgeschädigten Kindes beiwohnen. Dieses fühlt sich dann auch nicht zu einer beson-

deren Arbeit verpflichtet, wenn das hörende Geschwisterchen mit im Raum ist. Dieses Kind wird nun die Uebungen immer hören. Es wird die Wörter und Sätze ganz automatisch aufnehmen und so die Hochsprache als etwas Selbstverständliches erlernen.

Ich kann immer wieder beobachten, dass hörende Kleinkinder, die ein älteres taubes Geschwisterchen haben, ganz selbstverständlich auf die Hochsprache umschalten, sobald sie sich diesem Kind zuwenden und mit ihm sprechen.

Noch ein anderer Vorteil kommt hier dazu. Das hörende Kleinkind benötigt eine gewisse Zeit, bis es die Lautsprache erlernt hat. Das taube Kind wurde während dieser Zeit schon fleissig geschult. Wenn ungefähr eineinhalb bis zwei Jahre Altersunterschied bestehen, ist das taube Kleinkind zu dem Zeitpunkt, zu dem das Hörende zu sprechen beginnt, schon in der Lage, sich ein wenig in der Lautsprache auszudrücken.

Natürlich wird das hörende Kleinkind das hörgeschädigte in bezug auf seine Sprachentwicklung sehr bald einholen. Doch während dieser Entwicklungszeit hat es bereits gelernt, sich mit dem hörgeschädigten Geschwisterchen zu verständigen, beziehungsweise dieses zu verstehen.

Ich habe erlebt, wie das hörgeschädigte Kleinkind, sobald es einigermassen sprechen kann, versucht, dem kleineren, hörenden Geschwisterchen die Sprache beizubringen. Die Kinder versuchen, ihre Lektionen, die sie mit der Mutter täglich durchnehmen müssen, nun auch mit dem hörenden, kleinen Geschwisterchen zu wiederholen. Dabei macht das hörgeschädigte Kleinkind eine Erfahrung, die für seine Einstellung zum Spracherwerb sehr wichtig ist: Es erlebt, dass auch das hörende Geschwisterchen die Sprache erlernen muss, dass es diese durchaus nicht von Anfang an mitbekommen hat. Das ist eine Erkenntnis, die es bei grösseren hörenden Geschwistern nie gewinnen kann.

Das jüngere, hörende Kind wächst also ganz automatisch in den Kontakt mit dem Gehörlosen hinein. Da es sich geistig schneller entwickelt, weil es ein grösseres Wahrnehmungsfeld hat, wird es das hörgeschädigte Kleinkind bald einholen. So gleicht sich der Altersunterschied schnell aus, und die Kinder können gut zusammen spielen. Bald werden die beiden gleiche Interessen haben.

Ich habe erfahren, wie die jüngeren Geschwister den älteren gehörlosen verschiedene Situationen besser als die Eltern erklärten. Sie nahmen das gehörlose Kind zu ihren Spielen mit und brachten es auch mit ihren hörenden Spielkameraden in Kontakt. Ganz unbewusst spielten sie die Vermittler und schafften so für das hörgeschädigte Kind die Möglichkeit, sich auch mit anderen Kindern anzufreunden. Ja, sie spielten sogar oft die Vermittler zwischen Eltern und dem hörgeschädigten Kinde.

Die Gefahr, dass sich die hörenden Geschwister zurückgesetzt fühlen, ist in diesem Falle auch weitaus geringer. Da sie die Jüngeren sind und das hörgeschädigte Kind selbstverständlich in seinen täglichen Verrichtungen wie essen, anziehen, waschen usw., schon sehr selbständig ist, fühlen sich die jüngeren Kinder nicht benachteiligt. Sie haben ebensoviel von der Mutter wie das hörgeschädigte Kind. Das besonders deutliche Sprechen und das Zuwenden zu dem nichthörenden Geschwister ist für sie etwas Selbstverständliches, weil sie nie etwas anderes gekannt haben.

Ich betrachte in den letzten Jahren häufiger, dass geschickte Mütter die jüngeren hörenden Kinder einfach die gleichen Uebungen mitmachen lassen, wenn sie ihr hörgeschädigtes Kind unterrichten. Wir versuchen in spielerischer Form zu unterrichten,und dabei können die hörenden Geschwister sehr gut mitmachen.

Zusammenfassend möchte ich folgendes sagen: Selbstverständlich tauchen grosse Probleme auf, wenn ein hörgeschädigtes Kind in eine Familie hineingeboren wird. Doch diese Probleme dürfen niemals überbewertet werden. Probleme, die aus dem Zusammenleben der Menschen entstehen, können gelöst werden. Sie können allerdings nur mit viel Liebe, mit viel Einfühlungsvermögen und selbstloser Einsatzbereitschaft einer Lösung näher gebracht werden.

Probleme sind nur dann unlösbar, wenn man sich von vornherein gegen eine Lösung stellt. Wenn alle gewillt sind, ein Problem einer Lösung zuzuführen, wenn alle bereit sind, die guten Eigenschaften im Nächsten zu sehen, dann wird es auch gelingen, mit behinderten Menschen in einer harmonischen Gemeinschaft zusammen zu leben.

Es ist die Familie, die dies als erstes tun muss. Die Aerzte, Psychologen, Pädagogen, Audiologen usw., können Sie nur beraten. Wir können Ihnen nur die technischen Hilfen zur Verfügung stellen. Wir können Ihnen zeigen, wie Sie mit Ihrem Kind sprechen und welche Uebungen Sie mit Ihrem Kinde machen sollen. Wir können dem Kind ein Hörgerät anpassen und dessen Einsatz überwachen. Wir können Ihnen aber nicht die Bereitschaft mitgeben, mit Ihrem Kind zu leben. Wir können Ihnen nicht Liebe, Geduld und Verständnis für Ihr Kind übermitteln. Nur raten können wir, tun müssen Sie selbst.

# 12. Herstellung von Lernmaterial

Bei der Behandlung dieses Themas muss zuerst die Frage gestellt werden, welches Lernmaterial überhaupt benötigt wird. Lernmaterial ist selbstverständlich jeder Gegenstand, jedes Kleidungsstück und alle Esswaren, mit denen unsere Kinder in Berührung kommen.

Doch für den beschriebenen Sprachaufbau bedarf es noch bestimmten Materials, wie ich es schon im Kapitel über die Sprachanbahnung beschrieb.

Ich möchte nochmals zusammenfassen und Anregungen geben, was davon selbst gemacht werden kann.

Natürlich kann ich im Rahmen dieses Buches keine Bastelanleitung geben. Es würde ein neues Buch entstehen. Es gibt bereits viele Bastelbücher zu kaufen, aus denen Sie sicher die notwendigen Anleitungen entnehmen können.

Sie benötigen für den Unterricht Ihres hörgeschädigten Kindes folgendes:

1. <u>Eine Puppenecke</u>, mit Puppenmöbeln, auf denen auch Ihr Kind sitzen kann. Geräte: Besen, Bügelbrett, Bügeleisen usw., die auch in einem normalen Haushalt zu finden sind. Diese Puppenecke wird selbstverständlich nicht nur zum Lernen benützt, sondern dem Kind auch für das freie Spiel zur Verfügung stehen.
2. <u>Einen Kaufladen.</u>
3. <u>Ein Puppenhaus</u>, das gross genug ist, um auch Rollenspiele mit den Drahtpuppen zu ermöglichen. Auch in diesem

muss sich jedes Gerät wiederfinden, das im Haushalt verwendet wird.
Das Puppenhaus sollte auch eine Garage und einen Garten haben.

4. Einen Wald, eine Strasse, eine Stadt, ein Dorf und einen Berg, ein Schwimmbad und eine grosse Wiese. Die Landschaften werden auf Bretter aufgeleimt, so dass man Sie immer wegräumen kann, wenn sie nicht mehr benötigt werden.
5. Ein Kaspertheater.
6. Ein Episkop.
7. Alle Stall- und Zootiere, samt Bauernhof und Gitter, um einen Zoo zu bauen.
8. Alle Fahrzeuge, die Ihr Kind auf der Strasse sehen kann.
9. Eine grosse Eisenbahn und ein grosses Auto, in die auch die Drahtpuppen einsteigen können.
10. Eine Staffelei oder einen Malplatz.
11. Bildtäfelchen zum Wiederholen und Einüben der Begriffe.
12. Bildmappen, die nach Themen zusammengestellt sind:
    Die Menschen und was sie machen.
    Die Tiere und was sie machen.
    Alle Fahrzeuge und wo sie sind.
    Alle Spielsachen und wer mit ihnen spielt.
    Häuser, Städte, Dörfer.
    Berge, Wälder, Seen.
    Pflanzen und Bäume.
    Kleidung.
13. Die Signale
14. Viele Bilderbücher

Welche Dinge kann man selbst herstellen?
Das kommt auf die Geschicklichkeit der einzelnen Eltern an.
Wer ein wenig schreinern kann, wird sicher die Puppenmöbel selbst für sein Kind anfertigen können.

Doch die verschiedenen Spielsachen (Fahrzeuge, Tiere und Gebrauchsgegenstände für das Puppenhaus), müssen gekauft werden. Eine Kuh muss naturgetreu aussehen. Da kann man nicht irgendein buntkariertes Stofftier verwenden. Plastiktiere eignen sich für unseren Unterricht am besten.

Eine Eisenbahn, die für den Unterricht verwendet wird, muss auch allein fahren können, also elektrisch betrieben werden. Sie soll so gross sein, dass auch eine Drahtpuppenfamilie darin Platz nehmen kann. Es gibt solch grosse Eisenbahnen zu kaufen. Wer sich dies nicht leisten kann, sollte selbst eine solche aus Legosteinen bauen.

Ein Puppenhaus lässt sich leicht selbst machen. Ein altes Regal kann gut zum Puppenhaus umgebaut werden. Die Fenster kann man aussägen, Zwischenwände einsetzen und ein Treppenhaus aus Bauklötzen machen.

Man kann dieses Haus dann tapezieren und streichen. Geschickte Eltern werden auch hier die Inneneinrichtung leicht selbst basteln können.

Aus hölzernen Zigarrenkistchen, aus Kunststoff und Holzabfällen kann man sehr schöne Puppenmöbeln machen.

Weniger begabte Eltern müssen auch diese Möbel kaufen. Doch der wichtigste Teil des Puppenhauses sind die verschiedenen Geräte wie: Besen, Staubsauger, Telefon, Uhren, Lampen usw. Dies alles muss man leider kaufen. Auch aus einem alten Schrank lässt sich ein sehr schönes Puppenhaus machen. Dieses kann dann sogar verschlossen werden.

So wird ein Berg hergestellt: Ein altes Leintuch wird in Leimwasser getaucht und über einem Berg geknüllter Zeitungspapiere gelegt. Man drückt es noch ein wenig in die gewünschte Form und lässt es so trocknen. Rund um diesen Berg könnte dann gleich eine Wiese entstehen. Das dazu benötigte "Wiesenpapier" erhält man in jedem Spielwarengeschäft.

Einen See kann man ausgezeichnet aus Haushaltsfolie machen; ebenso einen Fluss und einen Wasserfall.
Die Häuser für das Dorf und für die Stadt kann man aus Holzabfällen herstellen. Bunt bemalt schauen sie sehr lustig aus. Sowohl in der Stadt als auch in dem Dorf sollte es ein Haus geben, in das die Figuren, also die Drahtpuppen, auch hineingehen können. Dieses Haus wird man am besten kaufen. Es gibt grössere und kleinere Plastikhäuser, deren Einzelteile man selbst zusammensetzen muss. Bei diesen kann man auch eine Türe auflassen, so dass die Drahtpuppen in das Haus hineingehen können.

Die Bäume für den Wald kann man auch selbst herstellen. Wenn man richtige Zweige nimmt und diese festleimt, kann man darauf aus Schaumgummi (Es gibt auch Gummimoos zu kaufen.) sehr schöne Baumkronen machen.

Auch aus starkem Karton kann man im Faltschnitt Bäume herstellen, die dann bemalt werden. Diese Bäume bestehen aus zwei ineinander geschobenen Teilen, so dass sie plastisch und nicht flach erscheinen.

Geschickte Väter können Bäume auch aus Sperrholzplatten aussägen. In letzter Zeit gibt es überall in Warenhäusern und in Baugeschäften den weissen Kunststoff "Styroport" zu kaufen. Daraus kann man ebenfalls leicht Bäume herstellen.

Natürlich gibt es diese Bäume auch zu kaufen. Sie sind aber sehr teuer.

Für die Strasse kann man grauen Schaumgummi aufkleben, wie man ihn meterweise ebenfalls in den Spielwarengeschäften kaufen kann. Eine zweite Möglichkeit: Man malt die Strasse einfach auf das Holzbrett auf.

Das Kaspertheater sollte man ebenfalls selbst machen. Dies ist besonders deshalb zu empfehlen, da die Theater, welche man in den Geschäften zu kaufen bekommt, für unsere Zwecke nicht geeignet sind. Sie sind viel zu klein.

Sie benötigen eine grosse Bühne, da ausser den Kulissen auch noch Ihr Kopf neben den Figuren hervorschauen muss.

Die Bühne sollte mindestens einen Meter lang sein. Dann kann man ohne Schwierigkeiten spielen.

Ein solches Kaspertheater muss zusammenklappbar sein, da es sonst zuviel Raum einnimmt. Es muss andererseits leicht und schnell aufgestellt werden können, damit es auch oft genug benützt wird.

Vierkanthölzer, die mit Scharnieren zusammen gehalten werden, eignen sich sehr gut dafür. Man kann diese mit buntem Stoff bespannen und nur den Ausschnitt für die Bäume freilassen.

Ungefähr so könnte das aussehen:

Kasperfiguren kann man ebenfall selbst machen. Es setzt gar keine besonderen künstlerischen Fähigkeiten voraus, einen solchen Kopf zu modellieren. Auch die Kleider sind kein Problem. Modelliermehl erhalten Sie in allen Bastelabteilungen der Warenhäuser.

Sie benötigen recht viele Figuren für die Arbeit mit Ihrem hörgeschädigten Kind, weil Sie Szenen aus dem Alltag, wie auch Märchen mit den Kasperpuppen vorspielen müssen.

Es lohnt sich, die Märchenfiguren gleich komplett zu machen, da man sie dann immer griffbereit hat, wenn man eine Geschichte spielen möchte.

Auch die Figuren aus dem täglichen Leben: Den Vater, die Mutter, Kinder, einen Polizisten, einen Doktor usw. muss man bereit haben, wenn es nicht immer lange Vorbereitungen für ein Kasperspiel geben soll. Natürlich gehören auch der Kasper, die Oma, Seppel und Gretel zu einem Kaspertheater.
Doch für den Beginn werden Sie hauptsächlich die Figuren aus dem täglichen Leben benötigen.

Ich empfehle, Handpuppentiere zu kaufen. So naturgetreu wie die "Steifftiere" z.B. sind, kann man ein Tier niemals selbst herstellen.

An Kulissen benötigen Sie ein Wohnzimmer, das auch ein Fenster hat, welches geöffnet werden kann. Es muss gross genug sein, dass ein Puppenkopf hindurch schauen kann.
Ferner ein Haus, das eine Türe hat, durch die die Figuren gehen können.
Einen Wald.
Einen Bauernhof.
Ein Schloss.
Den Schlosstall.

Die Kulissen sollten aus Holz sein, da sie sehr oft benützt werden. Links und rechts der Bühne nagelt man am besten je zwei Leisten fest. Diese ergeben gute Schienen, in die man die Kulissen einschieben kann.

Die Bildtäfelchen können Sie ebenfalls selbst herstellen, in dem Sie gleich grosse Kartontäfelchen ausschneiden und auf diese aus Zeitschriften und Reklamen ausgeschnittene Bilder aufkleben. Sie können die Bilder auch selbst malen und mit durchsichtiger Folie überziehen.
Hamburger Bildserie zu beziehen durch: Taubstummenlehrer Walter Eckel, 2 Hamburg 68, Volksdorferweg 209

Bildmappen: Auch in diese Ringbücher gehören grosse Bilder, die Sie in Sichtmappen stecken. Die Bilder können Sie ebenfalls aus Zeitschriften und Reklamen ausschneiden.
Signale zu beziehen durch: Stiftung Schule für Hörgeschädigte, Frau Schmid, Hofmattschulhaus 2, 6045 Meggen, Schweiz

# 13. Zu empfehlende Spielsachen und Bücher

Hier handelt es sich nicht um Spielmaterial, welches Sie zur Uebungsstunde benützen sollen, sondern um Spielsachen, mit denen das Kind allein tagsüber spielt.

Zweites bis drittes Lebensjahr:

Tunnel (Albisbrunn)
Rollbahn, Steckturm
Familienauto
Steck- und Fädelspiele
Säulenbrett
Steckeule
Farbkreispyramide
Stöpselschaukel
Säulensteckbrett
Fini-Steckbaukasten
Fädelkette
Sortieren nach Farben, Formen oder Grössen
Fantasiebaukasten (Decor)
Farben und Formen
(Ein spezielles Spiel, das besonders für die Beschäftigung mit behinderten Kindern entwickelt wurde)
Formen-Kästchen
Ringzählbrett
Farben- und Formen-Sortierbrett
Formen-Einlegebrett
Erste Mechanik
Schraubenspiel (Kittikraft)

Klopfspiel (Albisbrunn)
Zahnradspiel
Werkbank
Kugelrollbahn
Karussell (Albisbrunn)
Bauen, Konstruieren
Baukasten: Pastorini-Baukasten

Ab drei Jahren:

Würfelturm (Profund)
Dorfbaukasten (Spielneff)
Mutator
Holztiere, Stall und Holzautos, Holzbahnen
Spielgeräte für den Garten
Erstlingsrad
Dreirad
Lastwagen zum darauf sitzen und steuern
Sandwagen
Schubkarren
Puzzle
Durchsichtige Zusammensetzspiele
Es gibt davon einen Bauernhof und einen Zirkus
Sieh-hinein-Puzzle
Griffbildpuzzle Dorf
Einlegepuzzle
Pastorinipuzzle
Diese gibt es für drei- bis sechs-jährige Kinder.
Mosaik-Steck- und Legespiele
Erstes Steckmosaik
Würfelmosaik
Spielgarten
Legespiele
Gittermosaik
Nagelspiel

**Geduld- und Geschicklichkeitsspiele:**

Briolabyrint
Turm von Hanoi (Spielneff)
Solitär
Spielend lernen
Apfelbaumspiel
Uhrenlotto
Stempeln und lesen
Tierquartett
Denken und sprechen
Juniormatte

**Werken:**

Flechtblätter
Erster Webrahmen
Plastilin
Holzperlen

**Bilderbücher und erste Geschichten:**

Erste Bilder von Dick Bruna
Tiere
Bunte Bilder von Dick Bruna
Alle Autos und was sonst noch fährt
Alle meine lieben Sachen
Alle meine Tiere
Fahrzeuge
Unsere Waldtiere
Unsere Zootiere
Unsere Haustiere
So leben wir auf dem Land
So leben wir in der Stadt
So kaufen wir ein
So leben wir vom Morgen bis zum Abend
So leben wir in der Schule
Ich bin die kleine Maus
Ich bin das kleine Bärenkind

Ich bin der kleine Hase
Was machen die Tiere
Bei uns im Dorf
Komm mit ans Wasser
Rundherum in meiner Stadt
Drei Vögel
Thomas im Dorf
Kommt in den Wald
Wenn die Sonne scheint
Tut, tut wir fahren
Ich wünsch ich wär
Benjamins Bilderbuch
Pepino
Das Krippenspiel
Jens und Michel auf dem Bauernhof
Jens und Michel im Zirkus
Ein Baum geht durch das Jahr
Apfel und Schmetterling

Selbstverständlich kann ich hier nicht alle Spielsachen und Bücher aufzählen, die für hörgeschädigte Kinder besonders geeignet sind. Ich wollte Ihnen nur Anregungen geben, damit Sie wissen, in welcher Richtung Sie suchen sollen, wenn Sie Spielsachen oder Bücher kaufen.

Es kommen ausserdem immer neue und speziell für behinderte Kinder geschaffene Spielsachen auf den Markt. Das Angebot an Spiel und Lernmaterial ist gross. Schöne Bilderbücher stehen zur Verfügung. Ich habe Ihnen erklärt, worauf Sie bei der Auswahl besonders achten müssen.

# Schlußwort

Es wird immer behauptet, dass es leichter sei, ein Buch zu beginnen, als zu beenden. So geht es mir jetzt auch, weil mir noch tausend Tips einfallen, die ich Ihnen ebenfalls noch gerne sagen möchte.
Ich wünsche Ihnen viel Erfolg bei der Arbeit mit Ihrem hörgeschädigten Kind.
Ich nehme an, dass Sie dem Buch entnehmen konnten, worauf es bei der Förderung hörgeschädigter Kleinkinder ankommt und worauf letztlich der Erfolg beruht:
Auf geduldigem, unermüdlichem Einsatz!